P9-CEQ-678

Chicago Public Library
McKinley Park Branch
1915 W. 35th Street
Chicago, Illinois 60609
(312) 747 - 6082

Robin L. Smith

MENTIRAS

ante el

ALTAR

Cómo construir un matrimonio feliz

Spa/ HQ 734 .S74318 2007
Smith, Robin L.,
Mentiras ante el altar :

AGUILAR

Copyright © 2006 Dra. Robin L. Smith.

Publicado por Hyperion Books, Nueva York.

© Santillana Ediciones Generales S.A. de C.V., 2007.

© De esta edición:

2006, Santillana USA Publishing Company, Inc.

2105 NW 86th Avenue

Doral, FL, 33122

(305) 591-9522

www.alfaguara.net

Aguilar es una empresa de Grupo Santillana. Estas son
sus sedes: *Argentina, Bolivia, Chile, Colombia, Costa Rica, Ecuador,
El Salvador, España, Guatemala, Honduras, México, Panamá,
Paraguay, Perú, Puerto Rico, República Dominicana, Uruguay,
Venezuela.*

Primera edición: abril de 2007

ISBN 10: 1-59820-838-1

ISBN 13: 978-1-59820-838-2

Traducción: Ignacio Jaime

D. R. © Cubierta: Antonio Ruano Gómez

Adaptación de interiores: José Luis Trueba Lara

Printed in USA by H C Printing

Impreso en Estados Unidos por H C Printing

Todos los derechos reservados. Esta publicación no puede
ser reproducida, ni en todo ni en parte, ni registrada en o transmitida
por un sistema de recuperación de información, en ninguna forma
ni por ningún medio, sea mecánico, fotoquímico, electrónico, magnético,
electroóptico, por fotocopia o cualquier otro, sin el permiso previo,
por escrito, de la editorial.

R03250 97677

Este libro está dedicado a

Oprah Winfrey, por haberme regalado la oportunidad de vivir en la luz, el candor, la seguridad y el gozo de la verdad, de manera tan libre, y por haber sido el puente que me condujo de nuevo a mi verdadero yo.

¡A Won, el temerario!
Mi orgullo, mi refugio, mi fuerza y mi alegría; la estrella que me guía en la oscuridad, amante de mi vida y de mi alma.

ÍNDICE

Reconocimientos

Como escritora vierto toda mi humildad en esta sección, ya que cada palabra me pone de nuevo en contacto con el gran esfuerzo que significó escribir este libro, y con el profesionalismo, la profunda entrega y el apoyo que rodearon esta labor de liberación y amor.

Deseo agradecer de manera especial a Catherine Whitney, cuya brillante capacidad me ayudó a capturar los aspectos esenciales que conforman el libro, con su firmeza espiritual, sencilla, de fluidez generosa y amable. Respeto su profesionalismo literario que me llena cada vez que hablamos, reafirmando el florecimiento de una relación profesional, que espero dure toda la vida, así como por el nacimiento de una amistad confiable, que tanto atesoro.

Ardo en deseos de entrar contigo en la cocina de la creatividad, y espero tenerte a mi lado cuando prepare mi próximo platillo literario. ¡Gracias por todo!

Debo agradecer de igual manera a Paul Krafin, cuya especial contribución, valiosa perspectiva y gran sensibilidad, se reflejan al interior y a través del espíritu del libro.

Esta obra está dedicada a la señorita Oprah Winfrey, y eso me obliga a explayarme un poco más. Oprah, gracias por estar conmigo desde el principio, no sólo por el nacimiento de *Mentiras ante el altar*, sino por el mío propio. Entraste al pétreo y sagrado recinto de este libro, y también al de mi vida, impulsándome a tomar la decisión de vivir mi mejor existencia. Deseo que sepas que sin tu presencia, este libro dejaría de ser el discreto reloj despertador, el nuevo himno liberador de las parejas, y la invitación a una nueva vida para todos. Agradezco la puntualidad del orden divino. ¡Gracias por tu incondicional apoyo, por respetar mis dones, y por enseñarme el mundo!

Y mientras le agradezco a Oprah, también deseo expresarle toda mi gratitud a la familia Harpo, por la cálida y emotiva bienvenida con la que me recibieron. En particular, externo mi agradecimiento a varias personas que le aportaron al libro su invaluable ayuda: a la productora ejecutiva Rakieten y a todo su equipo, por nutrir este proyecto, por mantener su apoyo, haciendo a un lado otros compromisos personales: gracias por tu disponibilidad y por tus siempre acertados comentarios y sugerencias, con la única finalidad de lograr un resultado perfecto, total. A Harriet Seitler, quien respondió a "la primera llamada", y que recordaré como el principio de esa óptima e increíble travesía con la que siempre soñó mi corazón.

Reitero mi agradecimiento al fantástico equipo que logró que la portada del libro fuera un reflejo fiel de mi identidad: a Lisa Halliday, quien coordinó las sesiones fotográficas, asegurándose de que todo marchara sobre ruedas; a Andre Walter, experto en estilos, por crear "el cabello" para la portada del libro, así como por la magia de sus manos y por su espíritu gentil, callado, maravilloso, confiable y reconfortante; a Reggie Wells, por tomar mi rostro, y crear una portada que invita al bienestar, a la proximidad y a la belleza. Tus ojos captaron una imagen mía desconocida incluso por mí; esa imagen, absolutamente diáfana, me hizo entender, desde el principio, que estaba en manos de un maestro; tu buen humor logró que mi corazón mantuviera una sonrisa; a Kelly Hurliman, estilista de ropa, siempre calmada y segura. Kelly me invitó a sentirme cómoda, y yo experimenté una renovada alegría corporal.

A John Madere, fotógrafo fuera de serie. En cada toma, tu diestro ojo logró captar mi esencia, para hacer surgir la vitalidad que hay en mí. Me introdujiste a la libertad de expresión y, con pocas palabras, me enseñaste a mostrar libertad y alegría a los demás. Capturaste mi "yo" libre, tranquilo y feliz. ¡Espero volver a trabajar contigo!

A Gayle King, editor de la *revista O*, por animarme siempre. Gracias por ser feliz. Significa mucho para mí. Y al personal de apoyo de la revista, especialmente a la jefa de redacción, Amy Gross, y a la escritora Aimee Lee Ball.

A mi familia Hyperion, gracias, le agradezco a cada uno de sus miembros por brindarme toda su aptitud y experiencia en la creación de *Mentiras ante el altar*. Mi reconocimiento a Robert Miller. Bob, gracias por luchar junto a mí en la luz. Valoro tu forma de compartir conmigo pensamientos, sentimientos y creencias, así como tu respeto y aceptación por los míos. Desde nuestro encuentro en los Estudios Harpo, comprendiste mi idea y te dedicaste, en cuerpo y alma, a la publicación del libro. Estás convencido de que el mensaje de vivir en la verdad es la base esencial para forjar grandes matrimonios y seres humanos, así que el compromiso que asumiste ha sido una inspiración para mí.

A mi editor, Leslie Wells, cuya reputación de "el mejor" está bien sustentada. Aunque hayas abordado la nave cuando ésta ya había zarpado, de inmediato asumiste nuestra visión y la hiciste propia. Tu papel de timonel experto, calmado y alentador, ha sido una bendición. Asimismo, gracias a Ellen Archer, William Schwable, Phil Rose, Miriam Wenger. Un agradecimiento muy especial para Mary Ellen O'Neill, la editora que le dio la chispa vital a este proyecto, para luego seguir realizando grandes proezas en el mundo publicitario.

A Jane Dystel, mi agente literario. Te he comentado esto en privado, pero se impone una declaración pública. Estaba escrito que nos encontraríamos. Me inclino ante tu asesoría, tu experiencia, tu habilidad, asimismo aprecio tu valía, tu confianza y el respeto que muestras frente a mi creatividad artística y conocimiento intuitivo.

A Miriam Goderich, por tu marcado interés por detallar y explorar la lista de mis expectativas. A todas las personas de la empresa Asesoría Literaria Dystel y Goderich, cuyo apoyo a este proyecto ha sido una fuente de tranquilidad y fuerza.

A Mary Beth H. Gray, Esq., mi asesora legal en jefe. Mary Beth, adoro tu mente deslumbrante y firme, tu escrupuloso interés por el detalle, y la fuerza y gentileza de tu espíritu. No sólo eres mi abogada sino mi amiga confiable. Gracias por caminar a mi lado durante tantas estaciones de mi vida.

A David S. Rasner Esq., por la incondicional solidez de tu apoyo y por ver que todo marchara bien.

Con toda humildad, me siento agradecida por la invaluable ayuda de uno de los grandes gigantes en el campo de la curación de las heridas en los matrimonios caóticos, —así como en el asesoramiento para ayudar a las personas a comprender cómo las heridas de la niñez pueden impactar en la vida futura, lo que trae consigo la privación del derecho de nacimiento a la alegría y a la integridad—, el doctor Harville Hendrix, el haber aceptado apoyar y recomendar *Mentiras ante el altar*. Doctor Hendrix, su gentil apoyo y su fe en mi trabajo, a la par con el consentimiento de prestar su nombre para este proyecto, fue la soñada cereza que coronó el pastel. Le agregó una inesperada dulzura a este sagrado asunto. Es usted un verdadero pionero que logró allanar el camino para que la integración de este libro se hiciera sobre los conceptos de su terapia de pareja

Imago, para luego compartir la recuperación y el potencial de la transformación con el resto del mundo. ¡Gracias por iluminarme el camino!

Un agradecimiento muy especial para Sunny Shulkin, LCSW, por ser un sabio gurú, una fuerza luminosa de afilado conocimiento y visión interior. Siempre has compartido conmigo tu profunda comprensión de la condición humana y tu íntimo sentido del compañerismo. Gracias también por haberme puesto en contacto, hace ya muchos años, con la terapia de pareja Imago y, a últimas fechas, por haber sido mi conexión con el doctor Hendrix.

Un agradecimiento muy especial a todas las mujeres que participaron en mi grupo de estudio. Su valor, percepción, apertura, cruda honestidad y disposición al cambio, fueron un tremendo factor de ayuda para perfilar este libro. Coloco sus contribuciones entre las revelaciones más sagradas que he presenciado en un foro público. Admiro en cada una de ellas el valor de haber compartido conmigo y con mi equipo sus historias, su dolor, sus luchas y sus victorias. Les estaré eternamente agradecida por esa invaluable demostración de honestidad, apertura y tolerancia.

A las mujeres de la correccional juvenil del Centro de Estudios Juveniles de Filadelfia. Gracias por alentarme y por recordarme por qué es tan importante que los adultos comprendamos que debemos ser mejores padres, que debemos amar a los jóvenes con mayor profundidad, que debemos ayudarlos para curar las heridas que nosotros les hemos infligido, facilitándoles el camino que los conduzca a la madurez y a la salud en su papel de modelos acerca de lo que el amor, el compromiso y el matrimonio pueden llegar a ser. Me recordaron lo trascendental que es aprender a repararse uno mismo, cuando algo se nos rompe. ¡Honro sus jornadas, respeto su dolor, y por siempre los llevo en mi corazón!

Al doctor Howard C. Stevenson Jr.: Eres mi amigo, mi hermano, mi colega, un defensor de la libertad, maestro audaz, prolífico investigador, médico sobresaliente, y alguien a quien tengo en la más alta estima. Nuestro trabajo conjunto me ha formado y le ha dado significado y voz a este libro. Me declaro bajo tu influencia por ser un vivo ejemplo de brillantez integrada y aplicada. Me encanta sentarme a tus pies para aprender; ese es uno de los tesoros que más aprecio.

A mis clientes, a mis pacientes y a todos aquellos de quienes he aprendido algo, o mucho. Sus relatos de dolor y progreso, de juicios y triunfos, de lágrimas, temores y recuperaciones me han llenado de valor al permitirme presenciar su valentía y sus vulnerabilidades. Y para todos los extraños que me animan a seguir compartiendo el mensaje, a continuar escribiendo más libros, a compartir la luz de lo aprendido, sólo tengo una palabra: ¡Gracias!

A mis padres: Doctor Warren E. Smith, quien falleció en 1990, y Rose Lee Smith, MSS, quien me ha bendecido siempre con su alegría por la vida y su amor por el conocimiento. Tu devoción y apoyo, así como tu amor por Kalle me han permitido realizar el trabajo para el que fui puesta en este planeta. Te honro por esos cuarenta y dos años de matrimonio, ejemplo de excelencia de vida que yo conocí, por tu disponibilidad para luchar junto a mí mientras crecía en esa vida que me fue concedida. De la misma manera honro a mi padre, quien conocía y apoyaba mis aspiraciones. Él siempre creyó en mí y alimentó mis sueños. Aún puedo oír su voz asegurándome que si lograba hacer la parte que me correspondía, mis sueños se harían realidad algún día. Él sembró en mí las semillas de la compasión, la paz, el trabajo, la disciplina, la integridad, y el éxito, además de enseñarme con el ejemplo a vivir una existencia llena de significado. Mi amor por cada uno de ustedes fluye con profundidad y amplitud. A mis hermanos, Damian y Joy, de quienes, al igual que de parte de todos mis familiares, recibí aliento y apoyo de manera única, y al resto de mi familia, por elevarme con las alas del ánimo.

A Kim, mi asistente, gracias por haber organizado mis horarios, y por haberme recordado "encontrar ese lugar". Tu ayuda, experiencia y jovialidad me resultan invaluables.

A mi círculo de queridos amigos; saben a quiénes me refiero. Los cargadores de las velas de mi vida, cuyas linternas de amor alumbraron las sendas oscuras del camino que me condujo de regreso a mi nuevo *yo*. A los que me arrullaron y me cantaron, recordándome *quién era* cuando la memoria me fallaba, los mismos que me rodearon con un escudo de seguridad mientras recobraba mis sagrados derechos de nacimiento. Todos ustedes bailaron conmigo hasta que me invadió una lluvia de alegría, plenitud y abundancia, logrando limpiar el terror que había en mis ojos. Para este grupo especial que juega, reza y permanece conmigo, mi corazón y mi profunda gratitud.

A Pía Mellody, RN, CSAC, y a Terrence Real, MSW, dos de los mejores terapeutas que puede una encontrar. Ustedes entienden el mundo del dolor, del trauma, la depresión, la adicción y la recuperación. Las semillas que sembraron en mi vida siguen floreciendo con colores brillantes, despidiendo dulces fragancias de paz, audacia y bienestar.

A mi sufrimiento, mi tutor privado, al que finalmente escuché en las dolorosas horas de la medianoche, durante las cuáles fue concebida esta obra, le doy las gracias. La alegría y la paz son, en cierto modo, mis maestras. Son mis compañeras íntimas.

A Kalle, mi alegría, el amor de mi vida, mi hija, una exquisita perra de aguas portuguesa. Tú haces de cada día de mi vida una jornada especial, llena de dulzura y de las mejores risas posibles. Eres amor puro y el mejor regalo que Dios pudo darme. ¡Tu mamita te ama tanto!

Y ahora, en primerísimo lugar, a quien me cuida las espaldas, la base de mi existencia y el eje de mi ser: ¡Dios! Ante todo, te agradezco por haberme concedido una vida plena y abundante por encima de lo que pude haber pedido o soñado. Eres la lámpara de mis pies y la luz de mi sendero. Te agradezco, más que nada, por haber atestiguado mi vida y permitir reconocerme de forma real, imborrable e irreemplazable ante tus ojos. Ese reconocimiento y ese entendimiento me han transformado. Gracias por amarme con tu amor infinito... ¡Siento lo mismo por ti!

Introducción

La verdad es poderosa y prevalece.

Verdad de un andariego

Siendo sincera conmigo misma

Comenzaré con la verdad. Yo he sabido lo que es vivir una mentira, el querer desesperadamente mantener una relación, incluso a costa de mi invisibilidad. Conozco el cansancio que significa el tratar de mantener una fachada sin cimientos. En este libro no hablaré desde posiciones elevadas. No te hablaré del *yo pienso*, sino del *yo sé*.

La verdad es lo que le da sentido a mi vida. No es un accesorio. Es una necesidad. Como dice la publicidad de cierta tarjeta de crédito: "no salgo de casa sin ella". Pero he tenido que caminar por las oscuras veredas de la mentira para llegar a esta posición. Quisiera erradicar el dolor de cada mujer que teme que sólo puede amar si se olvida de sus necesidades y se empequeñece. Me gustaría gritarle a los cuatro vientos que la verdad es mejor, más cálida, más sólida. Es la única manera de lograr un gran matrimonio o al menos una gran relación.

Una vez tuve una larga relación con un hombre cuyas adicciones controlaron nuestras vidas. El rompimiento fue doloroso y devastador. Pero más doloroso resultó enfrentar una serie de preguntas: ¿Por qué aguanté tanto tiempo así? ¿Por qué me mantuve al lado de un hombre que sólo le era fiel y amoroso a sus adicciones? ¿Por qué me mentí a mí misma y permití que sus mentiras florecieran? Y mientras sus mentiras florecían, yo iba muriendo lentamente. La vida —la vida real— se había detenido. El yo interior que pensé tener, se evaporaba. Me estaba difuminando, no me reconocía. ¿Cómo pudo ser eso? Estaba ausente.

Día a día yo le ponía su disfraz, segura de que la falsa imagen estaba en su lugar; su maquillaje muy bien texturizado, a prueba de tontos. Le permití mentirme acerca de quién era él realmente y cuáles eran sus verdaderos valores, y yo lo secundé cuando él le mentía a todos los que creían conocerlo.

Haber estado con ese hombre casi me mata, casi aplasta mi espíritu, maleable y brillante, estremeciendo mi vigorosa y robusta mente. Su intención era robar mi esencia, y yo se lo permití durante mucho tiempo. ¿En dónde me ubicaba para haberle dedicado tanto tiempo, tanta energía y tanto esfuerzo a un hombre que ni me respetaba ni me valoraba? ¿Cómo pude involucrarme con semejante impostor siendo una profesional en toda la extensión de la palabra, llena de habilidades sanas e intuitivas?

¿Por qué permanecí relacionada con un hombre capaz de herirme profundamente y de hacerme sentir avergonzada por querer tener una vida normal? ¿Por qué pensé que estaba bien eso de estar con alguien que se mofaba de mí, abriéndole tajos a mis inseguridades? Me dijo que yo no era una buena mujer, y me criticaba despiadadamente. Renuncié a mis poderes, pensando que eso lo suavizaría, y lo hizo, temporalmente. Pero cada día requería que yo existiera cada vez menos. Y traté de ser mejor, de ser más feliz. Preparaba comidas con las sobras, y sonreía al comérmelas, pretendiendo parecer plena y satisfecha. Traté de ser más comprensiva y tolerante, intentaba encontrar un camino para darle sentido a todo aquello. Y ahora comprendo que a pesar de toda esa devoción y de todo ese esfuerzo, él jamás me vio, vamos, ni siquiera me amó. Cuando se hartó de ver cómo chocaban mis deseos que buscaban conectarse con los suyos, y que iban en contra de sus deseos por olvidarme, él simplemente me borró —de su teléfono, de nuestro correo postal, de su vida— y me remplazó por otra mujer, por una nueva vida.

El haber sido borrada se convirtió en mi peor pesadilla, literalmente hablando. Pero eso me salvó la vida. Ese abrumador momento de verdad me puso a girar, pero yo me esforzaba por ver la luz. Por primera vez en mi vida, me pregunté: ¿Quepo en mí? ¿Puedo ser imborrable?

Crecí en una familia en donde las mujeres (mujeres muy listas, si se me permite comentar) existían como reflejo de hombres fuertes y exitosos. Mientras, afortunadamente, la mayoría de estos hombres resultaron ser amables (como mi padre); sin embargo, era doloroso ser una "doña nadie". Aprendimos a ser muy buenas para eso de congelar las sonrisas y de calentar los cuartos con las sonrisas atrapadas en el yeso. Lo importante era mantener la relación, porque creíamos que era la única manera significativa de continuar existiendo. El fingimiento era nuestro *modus operandi*. Podíamos beber veneno y llamarlo Kool-Aid. Así de buenas éramos para el autoengaño. Y así fue como después me habitué a deambular en la oscuridad y afirmar que había luz. Fui educada para ello, no distinguía entre lo real y lo irreal. Ignoraba si podía estar en el invierno de mi soledad y crear mi propio calor.

Me siento agradecida al poder decir que los viejos temas familiares y los viejos patrones que nos mantuvieron en cautiverio pueden romperse. Y cuando eso ocurre, es posible crear unos cimientos de verdad sobre los cuales edificar una vida y un matrimonio.

Cuando decidí que las mentiras no me dominarían más, tuve que ocuparme de rodearme de la verdad, sin importar qué tan largo fuera el trayecto, o qué tan sinuoso el camino. Supe que si me alineaba con la verdad, sería guiada, apoyada y conectada. No me equivoqué, transitar por la verdad ha cambiado, radicalmente, el panorama de mi existencia. He hecho un trato conmigo misma: he hecho votos para pararme frente al altar de la verdad y comprometerme con la honestidad, simple y llanamente. He decidido que la verdad sea *mi otro yo* en esta vida, mi más importante socio vital.

Hoy sólo deseo estar con un hombre que me respete y me honre, a quien yo respete y honre. Me encantaría estar con un hombre lo suficientemente sabio como para no perderlo todo por una adicción. No podría estar nuevamente con un ser que necesite escoger entre mí, alguna sustancia, u otra mujer. Sólo podría estar con un compañero cuyo sistema de valores contemple la fidelidad sexual y emocional, un hombre que decida vivir en la verdad, no en la mentira, y eso sea porque la verdad vive en cada fibra de su ser.

Este libro es una invitación a que tomes la misma decisión. Pero debes comenzar por una sanación interior que te permita lograr todo aquello que el mundo no te ha dado, y que, una vez obtenido, ya nadie te lo puede ya quitar. Te pertenece, como una empresa en la que tú tienes el 100 por ciento de las acciones.

Acompáñame en esta travesía de descubrimientos, permite que la curiosidad sea tu amiga, deja atrás críticas y vergüenzas. Si inviertes esto en ti, recibirás a cambio lo mejor de la vida: recobrarás a tu *verdadero yo*. Jamás volverás a ser puesta a la venta, o intercambiada, como un objeto. Tú, como única dueña de tu vida, decidirás sabiamente cuándo y dónde habrás de compartir tu riqueza emocional, espiritual, financiera, física y sexual. Tú lo vales. Tu mejor vida está por venir.

Capítulo uno

Cuando descubra quién soy, seré libre.
RALPH ELLISON

A partir de hoy

Era un hermoso día para una boda. La parroquia estaba llena de familiares y amigos. La novia se veía radiante con su traje de marfil satinado. El elegante novio en su esmoquin negro. Los padrinos los rodearon con sus ropajes de cola larga. Y mientras la pareja se paró frente al ministro de cabello plateado, se miraron en los ojos del otro. Y entonces pronunciaron los votos y juramentos escritos por ellos mismos:

—Serás mi mejor amigo —dijo ella— con excepción de Marcia, quien siempre ha sido la mejor de mis amigas, y mi perro pastor alemán, Spike, que dormirá al pie de nuestra cama.

—Prometo cuidarte y procurar sólo aquello que te convenga —contestó él—, mientras así me funcione y no propicie visitas frecuentes de tu madre.

—Atesoro tu forma de ser —dijo ella—, pero una vez casados espero que bebas menos, trabajes más, te intereses por el arte y te rasures esas barbas.

—Lo que es mío será tuyo —dijo él—, exceptuando el dinero de cuya existencia ignores y el que pondré en una cuenta paralela, por si las cosas no marchan bien.

—Prometo amarte incondicionalmente —afirmó ella—, hasta que hagas algo que yo considere intolerable de perdonar y olvidar, aunque tú sabes que provengo de una familia que ha dado muchos campeones del rencor, y nunca irme a dormir enojada, aunque deba quedarme despierta toda la noche.

—Te adoraré eternamente, en cuerpo y alma —dijo él—, mientras conserves esa figurita de modelo.

—Prometo apreciarte cada día, hasta que la muerte nos separe —dijo ella al borde de las felices lágrimas—, o hasta que me colmes la paciencia.

Este intercambio oral puede sonar divertido, pero frecuentemente, mientras consulto a parejas en conflicto, encuentro que pensamientos similares reposan bajo la superficie de sus votos o juramentos matrimoniales. Prometieron cosas que no pudieron cumplir y externaron palabras floridas en las que no creían o no entendían del todo, con la esperanza de que alguna mágica aura se encargara de realizarlas a lo largo de sus vidas, evitando problemas.

¿Qué sucedía realmente? Estaban mintiendo ante el altar, indiferentes frente al trabajo de forjar una sociedad verdadera, inventando historias que esperaban se convirtieran en realidad algún día. Fueron botados hacia el mar del amor, arrastrados por la marea de sentimentalismos y emociones que más temprano que tarde los regresaría a las rocosas playas de la vida, sobre la cresta de una ola de realidad. Fueron espectadores de su propia boda, recitando juramentos escritos por ellos mismos sin conocer la verdad acerca de su relación y de sus vidas reales. Cambiaron un día glorioso por años de agria lucha. Al menos la mitad de estos matrimonios no llega a festejar su décimo aniversario. Muchos más continuarán juntos, en espera de la muerte, atrapados en una prisión diseñada por ellos mismos, sin comprender jamás cómo es que tantas uniones que comienzan con tal optimismo y alegría terminan de esa forma tan terrible.

¿Cómo es posible que la gente que sólo desea ser feliz termine siendo tan miserable? ¿Qué son las mentiras ante el altar?

Dale nombre a la mentira

Una amiga muy querida terminó con su matrimonio recientemente, tras catorce años de relación y tres hijos. El hombre al que Cheryl eligió como marido era el equivocado en todos los aspectos. Harold tenía problemas de adicción, le era infiel, manipulador y cruel. Ya divorciada, Cheryl se atormentaba por haber elegido tan mal. "¿En qué diablos estaba yo pensando?" —me preguntó— "¿Cómo pude casarme con ese hombre?"

"Simplemente estabas mintiendo ante el altar", le dije, "y no porque fueras mala, sino porque no sabías lo que estabas diciendo".

Ella estaba azorada, "mintiendo" es una palabra fuerte, y Cheryl insistió en que realmente creía en sus votos matrimoniales: "Mi promesa y mi intención era la de permanecer con él hasta la muerte y eso casi me mata", dijo.

¿En dónde estuvo la mentira de Cheryl? No fue consciente o deliberada. Fue el resultado de la inconciencia. Su mentira comenzó con la autodecepción de saber que Harold no era quien aparentaba ser. Cheryl es una de las mujeres más dulces y cariñosas que he conocido. Siempre viendo por el bien de los demás, que es una cualidad maravillosa. Pero cuando confías en alguien que ha demostrado ser poco confiable, optas por una muy peligrosa forma de ceguera. Harold telegrafió su verdadera naturaleza de forma clara y sonora mucho antes del matrimonio, pero Cheryl no vio las señales claras. Él era cruel y manipulador y mostró poco o nulo interés por los sentimientos de Cheryl. Incluso, luego de comprometerse, él solía desparecer durante días sin avisarle a ella dónde estaba, motivo suficiente para que Cheryl sospechara la existencia de otra mujer. Cuando trató de indagar al respecto, él la acusó de sofocamiento. Una vez le dijo: "Aún no nos casamos y ya me estás resoplando en el cuello." Cheryl no insistía, sintiéndose tonta por quedarse callada, y fue entonces que la duda comenzó a edificar un hogar en su mente, espíritu y corazón. Fue ahí donde ella permitió que la mentira entrara en la verdad. El patrón habría de repetirse a lo largo de su matrimonio. Harold hizo lo que le vino en gana y Cheryl aprendió a no enfrentarlo para no sentirse tonta.

Cheryl fue educada en la conciencia de que una mujer debe trabajar duro para resultarle deseable al hombre. Su propio padre la había hecho sentir depreciada, burlándose acerca de que nadie querría casarse con ella si se salía del camino. Harold continuó con ese patrón, culpándola de sus alejamientos y enojos. "Tú me ahuyentas" le decía él para explicar sus ausencias, "Me haces enfurecer; por eso bebo."

Esas palabras se anidaron en el corazón de Cheryl y ella trató de complacerlo más y más. Pero Harold era difícil de complacer. "Harold siempre criticaba mi forma de arreglar la casa y de cuidar a los niños", dijo Cheryl, "y siempre pensé que yo no era lo suficientemente buena."

Cheryl lloró cuando recordó una etapa particularmente azarosa poco después de haber tenido a su tercer bebé. "Era domingo, y siempre preparo de comer los domingos. Después de comer, Harold se fue a recostar al sillón que hay frente al televisor. Se hacía tarde, yo estaba muy cansada y había mucho por hacer. Teníamos un nuevo bebé, otro que comenzaba a dar sus primeros pasos, y uno de cuatro años que corría por todos lados. Le pedí a Harold que me ayudara a bañar al mayor. Ni siquiera se dignó mirarme y sin despegar la vista de la pantalla me dijo: 'No tengo ganas de hacerlo'."

Cheryl recuerda ese día en particular porque casi nunca le pidió ayuda a Harold; sólo en caso de desesperación o cansancio extremo. Esa indiferencia le dolió profundamente. "Fui al baño directamente y allí lloré como un bebé", recuerda. "Luego me lavé la cara y bajé la escalera. Limpié la cocina. Bañé a los niños y los acosté."

Cheryl se sentía desesperada por esos días, pero le tomó catorce años vivir con el mismo trato, para tomar la decisión de dejar a Harold. ¿Por qué tanto tiempo? Porque ella había hecho un voto sagrado frente al altar y se rehusaba a romperlo. No entendía que una promesa hecha a alguien que ni siquiera está en la relación y que, por lo tanto, no es recíproca, es una promesa vacía.

La mentira de Harold fue más directa. Prometió amar, honrar y adorar a Cheryl, siempre y cuando ella viera por las necesidades de él antes que por las propias, permitiéndole a él, además, hacer lo que le viniera en gana. He aquí la verdadera mentira: aunque ella condescendió, él no le dio nada a cambio. Él nunca le demostró aprecio. Jamás le dijo que era hermosa. Jamás la abrazó o le dijo que la amaba.

Cheryl demostró un enorme valor al admitir la verdad y solicitar el divorcio. Harold jamás lo comprendió. "¿Realmente crees que alguien se va a interesar en ti?", le dijo en tono de sorna al salir por la puerta. Ella no se molestó en responder. ¿Tenía sentido hacerlo?

La verdad: el ingrediente secreto

Acordemos que ya es tiempo para la verdad. A partir de hoy.

Incluso si has estado escondiendo tus verdaderos sentimientos durante muchos años, sepultando tus necesidades, abrigando resentimientos, negando en forma deliberada aquello que sabes, tienes la opción de cambiar. No importa si has tenido una serie de relaciones fracasadas, o si estás en medio de un matrimonio que no funciona, o si eres divorciado y esperas rehacer tu vida e intentarlo de nuevo en el futuro.

Puedes realizar un esfuerzo consciente y derribar esas barreras. He aquí una realidad sorprendente: por difícil que te resulte creerlo, puedes encontrar el amor en el hecho de enfrentar a la verdad. Es el ingrediente secreto de todo gran matrimonio.

Quizá estés planeando tu boda mientras lees esto y tus esperanzas de amor parezcan eternas. Deseas conocer y evitar los constantes y poderosos enfrentamientos y la infelicidad que has visto en los matrimonios de familiares y amigos. Si deseas vivir feliz, deberás confiar en la verdad. Debes creer que al enfrentar a la verdad estarás acercándote a una vida llena de alegría y no de mentiras. De hecho, la verdad es el único camino que crea amores de larga duración, seguridad y pasión verdadera.

Déjame ayudarte. La verdad te *hará* libre.

Despierta

Muchas veces resulta más fácil juguetear con una fantasía que despertar a la realidad. Pero una vez que has despertado, es difícil regresar al sueño, y mientras más tiempo estés despierto, te sentirás mucho mejor, y en forma natural.

El primer paso es analizar tu relación —la actual o alguna anterior fallida— y formularte varias preguntas básicas. Este examen quizá te exponga a realidades dolorosas, pero trata de evitar sentimientos de vergüenza o culpa. A muchas personas, la vergüenza ("Soy una mala persona") les provee una zona cómoda. La culpa ("Él o ella son malas personas") puede brindarnos cierta satisfacción temporal, pero ninguna versión te acerca a la verdad. La culpa y la vergüenza son una salida a la relación. Aniquilan tus sueños, tu espíritu y tu pasión. Te invito a permanecer en la habitación, despierto.

Al leer la siguiente lista de las diez mentiras más usuales y sus correspondientes verdades, aprende a reconocer la diferencia entre ambas, analiza tu propia existencia.

1. MENTIRA: si el paquete viene bellamente envuelto, su contenido es fabuloso.

VERDAD: las envolturas realmente no te dicen nada acerca de lo que contienen.

"En realidad ella no es mi tipo", me dijo mi amigo Gerardo con respecto a Irma, la chica con la que había estado saliendo los pasados cinco años. Me sorprendió escuchar eso. Gerardo e Irma parecían compartir una sincronía perfecta. Estaban dedicados al activismo de su comunidad y parecían disfrutar cuando trabajaban en el arreglo de su vieja casa, adoraban a los niños, compartían similares sentidos del humor. Irma se llevaba muy bien con los familiares de Gerardo y lo mismo éste con los padres de ella.

"Irma y tú se ven estupendos juntos", le dije. "Así que explícame eso de que no es tu tipo".

Gerardo se encogió de hombros. "No lo sé. Siempre pensé encontrarme con alguien diferente. Prefiero mujeres más bajitas, porque no soy muy alto, e Irma es un poco más alta que yo. Además, siempre me visualicé con alguien del tipo artístico y no con una contadora como Irma".

"¿Hablas en serio?", le pregunté, porque en realidad pensé que bromeaba, pero no era así, unos meses después, cuando él e Irma terminaron, ella estaba sorprendida, al igual que sus familiares y amistades. Y mientras Irma curaba su destrozado corazón, Gerardo comenzó a salir con una bailarina que conoció en una reunión. Ella era bajita, del tipo artístico, diez años más joven que Irma. Seis meses después, Gerardo y la bailarina se casaron.

Un año después, no me sorprendió mucho la llamada de Gerardo. Quería platicar acerca de su matrimonio. "Es como vivir en una zona de guerra", me dijo con cierta amargura. "Discutimos por todo. Ella odia la casa, se niega a pasar tiempo con mi familia y lo único que le interesa es frecuentar a sus estúpidos amigos bailarines. Y ahora me salió con la novedad de que no quiere tener hijos".

Me dio mucha tristeza ver a Gerardo en ese doloroso estado. Pero todo ello no fue sino el producto de su fantasía. Escogió su paquete ideal, pero al abrirlo no le gustó la mujer que había dentro. Tristemente, ella no era para nada su tipo.

La mayoría de las personas profundizan a la hora de elegir pareja. La fachada es importante, porque es lo primero que ves al sentir el latigazo de la atracción. Además es tremendamente seductor. Cuando te elige una hermosa mujer o un arrojado galán, uno se siente importante. Y si tu pareja es de posición económica desahogada, cabal o famosa, te sientes en las nubes. No hay nada malo con estos sentimientos. El problema es que la mayoría de las personas no indaga más allá.

Una amiga mía terminó con un hombre tras varios años de relación. Incluso ya se habían comprometido en matrimonio, pero simplemente no funcionó. Su separación fue amistosa, y le pregunté si continuarían con esa amistad. Ella me contestó: "No, jamás escogería como amigo a alguien como él". Y yo pensé ¡Guau! Ella se había comprometido en matrimonio con alguien que ni siquiera era su amigo. Su atracción era meramente carnal.

Si te enamoras de sus ensoñadores ojos azules, o de su cabello sedoso y brillante, te espera un despertar sórdido. Si no te casas con el alma de tu pareja, nada habrá para mantenerlos unidos cuando la fachada comience a deteriorarse. Créeme. Así sucederá. Recuerdo a una mujer que llegó a mi oficina llorando porque el hombre con el que llevaba seis años de matrimonio le comentó que sentía repulsión por ella. Cuando se casaron, ella era delgada, pero tras dos embarazos su figura aumentó unos kilos. Y él lo tomó como un insulto personal. Dijo: "Cuando nos casamos sabías que la gordura era un motivo de separación".

La vida trae consigo fatigas, penalidades, enfermedades, vejez y estrés, más allá de nuestra habilidad para la predicción. Los cuerpos se transforman y los cabellos se adelgazan. Todos ponemos nuestra mejor cara cuando cortejamos o somos cortejados, pero debemos aprender a ver más allá, a ver lo que hay dentro de la fachada.

Pregúntate: ¿Te gusta lo que vislumbras en el *interior* tanto como te gusta lo que ves en el *exterior*?

---

2. Mentira: el pasado es historia.

Verdad: el pasado te conduce al altar.

"Mi vida comenzará el día de mi boda", me dijo Stacy firmemente, explicándome por qué no iba a mencionarle a Frank, su prometido, acerca del hijo que ella tuvo años atrás y que tiempo después dio en adopción. Intentó cerrarle la puerta a sus viejos errores para comenzar una nueva vida con el hombre de sus sueños.

"La cuestión es por qué no quieres decírselo", le pregunté. "¿Te preocupa que él cambie la opinión que se ha forjado de ti? ¿Crees que él lo consideraría un asunto penoso cuando en realidad es algo sagrado y lleno de significado? ¿Y qué nos dice todo ello acerca de él? ¿De ti? ¿Por qué querrías esconder tu propia historia en tus cavernas mentales?"

Stacey deseaba presentarse en el altar "nueva y mejorada", sin la carga de su pasado. La vida no funciona así, cuando decimos: "Mi vida comienza aquí", negamos la realidad que es justamente nuestro pasado, la limusina que nos deposita en la escalinata de la capilla.

Después de nuestra plática, Stacey decidió contarle a Frank lo del bebé. Fue un riesgo que había que correr, porque, aunque ella confiaba en él, sentía que su secreto era tan grande que podría cancelar todos sus planes. Luego me llamó para contarme qué había sucedido. Con voz temblorosa me dijo:

"Me abrazó", exclamó, llorando. "Me dijo… ¡Caray, qué duro ha de haber sido para ti!", Stacey no podía creer la reacción de Frank, ni su capacidad de comprensión. Un instante después, la vida de Stacey era otra, y su vergüenza había sido superada. Stacey no sabía que su vergüenza no era algo que él evocara, sino algo que ella había tenido que soportar como resultado de la actitud familiar acerca de su temprano embarazo y la consiguiente dada en adopción. Yo llamo a eso vergüenza pagada de aquí en adelante.

Otra pareja vino a verme al borde de la separación. Amy dijo que no confiaba en John, su marido. Cuando traté de indagar la raíz de esa desconfianza, supe que John le había dicho una gran mentira justo al inicio de su relación. Y aunque él se había casado y divorciado dos veces antes, le había dicho a Amy que sólo tenía un matrimonio y un divorcio en su haber. Él temía que Amy perdiera interés en él si ella llegaba a saber la verdad. Desafortunadamente Amy se enteró de esa segunda relación en un momento inoportuno, justo cuando intentaban obtener su licencia de matrimonio. Ella se sintió devastada pero no hizo nada al respecto. No dijo algo como: "Un momento, ¿quién eres tú realmente?

Aplacemos la boda durante algún tiempo mientras lo averiguo".

Ella se convenció de que esta mentira era irrelevante. La boda se llevó a cabo conforme a lo planeado. Pero, a partir del primer día de casados, ella le perdió toda la confianza a John. A cambio, él le ocultó otros detallitos a Amy.

"No quiero mentir", le dijo él, "pero... ya no sé". John me miró, completamente indefenso.

"Temes que a ella no le guste tu verdadero yo", le dije.

Él se encogió de hombros sin saber qué decir. Amy intervino: "¿Acaso no ves que lo que me molesta son tus mentiras?", le dijo a John. Ella estaba preparada para saber la verdad, reconociéndola como la única llave que abre intimidades. En los meses siguientes, Amy le demostró a John que él estaba seguro con ella, que se despreocupara por su posible abandono.

Es una fantasía eso de pretender no contar el pasado, o de tratar que no influya en la relación. Esto no significa que debas rendirle a tu pareja un detallado desglose de tus ayeres. Pero si escondes lo importante, lo trascendente, dejas atrás partes esenciales de tu yo. Y si no aprendes a manejar tu pasado, tu pasado te manejará a ti. El doctor Harville Hendrix, uno de los gurús más respetados en terapia de parejas y el creador de la terapia de pareja Imago, afirma, en forma poderosamente brillante, que muchas parejas deben lidiar con poderes destructivos para la relación, como heridas y amarguras aún abiertas y palpitantes, sufridas durante la niñez.

Pregúntate: ¿Te presentas tal y como eres, o vives temeroso de que tu pareja llegue a descubrir tu verdadero yo?

---

3. MENTIRA: cualquier cosa es preferible a estar solo.

VERDAD: estar solo y libre, es mejor que estar juntos pero ejerciendo el control.

Charlene llevaba diez años divorciada, y hubo de criar a su hija sola. Toda la responsabilidad recaía sobre sus espaldas. Siempre en busca de dinero y de niñeras que le cuidaran a la niña mientras ella trabajaba por las noches. Al llegar a casa, exhausta, lloraba de impotencia, harta de soportar la carga en solitario. Entonces conoció a un hombre que parecía fuerte y confiable. Él irrumpió en su vida y le comentó que se haría cargo de la situación. Ella se sintió aliviada. Se dejó llevar por él; finalmente, se liberó de su carga. De momento no reconoció que un controlador no necesariamente es alguien que te ama y te apoya. Pronto comenzó a extrañar su propio control. Le molestaban las altas expectativas del hombre. Su nuevo matrimonio comenzaba a sofocarla.

Charlene intentaba comprender cómo es que se había metido en este lío, y poco a poco se le aclaró el panorama. Es como si ella hubiera estado en un viaje largo, nocturno, conduciendo su auto sobre una carretera infinita. Estaba tan cansada que se salió de la carretera rumbo a la franja de acotamiento para descansar pues estaba verdaderamente rendida. De pronto, y como por arte de magia, alguien apareció por aquellos parajes y dijo: "Cierra los ojos, descansa, no te preocupes. Yo conduciré". Y ella aceptó gustosa la propuesta y se dedicó a dormir profundamente. ¡Uy!, se sentía tan bien. Y cuando despertó, completamente repuesta y lista para continuar tras el volante, que a veces resulta divertido, descubrió que todo había cambiado. El nuevo conductor le dijo: "No, déjame manejar a mí, tú duerme un poco más". Y cuando ella le comentó que ya no necesitaba dormir, su nueva pareja le tomó la mano, le dedicó una sonrisa fingida y continuó manejando. "Quedarse dormida frente al volante" tuvo un nuevo significado en la vida de Charlene.

Pregúntate: ¿Estás completamente despierto y eres totalmente participativo en tu relación, o has cedido el control, aduciendo cansancio o temor?

---

4. MENTIRA: debes ceder para lograr llevarte bien.

VERDAD: en un matrimonio ejemplar, puedes exponer tus necesidades sin temor al rechazo.

Provengo de una familia muy agradable. Es decir, cuando le pones una cara bonita a las cosas, éstas adquieren mayor valor. Cuando éramos niños, nos animaban a darle prioridad a otros valores, como jugar con chicos que no nos caían bien, por el simple hecho de que estaban solos, o disculpar alguna mala conducta pretextando que el perpetrador de la falta tenía problemas en su casa. ¿Cuál fue el resultado? Nunca aprendí a valorar mis necesidades, y fui fácilmente persuadida de que realmente no deseaba ni necesitaba aquello que yo creía desear o necesitar. Aprendí a hacer tanta gimnasia mental que si "el fingimiento" fuera una disciplina olímpica, habría competido en una Olimpiada. Fingir que era feliz cuando no lo era; fingir agradecer las migajas recibidas cuando sentía que me había ganado una súper comida; de forma casi reflexiva, le daba a la otra persona mucho más que el beneficio de la duda y pensaba: "Bueno, quizá él tiene razón", incluso cuando mi interior era sacudido, mi más profunda intuición me gritaba: "¡No, no!" Finalmente, un buen amigo mío analista me dijo, sencillamente: "Robin, te es permitido tener preferencias". Y mientras digería esas palabras, me sentí libre, en cierta forma. ¿No tengo que jugar con alguien con quien no quiero hacerlo? ¿Ni hacer cosas que no deseo? ¿Ya no tengo que convencerme a mí misma de que me encantan los ambientes festivos cuando en realidad prefiero pasar una noche silenciosa en casa? Recuerdo que una amiga mía me dijo que 'aunque ella adoraba ir a los clubes de jazz, temía que su novio la considerara snob si admitía su pasión por la música sinfónica. En la cinta *Novia fugitiva*, Julia Roberts interpreta a una mujer que no sabe definir cómo le gustan los huevos porque siempre pedía los mismos que ordenaba el hombre de su vida. ¿Qué será eso que nos conduce a la confusión interna y a la falta absoluta de amor propio?

El reto es encontrar tus preferencias, analizarlas y apropiártelas para que así puedas mostrar tu verdadero yo.

Pregúntate: ¿Tu pareja ama y respeta tus diferencias, o las menosprecia y las califica de tontas, ridículas, o locas?

---

5. Mentira: es importante tener razón.

Verdad: es más importante relacionarse con autenticidad.

Cuando contraes matrimonio, inauguras una unión que no existía anteriormente. Estás ingresando en territorio virgen y esto puede ser excitante o terrorífico. Y ante lo desconocido, la naturaleza humana siempre busca un punto familiar que le sirva de guía. Y mientras trazas el nuevo mapa de tu unión, a menudo te apoyarás en tus mapas familiares. Eso está bien, incluso, es valioso. Esta es la primera oportunidad que se te presenta para aprender algo acerca de ti mismo y de tu pareja. Pero, ¿qué sucede cuando alguno de los involucrados anuncia que será uno de sus mapas familiares el que les servirá de modelo en su matrimonio? En lugar de rediseñar el mapa que mejor se ajuste a sus parámetros territoriales, desea forzar el territorio y ajustarlo a un viejo mapa. El inflexible cónyuge estará diciendo: "Así lo ha hecho siempre mi familia y funcionará en nuestro caso". Esta declaración refleja el punto ciego del autor de la frase. Este tipo de ignorancia arrogante impedirá que la pareja desarrolle su habilidad para construir un matrimonio basado en valores compartidos de verdad, respeto y amor.

La inhabilidad para integrar nueva información en ese mapa matrimonial es parte de lo que aniquila a los matrimonios. Yo lo llamo "la arrogancia de tener la razón". Frecuentemente le pregunto a las parejas que enfrentan posiciones encontradas: "¿Quiere cada uno de ustedes tener la razón, o quieren establecer una relación? Casi siempre me responden: 'Queremos establecer una relación', después de todo, por eso acuden a mi lugar. Pero la verdad es que casi siempre lo que realmente desean es tener la razón. ¿Cómo lo sé? Tras semanas y meses de pláticas, ninguno de los involucrados se ha movido de su posición inicial. Dedicamos nuestras sesiones a que ellos encuentren nuevas formas de explicar y justificar sus muy distintos puntos de vista. No ven el cambio de actitud como una opción. Cada uno está esperando que el otro se dé por vencido y diga: '¡De acuerdo, me rindo!'"

En su revolucionaria investigación acerca de qué es lo que hace durar a los matrimonios, el doctor John Gottman ha descubierto que una de las claves que predicen un matrimonio exitoso radica en la habilidad para abrirse frente a la influencia de la pareja.

Esto no significa darse por vencido o aceptar ser controlado. Significa abrirse a recibir nueva información, a estar dispuesto a trazar un nuevo mapa matrimonial en donde ubicar los datos que la pareja acaba de aportar, aceptando con gusto esa nueva panorámica matrimonial basada en la influencia de la contraparte.

Pregúntate: ¿Están tú y tu pareja más interesados en tener razón que en integrarse en una relación de pareja?

---

6. Mentira: puedes aprender a vivir con compromisos que te atribulan el alma y te hacen sufrir y llamarlo amor.

Verdad: el sufrimiento no es amor.

Cuando Martha conoció a Theo, ella tenía 53 años y dejó muy en claro sus necesidades. Tenía siete años de divorciada de un hombre con el que se había casado siendo muy joven. "Cometí los errores comunes", me dijo. "Me casé al salir del colegio, y ninguno de los dos sabíamos quiénes éramos, ni qué queríamos. Cuando nos dimos cuenta que no éramos lo que deseábamos, ya teníamos dos hijos. El divorcio fue muy difícil, pero fue la mejor decisión para ambos."

"Cuando conocí a Theo, yo sabía de mis necesidades. Incluso tenía mi lista de asuntos negociables y no negociables, pero simplemente me desconecté de ellos. Me acostumbré a decirme que todo era aceptable, cuando en realidad no lo era".

Durante un periodo de tres años, Martha vio desintegrarse su lista de temas no negociables. Fue un lapso circunstancialmente extenuante en el que fue cerrando su mente, tratando de acomodarse a las necesidades de Theo.

Cuando él no permitió que la hija de Martha y su nieto los visitaran durante una semana porque no podía soportar el ruido y el caos que traen consigo los bebés, Martha le suplicó a su hija que no fuera a visitarla, aun cuando había esperado con ansias ser abuela y pasar un tiempo con su hija.

Cuando él discutió con los mejores amigos de Martha y dio por terminada su relación con ellos, Martha lloró y le suplicó que recapacitara, pero él se negó, y ella simplemente lo aceptó.

Luego, Theo comenzó a beber en exceso y ella se lo atribuyó al estrés de la oficina, a pesar de haber jurado que jamás se casaría con un hombre con problemas de alcoholismo.

"Mi mundo se fue encogiendo dentro de una pelotita", dijo Martha, "pero yo me seguía diciendo que Theo valía la pena".

"¿Valía la cancelación de tu felicidad?", le pregunté. ¿Valía la enajenación de tus amigos y tus hijos? ¿Valía la pérdida del respeto a ti misma?

Martha se sentía avergonzada por haber abandonado sus necesidades en cuanto contrajo nupcias con Theo, pero no deseaba estar sola de nuevo. Se confortó con la justificación de que el matrimonio exige compromiso y por lo tanto ella viviría con esos compromisos. Un buen día, Theo le comentó que su matrimonio era perfecto en todo, excepto en el aspecto sexual, por lo que él buscaría satisfacer esa necesidad fuera de casa, quitándole a ella la presión. "Incluso llegué a contemplar esa posibilidad", dijo ella. "Fue entonces cuando comprendí que se me habían fundido los circuitos".

Frecuentemente encuentro que la gente, en especial las mujeres, ingresan al matrimonio conociendo sus necesidades y sabiendo pedir lo que desean. Pero incluso cuando conoces tus necesidades, es fácil desviarte del camino y dejarte dominar por el rechazo, la soledad o el conflicto.

Pregúntate: ¿He otorgado concesiones que alguna vez imaginé impensables, o he aceptado lo inaceptable... por temor?

---

7. MENTIRA: somos tú y yo contra el mundo.

VERDAD: un gran matrimonio no puede vivir en un búnker.

Estaba en una tienda departamental cuando me topé con una vieja amiga de mi madre a la que no había visto en años. Mary se veía estupenda. Lucía más erguida y sus ojos brillaban.

Traía puesto un traje rojo muy a la moda. Mary me recibió con una gran sonrisa y un abrazo, y entonces me contó, para mi estupor, que su marido, George, había fallecido tres meses antes. "Oh, Mary, cuánto lo siento", le dije. "No lo sabía".

"No te preocupes Robin", me comentó. "Ya lo superé. De hecho, regresé a la universidad a estudiar mi maestría en historia femenina. Quiero dar clases. Y voy bien; voy más que bien".

Y meditó antes de decirme: "Me he liberado. Durante 45 años fui la sirvienta de George, su esclava. Le di mi vida. Y los años que me queden me los voy a dedicar a mí. No siento pena. Estoy liberada. Y me encanta la idea de tener un poco de tiempo en la vida para mí".

Aprecié enormemente la brutal honestidad de Mary, pero sus palabras me entristecieron. Pensé en la forma en la que una mujer vibrante como ella se había rendido frente a todos esos años, y sin que yo lo notara. Ella sencillamente se había encerrado en su búnker con un amo cruel sin que sus mejores amigos lo supieran.

Si tu pareja exige que cortes de tajo tus lazos, si tu mundo se vuelve pequeño porque estás enamorada, si la vergüenza y el temor te encierran, no podrás tener un gran matrimonio. El aislamiento te mantiene bien protegida, bien defendida. A solas, en la oscuridad, tú no tienes por qué mostrar tu dolor. Pero cuando lo sueltas y permites que salga a la luz, entonces debes enfrentarlo.

Pregúntate: ¿Tu amor es expansivo y libre o te corta el suministro de oxígeno del mundo?

---

8. MENTIRA: si creen en el mismo Dios, compartirán sus valores.

VERDAD: los valores son los que practicas, no aquellos en los que crees.

¿Qué significa compartir valores realmente? La gente me dice que se casa con alguien que profesa el mismo culto porque tienen los mismos valores, hasta que descubren que su pareja no es tan amable o considerada con los demás. Incluso, he sabido de personas que se casan con individuos con quienes comparten la misma ideología política, para tiempo después toparse con que ese cónyuge políticamente indicado no era tan tolerante en privado.

Los valores van más allá de las afiliaciones religiosas o de los partidos políticos. Son el AND —Actitud Natural Dominante— de tu relación. Se reflejan en tu visión de la vida, en si eres optimista o pesimista, desprendido o egoísta, de mente abierta o cerrada, juzgador o perdonador.

Julie creció en una familia grande y religiosa. Su madre había impresionado a sus hijas al comentarles que sólo había estado con un hombre en su vida —el padre de las muchachas— y que eso era señal de un carácter moral. Julie deseaba poder contarle a sus futuros hijos que ella sólo había estado con un hombre, así que cuando tuvo sexo con Robert, ella sabía que se casaría con él, garantizando así su papel de madre moralmente intachable, requisito indispensable cuando aspiras a ser un modelo para tus hijos.

Al paso de los años, Julie les contó a sus hijas, tal y como su madre se lo había contado a ella, que sólo había intimado con su padre. Sin embargo, lo que no pudo explicarles fue la crueldad de él ni sus llegadas tarde a casa, ni por qué ella lloraba tanto.

Pregúntate: ¿Las actitudes y el comportamiento de tu pareja te regocijan y te inspiran, o te revuelven el estómago y afectan a tu espíritu?

---

9. Mentira: el matrimonio cambia a las personas para bien.

Verdad: la persona en el altar será la misma en la mesa del comedor.

¿Cuántos vamos al altar creyendo que la santificación del matrimonio cambiará positivamente a nuestro cónyuge? Algunos lo llaman fe; yo lo llamo negación resuelta.

Si él resulta un controlador desde antes de la boda, ¿qué te hace pensar que dejará de serlo tras la ceremonia?

Si él no disfruta el sexo antes de la boda, ¿qué te hace pensar que lo hará una vez casado?

Si le resulta difícil conservar un empleo antes de casarse contigo, ¿qué te hace suponer que conseguirá uno estable después de dar el sí?

Si bebe demasiado antes de casarse, ¿qué te hace pensar que dejará el alcohol al salir de la parroquia?

Si a tu pareja le faltara una pierna, tú no dirías: "Yo espero que le brote una". Tú dirías: "Me casé con un hombre que sólo tiene una pierna". Pero nosotros no siempre aplicamos esta lógica en nuestra vida íntima. Cuando se trata del matrimonio, actuamos como si una persona emocionalmente muerta, espiritualmente vacía o egoísta pudiera transformarse después de la boda, y de la nada, que a la relación le brotaran piernas que la hicieran caminar. No vemos al otro como realmente es. Y es vital hacerlo.

Pregúntate: ¿Amas a la persona que ves hoy, o la que esperas ver algún día, cuando contemple el cambiar al sentirse presionada, suplicada, acosada, regañada, y atormentada por ti?

---

10. MENTIRA: el matrimonio es una garantía para tener autoestima.

VERDAD: Debes ser íntegro para poder compartir con alguien más.

"Pensé que era un tipo lo suficientemente agradable", dijo Gillian respecto del hombre con quien se casó. ¡Lo suficientemente agradable! Negó con la cabeza como desaprobando el haber aceptado aquello. "Yo no estaba enamorada cuando acepté casarme con Sam. No sentía pasión por él. Creo que me casé porque tenía ya veintinueve años y no sabía si tendría otra oportunidad. Los hombres a los que más había amado me habían dejado. Y pensé que quizá esto era lo mejor que podría yo hacer".

Hoy, con cuarenta y tres años encima y madre de una niña de trece años, Gillian se siente deprimida al haber visto irse esos años sin que su relación haya mostrado señales de mejoría. Le pregunté cómo pudo contraer matrimonio con un hombre al que no quería.

"Creo que tiene que ver con mis bajísimos niveles de autoestima, en particular los referentes a mi imagen corporal", admitió. "Fui una niña gordita, y aunque logré bajar cierto peso, conservé la celulitis y me sentía bofa. Cuando mis relaciones terminaban, pensaba que era porque los chicos querían a alguien de mejor cuerpo, aunque nadie jamás me lo dijo".

En cierto grado, Gillian creía que el matrimonio salvaría y elevaría su autoestima. Ella y Sam eran la viva imagen de una pareja sólida en público, pero en privado no existía tal conexión. La suya era una relación seria, formal; incluso sus encuentros sexuales eran rutinarios. Gillian se enteró de al menos dos infidelidades de Sam dentro del matrimonio, incluso llegó a contemplar la idea de abandonarlo, pero permaneció a su lado por el bien de su hija y porque estaba segura de que nadie más la querría.

"Dime algo", le pregunté amablemente, "¿te gustaría que tu hija tuviera un matrimonio como el tuyo?"

Fue un momento decisivo para ella.

Si puedes responder sí a esta pregunta, y en realidad deseas para tu hija un matrimonio como el tuyo, es algo maravilloso. Pero si tu respuesta es no, debes pensar lo que eso significa y cómo vas a lograr ese cambio, para que tu hijo o hija no se imagine el matrimonio como un lugar de tristeza y sumisión, o como la renuncia a su identificación personal.

Pregúntate: ¿Tu matrimonio te eleva o te hunde?

Sufriendo las consecuencias

Responder a estas interrogantes sin sentir culpa o vergüenza es dar un muy buen primer paso hacia tu interior y hacia el de tu relación. Puedes descubrir mentiras ocultas que evitan que alcances esa felicidad e intimidad que buscas. La pregunta es, ¿qué vas a hacer con todo ese conocimiento?

Tienes tres opciones:

- Continúa sufriendo.
- Busca fuera de tu matrimonio o relación el arreglo a tu fantasía, sabiendo que eso sólo te producirá más dolor, más drama y más trauma.
- Elige descubrir lo que sucede cuando vives en la verdad.

Frecuentemente, las personas me comentan que les resulta muy difícil cambiar viejos hábitos, o que ya se sienten demasiado viejas como para cambiar. Pero nada es más engañoso que el tratar de forzar una relación de pareja. "Y vivieron felices para siempre", cuando la verdad es que se trata de un huésped que no es muy bien recibido en casa. Tú sabes que las mentiras conducen al dolor y que la verdad puede abrirle las puertas de la felicidad a tu existencia. Y si tratas de mantener desesperadamente viva la ilusión, sufrirás.

Las personas se me acercan y me comentan "El matrimonio es una lucha", como si esa fuera su principal finalidad. Pienso en Rhonda y en Edgard, una pareja de mediana edad que vino a consultarme. Se les notaba infidelidad en cada poro. Ella estaba muy enojada. Él, hosco. Al inicio de la sesión, Rhonda dijo que a pesar de los problemas, estaban decididos a salvar su matrimonio. "Sé que el matrimonio significa trabajar duro", dijo, en un tono que reflejaba fielmente la carga que había venido soportando.

"¿En qué consiste lo duro del trabajo?", le pregunté.

Me miró como confundida: "¿Perdón?", dijo.

"Dijiste que el matrimonio significaba trabajo duro", insistí. "¿En dónde radica lo difícil del trabajo?"

"Pues sabes, me dijo con cierta impaciencia: "Es una batalla. Tratamos de sobrevivir día a día, intentamos congeniar".

"Esa no es la definición de matrimonio", le dije. "Esa es la definición de sufrimiento".

Si piensas en el matrimonio como trabajo duro, debes hacerte las siguientes preguntas:

- ¿Cuál es la meta de este duro trabajo?
- ¿Cuáles son las recompensas?

En matrimonio no se trata de "hacer tiempo". No es una sentencia de cadena perpetua de dolor, humillación y sufrimiento. Ni tampoco un trabajo pesado. Escuchen estas sorprendentes noticias: el amor no lastima, el amor no duele; un buen matrimonio, tampoco.

El sufrimiento aparece cuando las mentiras que aportas a la relación chocan de frente con la verdad de lo que significa cómo vivir con otro ser humano. Si el día de tu boda crees entrar en un mundo de ensueño donde serás transportada a una nube de algodón, te dolerá mucho el regreso a la Tierra. La única forma de evitar el impacto del sufrimiento y los dolores residuales que dejan los años, es olvidarse de las fantasías románticas para buscar la felicidad en la realidad. Créeme, no es tan lúgubre como suena. La realidad puede ser mucho más excitante y apasionada que el mejor cuento de hadas.

No hay nada malo con una descarga romántica. El surgimiento de un sentimiento es bueno. Pero debes saber que ello no es duradero, y comprender que una vida de gozo debe construirse sobre cimientos más firmes.

En una unión verdadera, se conocen las necesidades de ambas partes. Ambos pueden convivir sin fingimientos, siendo realmente como son. Dentro del generoso espacio que ofrece el amor honesto, tienes permiso para existir y para permitir que tu pareja exista. El fusionarse, o el convertirse ambos en una mancha amorfa no es un requerimiento o una finalidad.

Recientemente, durante una conferencia, escuché a uno de los ponentes decir "La verdad antecede al amor". ¡Justo en el blanco!, pensé. La verdad debe anteceder al amor. De no ser así, lo que pensamos que es amor se convierte en ilusión. El amor promete libertad. Puedes estar en el altar y decir: "Estoy aquí no porque esté forzado a estarlo, ni porque podría morir sin ti, ni porque ésta podría ser mi última oportunidad, ni por complacer a mis padres, ni porque ya todo está pagado, ni porque me da pena desdecirme en este momento. Estoy aquí porque te elegí a ti. Estamos frente a frente. Tú me ves y yo te veo. Y ambos dijimos ¡Sí!, un sí bien sustentado, un sí perfectamente razonado e integrado. Decidimos estar juntos. Y eso es amor maduro".

Este libro trata de ayudarte a elegir mejor. Si estás buscando pareja, si estás planeando tu boda, o si ya estás casado pero sientes que te encuentras en el agujero de un misterio no resuelto, puedes lograr que la relación sea más satisfactoria y enriquecedora para ambos. Puedes aspirar a un mejor mañana en comparación con el hoy. Sólo debes cumplir con las obligaciones que adquiriste para contigo y para con tu pareja en la construcción de un matrimonio, de una vida y de un ambiente dignos de ser vividos.

Capítulo dos

Cuando era niño, hablaba como niño, entendía como niño, pensaba como niño. Cuando crecí, me olvidé de las niñerías.

CORINTIOS, 13:11

Preséntate y crece

A los 23 años me casé con un hombre con el que salí durante cinco años. Pensé que estaba lista. Mi formación escolar y mi carrera fueron del tipo relámpago. Me gradué de la preparatoria a los dieciséis; de la universidad a los veinte, y poco después terminé mi maestría. Mis planes profesionales marchaban a la perfección, como una banda bien ensayada. Había viajado alrededor del mundo, expuesta a todas las diversidades que la vida podía ofrecerme. Pensé que había madurado. Me gradué un sábado y, al siguiente, contraje matrimonio.

Mi primer esposo es un hombre bueno, en realidad. Al igual que yo, procede de una familia estable, amorosa. Sus padres y los míos llevan casados cerca de 40 años. Nos presentamos en el altar con la confianza y las expectativas del amor joven.

Nuestra intención fue buena, pero no teníamos ni una pista de quién éramos, hacia dónde íbamos, o lo que estábamos a punto de enfrentar. Y mientras veo de nuevo las fotografías de entonces, observo a una joven ataviada con un hermoso vestido de novia, luciendo una sonrisa radiante mientras avanza por la nave lateral de la iglesia del brazo de su padre. Y en sus ojos está impresos ese inconfundible deseo por iniciar una vida llena de felicidad al lado de su bien parecido marido. Pero ya no la reconozco más. La chica habrá sido mundana a su estilo, pero jamás comprendió el significado de estar casada. No sabía cómo satisfacer sus necesidades o cómo satisfacer las de su esposo.

Él me amaba, pero no estábamos preparados. Nuestro matrimonio sólo duró cinco años. Nuestro divorcio fue traumático, al igual que todos los divorcios, pero éste fue especialmente doloroso porque éramos los mejores amigos, nuestras familias estaban tan unidas, y vivimos muchas y muy gratas experiencias. Se nos rompió el corazón. Fue una separación que nos causó un dolor intenso. Estoy segura de que hablo por los dos cuando les digo que fue un largo viaje hacia alguna forma de madurez y sanación. Y estoy hablando de que somos gente decente, pero no habíamos crecido lo suficiente. Nuestros votos fueron sinceros mas no expresados con base en las raíces de nuestras verdaderas esencias, ni en las de nuestras auténticas necesidades.

El primer voto matrimonial debería de ser: "Prometo hacerme presente mientras voy creciendo". No como una chiquilla cumpliendo un sueño, una fantasía. No como un chico nervioso haciendo lo que se supone que debe hacer. No como un príncipe encantado y una princesa bondadosa. No como la realización de las expectativas de tu madre. No como la envidia de todos tus amigos.

Tus ojos deben estar bien enfocados. Mira bien. ¿Quién es la persona que está frente a ti? No hablo de la que vistes y arreglas para llenar tus sueños de boda, ni de la que esperas que cambie para satisfacer tus deseos y necesidades una vez casados. No, hablo del hombre o de la mujer reales.

¿Está nebulosa la fotografía? ¿Tratas tu relación matrimonial como si fuera una cita a ciegas?, (Recuerda que por lo general, las citas a ciegas no funcionan.) ¿Tienes preguntas que deseas formular antes de que la excitación inicial se apague? ¿Tienes dudas de peso y esperas que éstas queden borradas mágicamente al término de la ceremonia? Les tengo noticias. Si hay algún tiempo para aclarar la mirada y para hablar directamente, ese tiempo es ahora, justo antes de la boda. Sé que para ti es algo muy difícil de hacer, a nadie le gusta equivocarse; coincido contigo en lo difícil que resulta el romper el encanto y hacerse de carne y hueso para apaciguar esos cálidos y placenteros sentimientos —no sólo los tuyos, sino los de los demás—, pero decir la verdad es la única manera de reconocer el momento de madurez adulta, y eso nos lleva a reflexionar: "Mi vida importa, nuestra vida juntos importa, y yo te respeto a ti y a mí".

Ahora, deseo que sepas que la cultura de las bodas modernas les ha puesto una trampa. Tienes que ser muy cuidadosa. Debes andar siempre en guardia. No es fácil madurar cuando el mundo crea fábulas infantiles. Pero viajar en la carretera equivocada trae consigo severas consecuencias.

En la primavera de 2005, toda la nación se enteró de la historia de una mujer procedente de Georgia llamada Jennifer Wilbanks, a quien llamaron "La novia fugitiva". Jennifer desapareció una semana antes de su boda, provocando una búsqueda nacional masiva. Se pensó que la hermosa novia había sido secuestrada mientras hacía ejercicio. Todos oraron por un final feliz. Pero el guión dio un giro dramático, salvaje, cuatro días después de su desaparición, Jennifer reapareció en Albuquerque, Nuevo México. El público estaba azorado cuando emergió la verdad: efectivamente, Jennifer se había puesto sus zapatos deportivos ese día… pero traía un boleto de camión en uno de sus bolsillos. Y mientras sus familiares y amigos la buscaban en vano, Jennifer se encontraba a bordo de un autobús, sin ningún destino particular en mente. Simplemente se fue, ni sus amigos más cercanos lo entendían: "Era tan feliz", insistían, "eran la pareja perfecta. Ella estaba emocionadísima con la boda".

Jennifer no supo cómo explicar su aventura. Quizá los preparativos de la boda la entusiasmaron demasiado (ocho despedidas de soltera y doce madrinas), tal vez se asustó por la magnitud del evento (600 invitados), o quizá lo pensó mejor.

Mucha gente se preguntó por qué Jennifer no dijo simplemente que aquello era demasiado. ¿Por qué tuvo en jaque a su familia, su novio, sus amigos, vamos, a toda la nación sumidos en tan traumática situación?

No sabemos si ella intentó hablar, pero sus asuntos y sentimientos fueron desviados. Quizá envió señales de auxilio pero todos estaban tan ocupados con los preparativos que nadie la escuchó. Tal vez le daba vergüenza exponer sus dudas, ya que sus amigos frecuentemente le recordaban lo afortunada que era y lo feliz que sería. Ella era la prometida del hijo de una prominente familia local. Según esto, él la adoraba y estaba dispuesto a complacerla en todo. ¿Ese complacerla en todo incluía escuchar sus dudas, intuir sus angustias, aunque implicara el posponer la boda? Casi siempre, la frase "Haría todo por ti porque te amo" no contempla escuchar cosas que no deseamos oír. Así que al final, tal vez fue la presión, tanta expectación, los gastos hechos por ambas familias y amigos. Tantos eventos sencillamente se dejaron venir en cascada y ante lo inevitable, Jennifer enmudeció. Si hubiera expuesto su verdad, ésta se habría transformado en realidad. Al no poder hablar, optó por huir. Y cuando regresó a Georgia, todo el mundo calificó de "incomprensible", "loca" su huida; su prometido la convenció de que se hiciera un chequeo en un hospital psiquiátrico. La única explicación posible en este caso es un colapso nervioso total.

¿La verdad? Probablemente, Jennifer sufrió un colapso nervioso, no por el hecho de haber huido, sino *antes* de hacerlo.

El mantenerse en la mentira orilla a una persona a eso. Y no estoy insinuando que esté bien el utilizar los impuestos federales en buscar fugitivas que no lo son, ni el asustar a familiares y amigos de esa forma, pero me imagino que Jennifer estaba tratando de huir hacia la verdad, no hacia la mentira.

Las ceremonias matrimoniales modernas han sufrido una metamorfosis. Ayer eran un rito sagrado; hoy, un simple espectáculo teatral. La atención no se centra en los votos o en la naciente relación... sino en los anillos, los vestidos, las locaciones, las invitaciones, los arreglos florales, el menú, los postres, los grupos musicales, las limusinas, los videos, las fotos, las despedidas y la luna de miel. ¿El resultado? Un día extraído de la fantasía, seguido por dos semanas fantásticas, y a su vez, por toda una vida frente a frente con la realidad. Inmersos en los preparativos, los novios son obligados a decir: "Querido, amor de mi vida, de momento no tengo tiempo para escucharte ni para expresarte mis sentimientos, pero no te preocupes, ya tendremos oportunidad para pelearnos los próximos 25 años".

Si hubiera una señal luminosa, en ésta se leería: ¡Peligro a la vista, se está fraguando un fracaso!

Necesitamos prestar atención a los valores que reforzamos cuando imaginamos al matrimonio perfecto, ideal. Concordamos con la mentira al sacarla frecuentemente a colación. Hay un programa en el Canal de Aprendizaje llamado *Para bien o para mal*. Lo sintonicé un día y vi el capítulo "La boda ideal de los cien quilates". Una pareja recibió cien mil dólares; su misión era gastarse todo ese dinero en una semana, organizando una boda súper extravagante. ¿Podría lograrse? Por supuesto. Se gastaron una suma enorme tan sólo en el restaurante y en el menú. Se gastaron miles de dólares más en flores, incluidos los pétalos de diez mil rosas, que serían esparcidos a lo largo de la escalinata y la nave central de la parroquia. La novia suspiró acerca de su boda de ensueño.

Con espanto, me pregunté qué es lo que esta pareja había aprendido del Canal de Aprendizaje.

Supongo que para ellos el dinero puede comprar un momento muy parecido a la felicidad. O al menos llamativos excesos y una posibilidad de asegurar el éxito del evento. Después de todo, fue grabado y editado, y luego transmitido. Olvídense de la intimidad. Su día especial se limitó a un evento televisivo. Me hubiera gustado, por ellos, que hubieran dedicado cierto monto de esa fortuna a terapias o a consultas prematrimoniales, pero no, todo el dinero se fue en extravagancias. No hay nada malo en tener una ceremonia hermosa, construida en los cimientos de la verdad. Pero a veces, mientras más grande es el evento, más cosas hay por ocultar. La opulencia se convierte en un señuelo para mantener la atención en el resplandor y que las mentiras y los dolores ocultos pasen inadvertidos. Para ser justos con la mayoría de las novias, es lo que se les pide hacer, socialmente hablando. La idea es reforzar la creencia de que mientras más onerosa sea la boda, más profundo es el amor. Y aunque no soy una estadista, sé que no hay nada más alejado de la verdad. Se le denomina una relación invertida —un lado va hacia arriba y el otro hacia abajo—. Y mientras las fanfarrias van hacia arriba, la atención en la calidad interior de la relación va hacia abajo. Recuerda que sólo crece aquello en lo que nos enfocamos. Así que si tú te concentras en una boda magnífica y no en la plantación y cultivo de las semillas de un matrimonio maravilloso y duradero, quizá asistas a la boda de tus sueños pero al matrimonio de tus peores pesadillas.

Supongo que era inevitable que un reality show llamado *Bridezillas* fuera un éxito. Televisado en la red de Entretenimiento para Mujeres (EM), *Bridezillas* es un seguimiento de alto mantenimiento en donde vemos a novias en sus preparativos matrimoniales. El punto medular del show es: "Mira cómo las novias verdaderas se transforman de dulces... a certificables". Las novias del programa se comportan como niños malcriados, y creen que sus comportamientos son justificables porque después de todo, "es mi gran día". Se presentan —como siempre— pero no han crecido. En un episodio, vemos a una novia desilusionada y atormentada caminando sobre la nave parroquial, furiosa porque su incompetente organizador matrimonial dejó pasar ciertos detalles menores. Estoy segura que mientras la novia recitaba sus votos, no pensaba ni en el novio ni en el futuro que habrían de compartir juntos. En cambio, seguramente estaba planeando su venganza contra el idiota organizador matrimonial.

Como sociedad, hemos llegado a aceptar que las bodas son eventos, y mientras más grandes, mejor. Pensamos que está bien endeudarnos seriamente, tardarnos dos años organizando la boda, los proveedores, las flores, el menú, los grupos musicales, el pastel. ¿Cuánto tiempo le dedicamos a considerar los votos o los cimientos sobre los que construiremos nuestro matrimonio?

Cuando le comenté a una amiga acerca de este libro, ella frunció el seño y me dijo: "Robin estás tratando de llevarte el sueño". Mi amiga estaba equivocada, creo en los sueños, pero el sueño que yo quiero que las parejas compartan es el de una relación sólida y real, una relación que perdure cuando la excitación disminuya y sólo se encuentren ellos dos, al fin solos. Tenemos que despertar al hecho de que la fantasía ingresa a nuestra forma de vida. Debemos reconocer que el 50 por ciento de los divorcios son una realidad, porque el regreso a la Tierra es sumamente doloroso. Y a propósito del 50 por ciento que permanece casado, lo hace fuera de los votos de amor, de honor y de cariño. Y además se están lastimando.

Se encuentra tu matrimonio en camino de ser un matrimonio feliz? Es una pregunta importante. Paremos un minuto, debes haber crecido antes de comenzar a cortejar.

La verdad en pareja

> Hermosa soñadora busca extraño, alto, romántico, apasionado, exitoso, mundano, hombre fuerte y que sea un consumado besador.

¿Te suena esto al típico anuncio personal? Sí, lo sería —si el anuncio lo hubiera escrito la Bella durmiente—, muchos nos acercamos al altar con estrellitas en los ojos, abrazando los sueños alimentados desde la niñez. Quizá seamos muy listos, muy estables, individuos muy fuertes en otras áreas de nuestra vida, pero la búsqueda del amor y del anillo matrimonial nos pone a temblar las rodillas. El significado del amor y del matrimonio queda mezclado con ciertas nociones de cuentos de hadas.

Si estás esperando al hermoso príncipe que te despertará de tu encantamiento con el poder de su mágico beso, te recuerdo que los cuentos de hadas terminan justamente ahí. Nunca nos han enseñado qué sucede con la vida de la bella y el príncipe más allá de verlos partir a todo galope. Lo que mantiene a los cuentos de hadas preservados en su estado de perfección es que ignoramos el resto de la historia. A lo mucho, lo más que sabemos es que la Bella durmiente enfrentó al hermoso príncipe y le dijo: "Gracias por el beso, pero creo que esto no está cumpliendo con mis expectativas". O quizá fue el príncipe el que le dijo a ella: "Te amaba mientras estabas dormida, pero ahora que estás despierta… no te soporto".

Los príncipes encantados no existen, incluso, si tú eres una princesa real, tal como Diana lo descubrió aun antes de casarse con el príncipe Carlos de Inglaterra, en la llamada Boda del Siglo; una vez que el matrimonio real se colapsó, Lady D reveló que llegó a considerar la cancelación de la boda, pero sus amigos la persuadieron de seguir adelante, diciéndole: "Tu cara ya está impresa en las servilletas del té".

He platicado con muchas mujeres y hombres que se tragaron sus dudas antes de su boda sólo porque dicho evento era grandioso. Optaron por prometese amor y fidelidad por el resto de sus vidas porque no querían desilusionar a sus madres, o porque ya habían repartido las invitaciones, o porque el salón ya estaba apartado, o porque era el primer yerno que le agradaba a la familia, o porque simplemente les daba pena o temor decir la verdad. Hubiera sido preferible una mentira ante el altar. Pero más que nada, se vieron envueltos en la adicción romántica del acontecimiento.

Es verdad. Esta adicción es absolutamente real, resultado de un cóctel, agitado por nuestras hormonas cuando nos enamoramos por primera vez. Esas olas de pasión y éxtasis que recorren nuestro cuerpo, son producto de un piquete de dopamina, una hormona que produce sentimientos de placer, y de norepinefrina, similar a la adrenalina, que incrementa la excitación. Juntos, estos químicos crean esa exquisita enfermedad del amor que experimentamos en los estados primarios del mismo. La atracción inicial es como una droga que nos aparta de la realidad. Te sientes elevado, grande, como si pudieras caminar en el aire. El problema es que la droga es de efecto inmediato y abandona tu sistema rápidamente.

Algunas personas descubren que la emoción es tan tóxica que siempre quieren más. Son como los drogadictos en busca de dosis más grandes. Necesitan el cóctel para sentirse normales. Cuando las cosas eventualmente se estabilizan, y cuando la reacción química disminuye, lo que debe ocurrir para que el amor verdadero madure y la vida progrese, entra en acción la retirada. Se despiertan en la mañana y al no sentir esa carga de pasión y aturdimiento, piensan que algo está mal con su relación.

La fantasía romántica nos dice que estos sentimientos son medidas confiables de amor, pero no es así. Tú no puedes vivir plenamente cada momento si estás enamorado. Tú no puedes funcionar correctamente si tienes fiebre. En la intoxicación de un nuevo amor, sentimos que nuestras promesas y nuestros votos apasionados están llenos de nobleza y de sinceridad. Y no es que no creamos en ellos, lo que sucede es que se encuentran dentro de una burbuja muy frágil, y cuando estalla, no tenemos nada de qué sostenernos. Cuando el matrimonio se torna plano, nos culpamos unos a otros, o a nosotros mismos.

Esta terca negativa a olvidarnos de la fantasía, incluso frente a la irrefutable evidencia, me recuerda a una amiga que siendo niña descubrió que Santa Claus no existía. Supo la verdad pero no quiso aceptarla. La fantasía era demasiado bella. Así que le dijo a su madre: "Yo sé que no existe Santa, pero quiero creer que sí, así que seguiré poniéndole galletas y leche en la chimenea". Es un sentimiento encantador cuando lo dice un niño, pero es una idea torcida en el mundo de los adultos.

Constantemente atiendo a parejas de recién casados mortificados porque han dejado de sentir ese calor que se supone deben seguir sintiendo. La gente a su alrededor les dice: "Ahí vienen los pichones", o "Siguen en su luna de miel", y ellos ni siquiera se hablan ni tienen más encuentros sexuales. Han perdido la urgencia de sumergirse en el amor y se sienten engañados y desilusionados. No saben cómo amar a su pareja cuando no sienten el brote de esa química estática.

Piensa en algunas de nuestras imágenes de amor más famosas e imagina qué sería de la vida si éstas no menguaran:

- Sueño con mi amor todo el día.

- Cuando veo a mi amor, mi corazón salta de gusto.

- Cuando no estoy con él/ella, me siento miserable.

- No puedo esperar a hacerle el amor toda la noche, cada día.

- Estoy enamorado/a de pies a cabeza.

- Adoro el pasto sobre el que él/ella caminó.

- Me derrito cada vez que me mira.

- Lo/la amo más que a mi vida.

- ¡Qué no haría por él/ella!.

- Él/Ella es mi mundo.

He aquí una idea radical: quizá no queremos estar enamorados, porque el enamoramiento —incluso algo tan exquisito como eso— nos hace sentir débiles, incómodos e incapaces de responder. Finalmente nos vuelve vulnerables. Quizá el vértigo que acompaña al enamoramiento sea de corta duración, porque si fuera de otra manera no podríamos vivir. Fuimos educados a querer ser ilusionados. A querer enamorarnos. ¿Será el enamoramiento una sensación tan grande o tan intensa? ¿De verdad nos gusta volar, ser incapaces de respirar y de tener los pies sobre la Tierra? Crecí en desacuerdo con las frases: "Enamorándose", "Me eleva", y "Me mueve el tapete". El acto de enamorarse es doloroso y potencialmente arriesgado. El que te hagan volar, o el que te muevan el tapete es peligroso y te deja lastimado y en un estado de vulnerabilidad. Una mujer que yo conozco perdió su trabajo porque su enamoramiento fue de largo alcance. Jerry, una mujer en sus cuarenta, era una exitosa ejecutiva publicitaria; ella se desentendió del matrimonio porque nunca encontró a su pareja ideal. Con el paso de los años aún tenía la esperanza de encontrarlo: "Se que está por ahí", me dijo mirando hacia el cielo, como esperando que su príncipe azul cayera de las nubes, montado sobre la estela de un meteoro.

Cuando Jerry conoció a Eddie supo inmediatamente que él era el "indicado". Era el tipo más romántico que jamás conoció, sólo tenía ojos para ella, y Jerry se sintió emocionada por haber encontrado un amor tan maravilloso. "Valió la pena la espera", me aseguró.

Jerry y Eddie se casaron. Jerry permanecía en un estado de gloria perpetua. Se le dificultaba la concentración en su trabajo, y en los primeros meses de su matrimonio, no dejaba de disculparse con los clientes, por olvidar ciertos detalles o por no contestar a sus llamados: "Lo siento", les decía, "es que acabo de casarme y estoy tan contenta que me he vuelto un poco distraída".

Al principio, sus clientes y compañeros de trabajo se lo pasaron por alto. Les caía bien y estaban contentos de que finalmente hubiera encontrado el amor. Mas la calidad y la efectividad de su trabajo comenzaron a mermar.

Un buen día su jefe le dijo: "Tu felicidad está obstaculizando la mía". Jerry fue despedida.

Jerry estaba furiosa: "Me partí el alma trabajando durante quince años", se quejó conmigo, "y ahora, en cuanto quiero algo de felicidad para mí, me dan la espalda. Y lo que es peor, Eddie está muy enojado porque perdí mi trabajo, piensa que fue culpa mía; siento que mi jefe me arruinó la vida".

El dolor que estaba experimentando Jerry me partió el corazón. La verdad era tan dolorosa que ella no podía verla con honestidad. Ella culpó a su jefe, y su esposo la había culpado a ella.

"Olvidémonos de la culpabilidad", le dije. "La culpabilidad no viene al caso. No te va a ayudar a librarte del dolor. Mejor analicemos qué es lo que está sucediendo realmente".

Más tarde, Jerry se sintió apenada por haberse dejado arrastrar por la situación, ya que eso amenazó su carrera. "¿Qué me pasa?", lloró.

"No permitas que la vergüenza llene ese vacío en tu corazón", le supliqué. "Tú no eres una mala persona, tampoco eres débil. Caminabas dormida, pero ya has despertado. Enfoquémonos en cómo tú y Eddie pueden tener un gran matrimonio cimentado en la verdad, en el entendimiento profundo de la situación y en cierta compasión involucrada; tratemos de imaginar qué pasos puedes dar para reparar el daño en tu carrera".

Eso sucedió hace siete años. Hoy en día, Jerry y Eddie van muy bien porque eligieron explorar lo que significaba para ellos el amor maduro. No están mareados ni enfermos de amor, y su nivel de intimidad es mucho más profundo ahora, no como el que tenían cuando estaban locamente enamorados, rasgándose las vestiduras en cuanto podían. La intimidad que han creado y la pasión que brotó entre ellos a raíz de la crisis, son mucho más profundas y satisfactorias que aquellos primeros impulsos hormonales. Su relación es una fuente de agua corriente que la refresca en vez de secarla.

¿Qué papel desempeñan los sentimientos en la construcción de un matrimonio sólido?, pregúntate qué significado le atribuyes a los sentimientos. Y si sabes que son cambiantes, ¿qué significado les darás entonces? Quizá pienses que el amor se ha ido cuando lo que se ha ido es la intoxicación inicial. Quizá pienses que estás con la persona equivocada y traiciones a tu compañero teniendo una relación extramarital para tratar de recuperar el sentimiento, sólo para descubrir que estás persiguiendo un sentimiento que no puede durar. El encaprichamiento inicial al que llamamos amor, no es amor. Es estar enamorados de la idea de lo que pensamos que debería ser el amor. La gente abandona sus matrimonios, tiene aventuras y se distrae emocional y físicamente porque confunde la ilusión del amor con el amor verdadero.

He aquí la verdad: no estás indefenso frente a tus sentimientos, puedes elegir qué significado darles. Esta es la lección que nadie aprendió en la niñez; por eso los sentimientos nos asustan tanto.

El anillo de la verdad

Helen, una viuda de 55 años de edad, planeaba casarse con un hombre de 65. Ella nunca había ido con un terapeuta, pero se animó porque necesitaba un chequeo de realidad: "No sé si esto es realmente importante o si soy una tonta", me dijo. "No tengo mucha práctica en eso de comprometerme en matrimonio". Ella no pensaba casarse de nuevo, pero para su sorpresa, había conocido a un hombre dos años antes, y su relación había progresado a tal punto que él deseaba entregarle un anillo. Fue ahí cuando comenzaron los problemas.

"Jack me dijo que estaba buscando el anillo ideal", dijo ella. "Yo quería ser parte del proceso de búsqueda, pero él me dijo que no, que ya sabía exactamente lo que él quería. Lo que 'él' quería. Me llevó a una joyería y le dijo a la vendedora: 'Muéstrele lo que considero que debe usar'. Yo estaba azorada, apenada, y furiosa. El tipo me estaba controlando. Así lo vi yo. Yo quería mostrarle lo que a mí me gustaba, pero él me llamó princesita malcriada. Cualquiera que me conozca sabe que eso es absurdo".

Conforme prosiguió la historia, la indignación de Helen fue creciendo. Extendió su mano izquierda bruscamente y me mostró un anillo de diamantes que lucía gigantesco en su pequeño dedo. "Él finalmente compró el anillo que sabe que odio, y la otra noche me lo dio".

"¿Y lo aceptaste?", le pregunte. "Sí, pero me pregunto si podré usarlo. O si toleraré estar con un hombre tan controlador". Respiró profundamente, "tal vez estoy exagerando, es sólo un anillo, lo amo y quizá sea mi única oportunidad".

"¿Te controla de otras maneras?", la cuestioné sabiendo de antemano que su respuesta sería afirmativa. Un hombre capaz de hacer a un lado las preferencias de Helen respecto a su anillo de compromiso, seguramente tratará de controlarla en muchos aspectos más.

Helen reconoció que Jack es del tipo de hombres "que saben lo que quieren". Sin embargo, eso no le molestó demasiado. El asunto del anillo sí lo hizo. La obligó a sentarse y poner atención, porque esa acción no simbolizaba amor sino control.

"Dime", le dije, "¿en qué otro punto de tu vida has sido criticada por pedir aquello que deseas, y terminaste cediendo por no crear un conflicto?"

"Eso es fácil", me contestó, "mi padre era del mismo estilo, siempre tenía que hacer lo que él quería que hiciera. Cuando estaba en la secundaria, me embaracé, me dijeron que tenía que casarme, así que me gradué un lunes y me casé el siguiente viernes. Así estuve seis meses, embarazada, con un camisón azul y en la sala de mi casa, recuerdo los votos, les fui dando importancia mientras los escuchaba, me sentí como una colegiala, ¿sabes?, como regañada agriamente por el director. Y traté de vivir esos votos, al grado de casi morir por ello porque mi esposo era muy demandante. Ahora, cuando sé que debo sentirme emocionada, no sucede así. Creo que a estas alturas de mi vida me he ganado el derecho a sentir lo que realmente deseo. Siempre le di prioridad a las necesidades de los demás, y ahora se ha convertido en una batalla en la que lucho porque tengan prioridad las mías. Siento la misma presión que sentí en la infancia al tener que ceder para mantener las cosas en su lugar".

"Has sido presionada para mostrar alegría por algo que no te la provoca", le dije; "se supone que debes sentirte feliz por un anillo que no te interesa tener, eso va en contra de tus deseos porque el objeto no refleja tu gusto. Pero si expresas infelicidad, te dicen que estás actuando como una niña malcriada, aunque sabes que eso es mentira", le sonreí. "¡Vaya situación a la que te enfrentas al tener que sentirte feliz por algo que no te hace feliz! Y tú te preguntas cómo festejar algo que no existe".

Helen abandonó mi oficina, aún insegura respecto a lo que debía hacer. Me llamó la siguiente semana y me dijo que había enfrentado a Jack por su odio al anillo: "Él me dijo, '¿No puedes mentirme y decirme que te encanta?'" Noté la tristeza de Helen. "No quiero casarme con un hombre que piensa que está bien que yo finja ser feliz, que *quiere* que yo finja ser feliz. ¿Y sabes algo?, me tomó 45 años decir la verdad acerca de lo que quiero. Ya dejé muy atrás los días en los que debía fingir que todo estaba bien cuando en realidad no era así. Ya no puedo fingir, pero tampoco estoy dispuesta a perder a Jack".

La determinación de Helen requirió de mucho valor porque las consecuencias fueron desalentadoras. En ocasiones la mentira parece facilitarlo todo, pero luego la realidad te presenta la factura: ella no lo tiene a él, y probablemente jamás lo tendrá. ¡Y eso también es una mentira!

Ejercicio 1: Tu dote interna

En algunas culturas, la dote es la cantidad de dinero que los familiares de la novia le dan a los familiares del novio para que acepten la boda. Me encantaría sugerir un giro a esta arcaica costumbre: una dote mutua que no involucre dinero ni bienes materiales, sino cualidades personales.

Por separado, enlisten lo siguiente:

Cinco cualidades positivas que le aportarás al matrimonio:

1._____

2._____

3._____

4._____

5._____

Cinco cualidades que tu pareja aportará al matrimonio:

1._____

2._____

3._____

4._____

5._____

NOTA: Revisen las listas en pareja y platiquen acerca de lo que cada cualidad les significa personalmente. ¿Hay cualidades que no ves en la lista y que te gustaría agregar? ¿Hay cualidades en la lista que no contemplan ninguno de tus gustos o necesidades? ¿Alguna omisión en la lista que te llame la atención pero que temes mencionar a tu pareja? Si no estás casado, utiliza esta lista como guía para definir el rumbo que deseas para tu futuro matrimonio. Si ya estás casado, las listas quizá te señalen el origen de algunos conflictos, por lo que puedes ir a la raíz, a las causas de los malos entendidos, de los insultos, para que tú y tu pareja reajusten sus mutuas dotes (cualidades a aportar).

EL MATRIMONIO ES PARA LOS ADULTOS

No puede existir un gran matrimonio si alguno o ambos no muestran señales claras de madurez. Pueden casarse, sí, incluso permanecer casados durante 40 años, pero el suyo no será un gran matrimonio.

¿Qué significa tener una actitud adulta?

La desesperación que la gente siente en torno al amor es similar a los sentimientos de vulnerabilidad y emotividad que sentían cuando eran niños, antes de que la parte del cerebro encargada de valorar y juzgar se desarrolle. Para una criatura el mundo está lleno de incertidumbre, peligro, excitación y desilusión, y su preocupación más constante es la de exponer sus necesidades. Cuando él quiere: solloza. No importa el grado de atención de un padre, le resulta imposible poder satisfacer todas las necesidades de un niño.

Y ya que una criatura es incapaz de satisfacer sus propias necesidades, sus cuidadores se tornan súper poderosos. Expresiones de alabanza o desaprobación son aceptadas como hechos. Un niño acepta la imagen de sí mismo que sus padres le crean. Las investigaciones respaldan la teoría de que la primera infancia es el periodo donde se construye o fractura la autoestima. Es justo el momento cuando podemos crear lazos protectores con quienes nos cuidan, conduciéndonos a desarrollar un sentido de seguridad emocional y espiritual, o cuando bajo nuestros pies, el suelo se agrieta con miedos, inseguridades y falta de méritos. La huella dejada en nosotros por nuestros súper poderosos padres puede tener ramificaciones duraderas, como habremos de constatarlo en el siguiente caso.

Lily creció escuchando decir que ella no era tan bonita como Leonor, su hermana. Sus padres solían decirle, "Lily es la lista, y Leonor es la bonita". A principio de los años cincuenta, la astucia no era del todo valorada en una niña, mientras que la belleza le significaba a la poseedora admiración y un sinfín de oportunidades sociales. Lily sintió que definitivamente a ella le había tocado el migajón del bolillo. La belleza de su hermana atraía toda la atención, incluyendo el ser amada. En la secundaria, Leonor podría elegir al muchacho que más le agradara, mientras que Lily sacaba puros dieces de calificación y ningún muchacho la invitaba a salir.

Cuando Lily cumplió dieciséis años, un chico llamado Peter, compañero de clase, comenzó a interesarse por ella. Cuando le comentó a Lily lo hermosa que era ante sus ojos, ella se sintió en las nubes. Pero su felicidad se vio acompañada por una porción de desesperación; temía alejar a Peter por alguna de sus acciones. Su único propósito en la vida fue el complacer a Peter, incluyendo sus encuentros sexuales. Ella se rindió ante él y le permitió ejercer todo el poder sobre su felicidad. Cuando Peter mostró interés por otra chica, que la misma Lily catalogó como más hermosa que ella, se sintió devastada.

El amor joven es inmaduro por naturaleza, y Lily pudo haber crecido hasta apreciar que la obsesiva naturaleza e inequidad en su relación con Peter no satisfizo todas sus necesidades. Por el contrario, comparó todas sus siguientes relaciones con la primera, logrando con ello constantes viajes a lo largo de una montaña rusa, conjugando alegría intensa e infinito dolor. Hasta la fecha, treinta años después, Lily aún busca esa relación que habrá de transformarla para hacerla sentir amada y bella. Será hasta que aprenda a manejar su corazón roto y sus heridas, cuando deje de recrear ese ciclo de rechazo y autoflagelación, sin comprender que las raíces reposan en aquellos primeros, lastimosos y debilitantes mensajes de sus padres. Sólo Lily es capaz de detener ese círculo de relaciones sufridas y vacías, pero eso requiere que enfrente el dolor de su niñez, ése que fertilizó la tierra en donde afloró la falta de méritos que aún cree padecer en su vida adulta. Debe ponerle un hasta aquí a la falsa creencia de que no vale nada.

El amor romántico es el único estado de la vida en el que se dispara esa intensa necesidad de perfección y conectividad que experimentamos en la niñez. El doctor Harville Hendrix ha desarrollado la premisa de que inconscientemente, escogemos parejas que reflejan las cualidades positivas y negativas de nuestros primeros cuidadores, para así tratar de resolver los episodios inconclusos de nuestra niñez. Es por ello que la gente suele decir: "En cuanto la vi, supe que ella era para mí", o "Siento como si lo conociera de toda la vida".

AMOR INFANTIL	AMOR MADURO
Tus necesidades son inmediatas y desesperadas.	Pones tus necesidades en perspectiva con la confianza de saber cómo satisfacerlas.
Ves a otros como extensiones de ti mismo.	Te consideras pleno por ti mismo y no dependes de nadie para asumirte así.
Temes al abandono.	Eres un ser seguro y toleras sentimientos de tristeza y ansiedad sin permitir que te consuman.
Necesitas constantemente que te digan cuánto te aman.	Confías en que eres amado y no necesitas constantes demostraciones.
Eres dependiente de otros debido a tus necesidades físicas y emocionales.	Evalúas situaciones, haces juicios basados en la realidad y encuentras caminos sanos para satisfacer tus necesidades.
No controlas tus emociones y fácilmente puedes ser humillado.	Aceptas imperfecciones propias y ajenas, no te humillas, ni temes cometer errores.
Suplicas por seguridad.	Te responsabilizas de tu vida y sabes que no puedes controlar lo que sucede a tu alrededor.
Sientes que no existes sin la presencia de los que amas.	Te sientes pleno en ti mismo, por quien eres.
Vives el momento.	Planeas para el futuro mientras vives el momento, aprendes del pasado.
Te ves como el centro del universo.	Eres capaz de sentir empatía, remordimiento y cambio.
Le temes al cambio y te resistes a ampliar tus horizontes.	Sabes que ampliar tu horizonte fuera de tu zona de confort es bueno para ti y esencial para tu bienestar.
Harías lo que fuera con tal de no perder alguna relación, incluyendo la que tienes contigo mismo.	Aceptas cualquier pérdida, excepto la de ti mismo.

Esta familiaridad es comprensible. Cuando trato a parejas, a veces les pregunto: "¿En dónde aprendieron a hablar inglés?", y en ocasiones me responden: "En casa". Y veo cómo se preguntan, en silencio, por qué les hice esa pregunta tan extraña. Y entonces digo: "¿Y en dónde aprendieron a expresar su amor o su coraje, o a callar?" El bulbo se apaga cuando comprenden hacia dónde voy, y responden: "En casa".

Buscamos un estado perfecto de aceptación y seguridad e inconscientemente nos sentimos atraídos por aquella pareja que encaja con el modelo. Estos poderosos sentimientos pueden bloquear el pensamiento racional. Como si fuéramos niños, somos incapaces de evaluar si nuestro interés amoroso posee las cualidades para ser una buena pareja.

Cuando el poderoso cóctel cargado de químicos productores de pasiones fuertes comienza a disminuir sus efectos es común que él y ella se sientan desilusionados mutuamente, despreciando las cualidades que alguna vez amaron y admiraron. Este es el comienzo de la lucha de poderes, que se parece a:

- La amaba por su generosidad… ahora odio que siempre ande de prisa preocupándose por otros.
- Adoraba que fuera tan serio y callado… ahora quiero que sea más participativo y platicador cuando estamos en reuniones con amigos.
- Solía admirarlo por su responsabilidad para el trabajo… hoy desearía que pasara más horas en casa que en la oficina.
- Me conmovía lo atento que era con su madre… hoy quisiera que no le hablara a cada momento.
- Siempre lució fantástica… hoy deseo que ya no gaste tanto en ropa y cosméticos.
- Él era tan romántico y tan buen amante… actualmente quisiera que no me presionara tanto para abordar el tema del sexo.

- Me encantaba cómo exponía sus ideas… hoy quisiera que no fuera tan quejumbrosa.

- Amaba su espiritualidad… hoy quisiera que intentara ganar más dinero para poder adquirir una casa más grande.

- Amaba que ella fuera tan abierta para compartir sus sentimientos… ahora quisiera que fuera más reservada: me está secando.

La primera declaración es realizada bajo la influencia del cóctel del amor. La segunda, cuando la pasión se ha desgastado y tus temas infantiles inconclusos palpitan de nuevo en la mente. Tanto la preocupación ciega como la lucha de poderes tienen sus orígenes en asuntos infantiles no resueltos. Y aunque la preocupación se parece a la aceptación, la primera habla más bien de una persona interesada en satisfacer sus necesidades, y no acerca de la raíz de la preocupación.

Alcanzar la madurez significa poder apreciar todo aquello que inicialmente nos atrajo de nuestra pareja, que no siempre se traduce en algo con lo que deseamos vivir el resto de la vida. Quizá creamos que amamos a otros por las cualidades que los hicieron atractivos frente a nuestros ojos, pero frecuentemente esas mismas cualidades nos llegan a hartar. El amor maduro requiere de un sentido más profundo acerca de quiénes somos y con quién nos vamos a casar.

Hacerse presente significa no sólo asistir a la boda, sino al matrimonio. A continuación, un tema recurrente de consulta: una pareja viene a verme tras su primer año de matrimonio, ella está muy enojada porque su marido olvidó la fecha de su aniversario. Pero, explorando más adentro, ella ha descubierto que él no sólo olvidó la fecha de su aniversario. Él olvidó su matrimonio, y esa era la verdadera raíz de su infelicidad. O bien, él recordaba su aniversario en grande, ya saben, flores y joyas, pero no estaba presente el resto del año. El mensaje: un día al año es todo lo que conseguirás de mí.

Creo que la mayoría de los matrimonios pueden funcionar si las personas involucradas se hacen presentes y se comprometen a crecer. Tú puedes pararte frente al altar y decir la verdad acerca de tus intenciones, y puedes también seguir diciendo la verdad a lo largo de tu matrimonio.

Ejercicio 2: ¿Has crecido?

¿Se te dificulta visualizar la vida y el romance a través de la perspectiva de un adulto? Responde el siguiente cuestionario y descubre si estás o no listo para enfrentar el amor maduro.

1. Cuando mi pareja no está, me siento inseguro de su amor.

   Sí   No

2. Me siento herido y humillado cuando mi pareja no responde a mis avances sexuales.

   Sí   No

3. Si no me emociona ver a mi pareja, es síntoma de que algo anda mal en nuestra relación.

   Sí   No

4. Necesito que mi pareja me diga "te amo" para sentirme amado.

   Sí   No

5. Mis deseos y necesidades deben ser más importantes para mi pareja que los deseos y necesidades de alguien más.

   Sí   No

6. Merezco una pareja que trate siempre de hacerme feliz.

   Sí   No

7. Mi pareja es una extensión de mi ser.

Sí   No

8. Haría lo que fuera con tal de evitar una discusión con mi pareja.

Sí   No

9. Los conflictos dañan la relación.

Sí   No

10. El matrimonio significa que dos individuos se han traslapado hasta convertirse en una sola entidad.

Sí   No

Evaluación: cada "Sí" envuelve una fantasía idílica que abrazas acerca del amor y el matrimonio. Estas fantasías representan ideales maravillosos, pero en realidad son los remanentes de tus inseguridades infantiles.

Preséntate como adulto

Recientemente, veía una noticia acerca de una gran inundación en el noreste. Un reportero entrevistaba a los invitados a una boda, atrapados en el porche frontal del salón de recepciones, en espera de ser rescatados. Y mientras el agua fluía a su alrededor, empapando sus zapatos de marca y enlodando los ribetes del hermoso vestido de novia, los novios reían. Les habían lanzado una enorme curva en su gran día. Su recepción, tan cuidadosamente planeada durante dos años, era un desastre. ¡Pero ambos reían! La novia le comentó al reportero: "Nuestro matrimonio inició como una gran aventura".

Algo me dice que esta pareja va a estar bien. Comprendieron que el universo nos arroja curvas, y soportaron la tormenta a zancadas. Comparen su actitud con la de la siguiente pareja. El novio y la novia eran muy religiosos, pero él era judío, y muchos de sus parientes eran muy apegados a sus costumbres religiosas. El menú que ella había elegido para la recepción nupcial incluía tres opciones de plato principal, una de ellas con base en lomo de cerdo. Cuando él le comentó que eso sería ofensivo para sus parientes, a ella pareció no importarle. "¿Cuál es el problema?, tienen tres opciones para elegir", dijo, "pueden pedir el pollo, o el pescado. No pasa nada".

"Les va a perturbar el simple hecho de saber que hay cerdo en el menú", insistió él. "Mi madre se sentirá humillada. Creará una *tsurris* innecesaria. Creo que estoy en aprietos".

"*Tsurris, schmurris*", se burló ella.

La discusión se convirtió en un punto de disputa entre ellos. Su actitud era: "Es mi día. Merezco hacer lo que me plazca". Ella pudo muy bien tener cinco años de edad. Esa no era la actitud de un adulto, definitivamente. ¿Dónde estaba la comprensión, la compasión hacia un hombre que pronto le ofrecería su devoción? Si esto sucedía antes de la boda, imaginen lo que seguiría en la vida de esta pareja. Es triste decirlo, pero estas grietas y focos rojos son muy comunes entre las parejas, y son tomadas a la ligera cuando en realidad representan una clara señal de las discusiones profundas que es necesario enfrentar y superar antes de dar el sí.

En ocasiones, la gente dice la verdad al pronunciar sus votos, pero son incapaces de *recibir* la verdad porque no confían en su pareja. Saben que él o ella quizá crean en las palabras del momento, pero serán incapaces de vivirlas.

Pregúntate: ¿Eres participante activo en tu boda o un simple invitado? El matrimonio no es algo que te sucede a ti, sino algo que sucede a través de ti.

Ejercicio 3: Llena tu arcón de deseos

Los arcones de deseos pertenecen a una antigua tradición. Generalmente son llenados con lino y otros bienes que la novia espera aportarle a su matrimonio. Los arcones de deseos hoy en día son muy diferentes a los de antaño. Debemos reconocer que la esperanza sin acción es como una pluma en el viento. No tiene sentido. Así que tu arcón de deseos debe ser llenado con acciones; las prácticas intencionales que le darán sustancia a tus deseos. Recuerda, puedes tener toda la esperanza y la fe del mundo, pero si no hay acción, no hay nada, y por lo regular, esto crea desesperación y frustración. Rellena tu arcón cada año, cada cinco años, o cuando sientas que necesitas revocar tus intenciones. La palabra *intención* es muy importante. No es suficiente tener buenas intenciones de relación si éstas no están apoyadas en acciones concretas, y esas acciones deben ser los comportamientos que has aprendido y valorado en tu pareja. Enfrentarás problemas si piensas que sabes cómo amar a tu pareja si aún no has encontrado, en términos claros y cuantificables, el significado que tu pareja tiene del concepto "ser amado".

Capítulo tres

*Si tienes sólo una sonrisa en ti, dásela a la
gente que amas. No permanezcas en casa
rumiando tu malhumor, mejor sal a la calle
y expresa unos sonrientes: 'buenos días' a los
extraños que se crucen en tu camino.*

MAYA ANGELOU

Amar, honrar y adorar

La promesa de amar, honrar y adorar es el núcleo central, la clave de toda ceremonia nupcial. ¡Qué juramento tan increíble! Pero, ¿qué significan en realidad estas nobles palabras? ¿Son expresadas con sinceridad? O lo que en verdad queremos decir es:

> Te amaré mientras seas amoroso conmigo... te honraré colocándote en un pedestal, pero te culparé si caes de él... te adoraré mientras mi corazón dé saltos cada vez que te vea... prometo amarte sin condición mientras no me des motivos para no hacerlo... te amaré tal y como eres aunque en mi interior quisiera cambiar aquello que me desagrada de ti... y siempre desearé para ti lo mejor mientras tú seas lo mejor para mí.

Hablemos claro: "amarse, honrarse y venerarse" es la frase más trillada del idioma, escucharla nos llena de intensa emoción, la reacción es innata y su potencia arrolladora. ¿Pero qué significado tienen en la vida diaria? ¿Qué significa realmente esta promesa mutua? Al preguntarle a algunas parejas el significado de la frase, sus respuestas fueron, en la mayoría de los casos, evasivas. He aquí algunas de las más frecuentes:

Amor...
- Sentir pasión por él.
- Serle fiel en cuerpo y alma.
- Sentir adoración por ella.

Honor...
- Admirarlo.
- Ponerla en primer lugar.
- Ver algo especial en él.

Adoración...
- Decir te amo.
- Considerarlo mi centro vital.
- Sentirla y tenerla cerca.

Hermosos sentimientos, aunque no puedan ser visualizados, ni concretados, ni tocados; son abstractos. Parecen ajenos a nuestra convivencia diaria, como objetos preciosos sobre una repisa. ¡He ahí el problema! Todo es demasiado precioso y etéreo, ¿cómo convertir estos juramentos en algo real?, ¿cómo activarlos?

Quiero sugerir algunas formas de vislumbrar estas promesas, no como elementos o sentimientos estáticos, sino como realidades dinámicas y vigentes en la relación. He aquí las nuevas definiciones:

Amor: el mutuo compromiso que se asume para estar siempre presente en la unión; es decir, contar uno con el otro cada día, a pesar de los reveses de la vida, que nos llevan a preferir estar en otro lugar, con alguien más.

Honor: reconocerse y respetarse tal como es cada uno, sin tratar de modificar al otro de acuerdo con el gusto personal.

Adoración: es la manera de expresarse amor, respeto y comprensión en la vida diaria. Esto incluye la acción tangible de solicitar y conceder, de recibir y dar, con base en la verdad.

> Hago un compromiso (amor) para aceptarte tal y como eres (honor) y para hacer lo posible por enaltecer tu vida y por estrechar los lazos que nos unen (adoración).

Imaginen un triángulo con estas características. Se necesitan los tres ángulos (en el orden descrito) para mantener el equilibrio.

No puedes amar y adorar a una persona sin saber quién es en realidad (honrándola), es decir, si ignoras sus necesidades, o si la idealizas, o si sólo te interesa cambiarla.

No es posible honrarse y adorarse sin asumir el mutuo compromiso (amor) de ser pareja, esto es, sentirse desligado del compromiso, insistir en tener siempre la razón, o amenazar con la separación o el divorcio frente a cualquier problema.

No es posible amar y adorar si el compromiso y el respeto no son expresados en forma activa (honrarse), es decir, si el uno o el otro se niega a compartir las responsabilidades de la vida diaria.

Sus juramentos no son las palabras que expresan, sino las intenciones que experimentan en la vida de pareja.

En su décimo aniversario, Don le regaló a Melanie un jarrón con diez rosas color champaña y una tarjeta que decía:

"Gracias por soportarme estos diez años". Al leer la tarjeta, Melanie se preguntó si dentro de veinte años recibiría veinte rosas por haberlo soportado otro lapso igual.

Poco después, me comentó: "Supe que no quería un matrimonio así; supe además que no le enseñaría a mi hija el concepto de un matrimonio que se basa en 'soportar al otro' como algo aceptable".

Amar, honrar y venerar puede ser una labor en el matrimonio, pero no su centro. No se trata de recibir un ramo de flores cada diez años, ni de escuchar palabras amorosas cada día.

"Te amo", eran palabras fáciles para Will y fue su romanticismo lo que atrajo a Janice. Ella creció en el seno de una familia poco afectiva, por lo que las expresiones amorosas de Will sencillamente le encantaban. Él iniciaba cada nuevo amanecer con un "te quiero". Todos los días la llamaba por teléfono para preguntarle cosas como: "¿Te he dicho hoy lo mucho que te quiero?" Y cuando, a los dos años de casados, Janice se enteró de que Will mantenía una relación extramarital, él le dijo: "Eso no significa que no te quiera".

El amor es un compromiso mutuo que siempre debe existir en el presente.

Frecuentemente, una colega me comentaba acerca del fallido potencial de su marido, algo que sólo ella podía vislumbrar. Se sentía poderosa en su amor por él. Él solía decirle: "Tú crees en mí más de lo que yo creo en mí mismo". Ella pensó que con su amor lo iba a cambiar y que por ese amor se convertiría en un ser maravilloso, muy distinto al hombre débil con el que se había casado. El intento fracasó. Su amor no prosperó porque en realidad aquello no era amor.

ESCRIBE UN NUEVO GUIÓN

¿Sientes que tu relación es una escena de la película *Groundhog day*, con Bill Murray? Quizá recuerdes la trama: un hombre se ve obligado a vivir una y otra vez el peor día de su existencia. Es una pesadilla terrible. Sin embargo, muchas parejas viven su propia versión de la misma pesadilla, siempre discutiendo por lo mismo, reaccionando igual, sin ponerse de acuerdo nunca, atacándose sin cesar, sin llegar a solucionar sus problemas esenciales.

En verdad resulta imposible cumplir con los juramentos de amor, honor y adoración mientras sigan enfrascados en las mismas discusiones. Cuando los temas de discordia se repiten incesantemente y no se les encuentra una solución, alguno de los dos podría enloquecer o desesperarse. Es triste saber que ninguno llegará a un acuerdo o arreglo que les permita crecer y avanzar. Las situaciones subyacentes son importantísimas, pero no podrán ubicarlas mientras continúen culpándose uno al otro. ¿Les resultan familiares los siguientes diálogos?

ELLA: ¿Por qué no me apoyas nunca?
ÉL: Porque deberías pensarlo dos veces antes de enfrentarte a mi madre.
ELLA: En ese caso, prefiero estar sola.
ÉL: ¿Y de quién es la culpa?
ELLA: Perfecto. Entonces me largo de aquí.

ÉL: ¿Qué quieres decir con eso de que te avergüenzo?
ELLA: Mírate la facha.
ÉL: Nunca lleno tus expectativas, ¿verdad?
ELLA: Lo único que te pido es que uses corbata.
ÉL: Si le das tanta importancia a eso, creo que debiste casarte con algún idiota del *Country Club;* digo, para darle gusto a tu padre.

Cuando los eternos conflictos convierten al matrimonio en una escena de la película *Groundhog day*, es tiempo de escribir un nuevo guión, uno que les permita escuchar y responder, omitiendo toda reacción negativa que sólo logre disparar el conflicto mismo.

Yo aplico una variación al diálogo del doctor Harville Hendrix en su intento por ayudar a las parejas en situaciones complejas. Es un paso decisivo que debemos dar cuando las puertas se cierran. Es efectivo porque te libera del ego dominante. Sé que es difícil, pero es la única forma de crear un lazo de amor poderoso y respetuoso que les permita escuchar y comprender al otro. Es un proceso de tres etapas:

Paso 1. *Reflejo*: "¿Te escuché bien?"

Paso 2. *Validación*: "Sí, tienes razón."

Paso 3. *Empatía*: "Me imagino lo que sientes por lo que acabas de compartirme."

Exploremos este método, tomando como modelo a una pareja que traté en mi práctica. Cada vez que Brad y Carol paseaban juntos en su coche, ocurría el mismo drama. Detrás del volante, Brad se transformaba en un ser iracundo y agresivo: daba claxonazos, invadía carriles, gritaba a los demás conductores, aceleraba a tope. Cuando se detenían frente a la luz roja del semáforo, Brad trataba de rebasar por la derecha, siempre estaba a punto de provocar algún accidente. Presa del terror, Carol se agazapaba en el asiento del copiloto, suplicándole que disminuyera la velocidad.

Brad pensó que su mujer estaba histérica. "Jamás he tenido un accidente", me dijo, "así manejo, Carol es una exagerada, pero yo sé lo que hago. Se altera por cualquier cosa, llora… y me distrae y eso sí es peligroso, ojalá aprendiera a calmarse".

Las discusiones por la forma de conducir de Brad eran añejas. El guión se agotó. Siempre lo mismo: Brad manejaba, Carol gritaba. Nadie ganó, pero poco a poco, ese conflicto constante fue minando la relación, creando inseguridad emocional cada vez mayor entre ellos. Es imposible sostener una verdadera intimidad frente al temor emocional, físico o sexual. Cada falta de respeto hacia el otro crea inseguridad, la que a su vez engendra miedo. El miedo es el asesino de la pasión y de la intimidad. El miedo a tu pareja y el amor sano y diáfano sencillamente no pueden coexistir. Si quieres tener un matrimonio feliz, la seguridad y la confianza de tu pareja deben ser una prioridad para ti.

Haciendo a un lado si la forma de manejar de Brad era peligrosa o no, les sugerí a ambos que se deshicieran del viejo manual y les propuse un ejercicio.

Aceptaron comprometerse a las tres etapas del diálogo, comenzando con el "reflejo". Este paso te obliga a escuchar lo que tu compañero dice. Frecuentemente, las personas enfrentan dos situaciones: están hablando o esperan hacerlo. Si se trata de un viejo conflicto, piensan: "Sé lo que va a decir". Ya tienen sus argumentos preparados, no escuchan.

Les pedí que se enfrentaran. "Carol, explica a Brad cómo te sientes. Sólo exprésale tus sentimientos de forma directa".

CAROL: "Cuando voy en el coche contigo, y manejas a exceso de velocidad así como tu forma de rebasar me provocan un miedo terrible. No me siento segura contigo."

En este punto, Brad intervino. Dijo: "Jamás he tenido un accidente". Su reacción automática fue una repetición instantánea de las múltiples peleas que habían tenido al respecto. Brad no estaba escuchando a Carol, y de inmediato se puso a la defensiva. En ese momento, Brad sólo pensaba en él mismo —egolatría, factor primordial en el fracaso de la convivencia porque para ese ser sólo existen sus necesidades e ignora las de los demás—, les expliqué que el ejercicio se trataba de escuchar activamente, no de alegar. "Brad", le dije: "Vamos a ver si realmente escuchaste lo que dijo Carol. Parafrasea sus palabras, comenzando con 'si te escuché correctamente...'"

Brad: "Si te escuché bien, dijiste que tienes miedo de subirte al coche conmigo porque temes que suceda un terrible accidente, y me guardas resentimiento por ello."

Regresé con Carol: "¿Está en lo cierto?"
Carol contestó: "Sólo en parte".
"Bueno", le dije a Carol: "Pregúntale qué parte escuchó correctamente y qué parte no".
"La parte de mi miedo cuando maneja es correcta, pero nunca dije que le guardara resentimiento", dijo Carol mirando a Brad, que estaba perplejo.
Tenía curiosidad por saber qué juego jugaba Brad en este diálogo. ¿A quién veía cuando miraba a Carol? ¿De dónde salió la idea del resentimiento? ¿Frente a quién tuvo que esforzarse en su pasado con la finalidad de ser escuchado?
El segundo paso del ejercicio es la validación. "La pregunta para ti Brad es saber si comprendes que el miedo puede ser razonable en una persona que se encuentra en la situación de Carol. ¿Tiene sentido para ti?"
"Creo que exagera", dijo Brad. Fue palpable para Carol y para mí que Brad aún se sentía a la defensiva. Su relación estaba tambaleándose. Era el baile de su relación, efectuado año tras año y ahora ambos se abrían hacia nuevas variaciones melódicas.
"¿Pero cabe la posibilidad de que alguien más se ponga nervioso contigo al volante?", pregunté.
Brad y Carol rieron, y Brad contestó: "Creo que sí, mi madre se niega a viajar conmigo".

"De acuerdo", le dije. "Recuerda que no estamos juzgando tu forma de manejar, sino que tratamos de que se escuchen el uno al otro. ¿Estás consciente que el temor de Carol es justificado?"

"Sí".

El paso final, la empatía, es el más difícil para algunos porque no es muy frecuente que nos pidan el ponernos en el lugar de otros. Yo siempre les digo: "La empatía requiere ceder al egoísmo, aunque sea temporalmente, no es complicado pueden recuperar su ego en unos minutos". Le pregunté a Brad si recordaba algún incidente donde se hubiera sentido físicamente en peligro. Recordó la experiencia que vivió el verano pasado cuando, veleando con un amigo, los sorprendió una tormenta que casi les costó la vida. "Fueron los 40 minutos más espantosos de mi vida", dijo. "Casi nos hundimos".

"Imagínate, Brad, así es justamente como se siente Carol cada vez que sube contigo al coche", dije.

Brad se sorprendió. "Oh, esa no es mi intención", le dijo a Carol: "No es mi intención el que te asustes tanto".

Aunque durante años Carol le había estado recalcando su temor de viajar con él en automóvil, Brad en realidad no la escuchaba, hasta que experimentó la empatía. Esto le trajo al matrimonio una mayor intimidad, y Brad se transformó en un amoroso padre y esposo, lleno de vida y compasión, a Brad le gustó su nuevo yo.

La adoración es acción

La adoración es sinónimo de acción. No se trata de *desear,* Tampoco de *intentar,* sino de *hacer.* La gente suele decir "Sólo quiero ser feliz", o: "Quiero que mi matrimonio funcione". Crean la ilusión de una acción al decir que sólo están "tratando". Cuando uno y otro se veneran, se comprometen a satisfacer sus mutuas necesidades. Es un balance entre dar y recibir con el que luchan muchas parejas. Pocos de nosotros tuvimos como modelo este tipo de respeto e igualdad en la infancia, aunque hayamos tenido la fortuna de provenir de familias intactas y amorosas.

Otra idea común dice que el matrimonio es un compromiso, pero lo que en realidad llevamos en mente es: "Siempre y cuando yo ceda a tu conveniencia y tú a la mía". Para la mayoría de las parejas con las que he trabajado, este sistema resulta injusto ya que, según la jerarquía de necesidades, las comodidades propias son más importantes que las del otro. Yo lo llamo el baile del subebaja. A la larga, resulta ser el beso de la muerte del matrimonio. El baile del subebaja aniquila cualquier forma de seguridad, honor y respeto en la relación y convierte a los miembros de la pareja en enemigos. Y aunque los asuntos sean de poca importancia y el comportamiento se perciba benévolo, la desigualdad provoca mucho daño.

Cenando con unas amigas, una de ellas comentó la batalla crucial que sostenía con su esposo por el control del clima. Su casa era un iglú. Durante el invierno, su marido insistía en dejar una ventana abierta en el dormitorio, y aun en los días más fríos, el señor no permitía que el calentador pasara de los 18° C. En el verano, insistía en que la graduación del aire acondicionado estuviera en su nivel más bajo. La pobre mujer se estaba congelando en el invierno, literalmente.

Otra amiga en la mesa se rió diciendo: "Dímelo a mí. Todos los hombres se comportan así con la temperatura".

"No estoy de acuerdo", le dije, "¿tienes que vivir congelada por el resto de tu vida sólo porque los hombres son así?"

Estamos siempre tan dispuestas a aceptar todo de nuestra pareja, ya sea por estereotipo, experiencias pasadas o por el mensaje que nos enseñaron y que otros respaldan. Por esa idea tan tatuada en el alma del sexo opuesto, inventamos historias de lo que es o no posible sin ponernos a pensar en nuestras necesidades, omitiendo además el papel que nos toca desempeñar en el viejo ritual.

En el matrimonio ambos tienen el derecho de satisfacer sus necesidades. Esto significa decirle a tu pareja qué necesitas, basada en la confianza de saber que él está dispuesto a luchar para que lo consigas y viceversa. Si nunca has aprendido a solicitar aquello que te hace falta, o no has estado lo suficientemente consciente como para poder identificar tus necesidades, vas a sufrir. Muchas personas sienten miedo a expresar sus necesidades desde la niñez, porque piensan que su petición será negada, por representar una carga, o un capricho egoísta y demandante. Ya de adultos, les da vergüenza pedir aquello que quieren.

Siento verdadera pena por los que se encuentran en este caso, ya que, como dije antes, vengo de una familia en donde el sube-baja fue perfeccionado. Mi padre era como un semidios y los demás como planetas girando alrededor de él. También le interesaban ciertos movimientos sociales. Crecí en un hogar que marchaba por la igualdad al lado del doctor Martin Luther King Jr., e hice mías las palabras de Gandhi. Estos ideales, poderosos y positivos, me forjaron en la vida. Sin embargo, en el centro de estos mensajes sobre el dar y el interesarse en ello, casi ninguno enseñaba cómo protegerse a sí mismo. Nos enseñaron a sentir compasión por otros, aún a costa de nosotros mismos, lo que significaba que podíamos resultar lastimados con facilidad y aún así sentir compasión por el responsable. Nos enseñaron que si la gente era cruel, se causaba heridas internas, y aunque eso fuera cierto, nos cerraban el paso para huir de su crueldad. No había mensajes que nos hablaron de cómo protegernos a nosotros mismos, o cómo decir no. La reciprocidad en las relaciones y los límites no fueron temas que nos enseñaran o que practicáramos. Nadie parecía saber cómo dominar estas duras pero necesarias habilidades. Como resultado, opté por partir limones y preparar limonada. Jamás se me habría ocurrido decir algo como: "Esto es demasiado agrio, yo no lo quiero". Esta excesiva generosidad me causó muchos problemas en mis relaciones adultas, hasta que aprendí que yo también importo.

La bondad sin límites genera víctimas. Particularmente, la mujer siente que debe enfocar su vida a ser bondadosa. No puedes decir sí sin tener la opción de decir no. El reto para la mujer es enfrentarse a esos siglos que la educaron para ser complaciente.

Permítanme aclarar este punto: La solución no radica en decidir que *no* necesitas lo que *sí* necesitas. Esto no sólo es un grave error, sino que en el proceso, te deshonras a ti misma y a la vialidad de tus necesidades. Te menosprecias a ti y a tu pareja, negándose la oportunidad de crecer y ser mejores. Si careces de identidad, careces de la mitad de lo que requieres para lograr una relación sana.

Arlene era infeliz en su matrimonio, pero no sabía cómo resolver el problema. No comprendía la razón de su frustración e inconformidad. "Carl y yo nunca peleamos" dijo. Percibí un dejo de orgullo en sus palabras e intuí que ella es de las que oprimen el botón de silencio ante la simple amenaza de una discusión.

Arlene se negaba a ser una de esas "chicas exigentes". Suponía que había muchas mujeres esperando su oportunidad, aún cuando no necesitaran el grado de atención que ella requería. Tenía miedo de que si exigía o pedía algo que necesitaba, podría perder a Carl. Pero, ¿cuál fue el precio de su silencio?, seguir casada pero siempre en guardia, tragándose sus palabras, su voz y su verdad.

Le pregunté a Arlene por qué pensaba que sólo las necesidades de su marido contaban, y me respondió que así fue educada.

Arlene creció en una familia en donde ser una buena chica era de lo más loable. "Fui una chica chapada a la antigua", admitió, "y así fui educada. Todos te aceptaban por ser considerada y amable. Todas las mujeres de mi familia fueron así. La frase de mi abuela era: 'Nunca digas una palabra contraria'. Jamás la vi sin una sonrisa en su rostro. Me decía: 'Nunca frunzas el ceño, querida, porque te saldrán arrugas en la frente'".

Como resultado de su educación, Arlene evitaba los problemas a toda costa. Se le inculcó que pedir aquello que necesitaba, sólo le acarrearía problemas a ella y molestaría a los demás. Resultaba más fácil aceptar las exigencias de los otros y vivir en paz. Carl escogió la pareja ideal para navegar en aguas tranquilas. Consiguió lo que quería, más no lo que necesitaba. Jamás escuchó una palabra dura de su amorosa esposa, cuya alma, así como su matrimonio, se estaban destruyendo.

El silencio no fue dorado para este matrimonio: fue mortal. Tanto Carl como Arlene habían creado un ambiente que habría de impactar negativamente sobre su sentido de conexión e intimidad. ¿Qué influencia de sus pasados se encargó de que ambos sintieran atracción por este tipo de arreglo? En la superficie, ambos se sentían a gusto con la idea de conciliar la comodidad de forma unilateral. ¿Qué pesos cargaba Carl para conformarse con una esposa muda? ¿En qué episodio de su historia se le privó de la capacidad para poder escuchar al ser querido? ¿Dónde aprendió Arlene esa habilidad para sobrevivir a costa de su silencio?

Una relación sana nos induce a desplegar las áreas que, emocional, espiritual y físicamente se encuentran subdesarrolladas.

General	Específico
Necesito que seas más considerado.	Me encantaría que me avisaras cuando vayas a llegar tarde del trabajo.
Necesito afecto.	Sería lindo que una vez a la semana me dieras un beso al llegar.
Necesito espacio.	Necesito estar solo 15 minutos al llegar del trabajo; así tendré más tiempo para ofrecerte a ti y a los niños.
Necesito que seas más atento conmigo.	Te pido una noche a la semana sin ver la tele para compartir cosas tú y yo.
Necesito que comprendas mis sentimientos.	Me sentiría más respetada si no bromearas cuando sufro el síndrome premenstrual.

Cómo pedir lo que necesitas

Nos gusta pensar que nuestro compañero más íntimo —aquel que nos conoce mejor que nadie— nos puede adivinar el pensamiento. Cuántas veces decimos: "Si realmente me conocieras sabrías qué quiero", pero ninguno de nosotros leemos la mente, no importa cuán amorosos seamos, necesitamos preguntar. Algo tan simple… es a la vez algo complicado.

Invito a las parejas a que aprendan a solicitar aquello que necesitan, usando tres máximas que los ayudarán a obtener una respuesta satisfactoria:

1. Piensa en pequeño, poquito a la vez. Algo concreto y factible.

2. Piensa en específico, pide exactamente aquello que necesitas.

3. Piensa positivo, no amenaces ni acuses, procura que la satisfacción de tus necesidades beneficie a ambos.

Ejercicio 1: Plantea tus peticiones

Escribe tres peticiones que puedas formular a tu pareja, procura que sean cortas y específicas. Por ejemplo, puedes pedir: "Cuando vengan mis padres a visitarnos, me encantaría que te sentaras junto a mí y que les dieras la más cordial de las bienvenidas".

Ésta parece ser una petición específica, y aun así, puede ser malinterpretada. Hazla más específica todavía: "Cuando mis padres vengan a visitarnos, me gustaría que tú estuvieras con nosotros al menos una hora, y que luego me ayudaras a instalarlos".

Esfuérzate porque tus requerimientos sean lo más concretos posible. Ya lo dice el dicho: "Al buen entendedor, pocas palabras". Practica preguntar y responder, lograrás la conexión y te alegrarás por haberlo hecho. Una pareja que conozco realiza una noche de peticiones a la semana. El hecho de saber que puedes satisfacer una necesidad tiene un efecto transformador; ser apreciado en la acción te conduce a sentirte valorado y a la vez, te lleva a profundizar sobre tus más íntimas conexiones.

HONRA A QUIEN ESTÁ CONTIGO

Cuando prometes honrar a tu pareja, estás prometiendo dos cosas: primero, que verás a la otra persona con claridad, como realmente es; segundo, que habrás de respetarla. Un hombre que conocí me contó que estando en la casa nueva de sus suegros, su suegra no dejaba de llamarlo con el nombre del primer marido de su hija. "Fue muy embarazoso", comentó él. "Yo miraba a mi mujer, esperando que ella dijera: 'Madre, se llama Juan, no Steve'. En lugar de eso, mi mujer se rió y dijo: 'Ay, mamita, eres encantadora'. Yo no sentí que fuera encantadora, pero no dije nada".

No puedes honrar a una persona que tiene que mentir con tal de compaginar contigo, no puedes honrar a una persona que realmente no existe más que en tus fantasías. Y es justamente así como se pronuncian tantas mentiras ante el altar.

Una pareja vino a verme. Estaban sufriendo y al borde del divorcio. No estaba segura de poder ayudarlos, porque su disputa se centraba en valores de base. Jacki y Michael tenían seis años de casados, y aparentemente se amaban muchísimo. El desacuerdo que los estaba separando era uno clásico: Jacki deseaba un hijo desesperadamente, mientras que Michael definitivamente no quería tener descendencia.

"Hablamos al respecto seriamente antes de casarnos", dijo Michael en posición defensiva. "No hubo nada vago o no planteado con propiedad. Yo fui honesto con Jacki, no quería tener hijos y si íbamos a casarnos, tenía que aceptar esto. Ella estuvo de acuerdo, sabe lo mucho que la quiero. Nuestro matrimonio ha sido maravilloso. Ahora, después de seis años juntos, me dice que quiere tener un hijo, porque de no ser así, su vida será vacía y ella se sentirá incompleta. Hoy en día nos la pasamos discutiendo un tema que yo pensé que ya estaba aclarado".

Jacki admitió que todo lo que dijo Michael, era cierto. "Pero la gente cambia", dijo Jacki. "Entonces, yo no sabía que me sentiría así y cuando nos casamos, no estaba del todo segura de que él no quería hijos". Jacki se sintió miserable, sus ojos se llenaron de lágrimas mientras hablaba: "No estoy aquí para juzgarte", le dije a Jacki, "pero debo asegurarme de que te estoy entendiendo correctamente. Cuando antes de casarte aceptaste no tener hijos, ¿contemplaste la idea de que Michael podría cambiar de opinión?"

Ella movió la cabeza: "Sí, pero no quería perder a Michael. Pensé que él cambiaría de opinión algún día. Nuestro matrimonio es hermoso, pienso que podría ser un excelente padre".

Jacki se plantó frente al altar y le dio su voto de honor a Michael, pero ella no lo estaba aceptando como al hombre que era. Cuando lo miró, vio a un padre de familia, al padre de sus futuros hijos, incluso cuando él había sido claro en que no tenía la menor intención de ser esa persona. Y mientras es verdad que algunas personas que se resisten a tener hijos, cambian de opinión una vez que sienten seguridad en su matrimonio, y se abren a nuevos sentimientos, no debemos hacer nunca una promesa basándonos en que la otra persona cambiará de opinión acerca de algo vital para ambos.

"Jacki mintió", le dije a Michael. "Se mintió a ella misma y te mintió a ti. Pero sospecho que tú también estabas mintiendo un poquito. Debió haber alguna señal que te indicara que Jacki quería tener hijos. Ella, de alguna manera, cedió a tu ultimátum porque te amaba y deseaba pasar el resto de su vida contigo. Tú elegiste aceptar su acuerdo esperando que el tema no volvería a ser tocado".

Michael suspiró. "Supongo que tuve algunas dudas", dijo.

Él y Jacki se trenzaron en una decepción mutua sobre un valor de base, y las consecuencias fueron potencialmente catastróficas. Se encontraban en una encrucijada. La única posibilidad para resolver el asunto, algo en apariencia imposible de lograr, era mirar hacia el pasado y tratar de encontrar y superar la raíz de tanta negación y engaños ramificados. Se sorprendieron cuando sugerí que en primera instancia el tema central no era el de tener o no un hijo. "Primero necesitan saber quiénes son", les dije. "Están contemplando este asunto como si fuera un debate externo, algo ajeno a ustedes. Ambos tienen posiciones fuertes, pero ignoran las causas, el porqué".

En mi opinión, cuando te fugas de la realidad o cuando algo te obsesiona, creas una especie de secuestro emocional. Es como si algún terrorista desconocido entrara en nuestra mente y en nuestro corazón, invadiéndonos y tomando el control de nuestros pensamientos racionales. Le he preguntado a la gente: "¿En qué pensabas cuando dijiste que abandonarías a tu pareja ante la idea de tener un hijo?" "¿En qué pensabas cuando le gritaste a tu pareja en la cara, maldiciéndola y llamándole de todo menos hija de Dios?" "¿En qué pensabas cuando le aplicaste a tu compañero el tratamiento del silencio hasta que lograste vencerlo y salirte con la tuya?" La respuesta de alguien honesto es, por lo general: "No estaba pensando". Ante esto, mi respuesta es la siguiente: "Grandioso, ahora estamos trabajando desde el mundo de la verdad". Sólo la gente que ha sido emocionalmente secuestrada se comporta de modo que pueda sembrar temor en su pareja. Y una vez que el temor rige tus días, no hay ni la mínima esperanza de que él o ella logren satisfacer sus necesidades. Si aprendes a manipular a tu compañero por medio del miedo o con amenazas de infidelidad o de alejamiento emocional (el tratamiento del silencio), u otras formas de presión emocional o física, quizá te salgas con la tuya temporalmente, pero a la larga perderás su confianza, respeto, e incluso su amor.

Mes tras mes, hurgamos en la niñez de cada uno para tratar de cerrar las heridas que aún sangran. Michael había sido criado en una familia creyente de los Testigos de Jehová, cuando él y sus hermanos eran muy jóvenes, habían tenido que ir de vecindario en vecindario, de puerta en puerta, promoviendo su literatura religiosa. Para Michael esto significó una labor agotadora y tormentosa. La mayoría de la gente no le prestaba atención y frecuentemente le cerraban la puerta en la nariz y él se quedaba temblando en la escalera. Al recordar dichas experiencias, Michael se sentó en mi oficina llorando, cabizbajo. "Prometí que jamás traería hijos al mundo a sufrir lo que yo sufrí". Lo que me conmovió fue el constatar que esos viejos y podridos sentimientos aún deambulaban por la mente de Michael, quien finalmente pudo sacarlos. Michael había luchado con su fe durante años. Para él, había algunas cosas que aún tenían gran significado, y otras con las que no habría reconciliación posible. El haber contraído matrimonio fuera de su fe, ya había sido algo suficientemente malo; tener un hijo y sentirse forzado a enfrentarse con pasajes no resueltos de su pasado y a la vez tratar de moverse hacia terrenos más seguros y tranquilos, fue demasiado para él. Hasta entonces, Michael estuvo tan secuestrado emocionalmente, que nunca estuvo en condiciones para discutir con Jacki.

Jacki escuchaba en silencio total. Pude ver cómo algunas de sus opiniones más duras y acusadoras comenzaban a derretirse. Ella quería conocer a su marido profunda, íntima y apasionadamente, y ésta era su oportunidad. Ella no echó a perder el momento enconchándose en sus sentimientos de absorción y secuestro.

Michael equiparó el ser padre con sentimientos de sufrimiento y dolor. Él no se sentía capaz de romper el círculo por sí mismo, así que decidió no tener hijos jamás. Y una vez que pudo visualizar las acciones de sus padres como suyas y logró rechazar ese legado, se volvió menos temeroso. "Eres libre de elegir el no tener hijos", le dije, "pero tu decisión necesita crecer desde tu poder, no desde tu miedo".

Eso mismo resultó cierto para Jacki. Había crecido escuchando que ella no era buena ni para sí misma, necesitaba un matrimonio y unos hijos para sentirse plena. Y esa creencia estaba tan enraizada en ella y la sociedad se lo repetía con tanta frecuencia, que jamás se lo cuestionó. Se sorprendió al descubrir que la fuente de su enorme deseo por formar una familia con Michael, en realidad era un terror exacerbado de no sobrevivir sin esos elementos.

Por primera vez, Jacki comprendió que su desesperación, así como la presión que ejerció sobre Michael, no tenían nada que ver con el hecho de tener un hijo y de compartir esa alegría con Michael. Era una respuesta a la afirmación de su madre de que la única manera de ser buena esposa era casándose con el hombre correcto y tener un hijo con él. Ella tenía al hombre, pero, para hacer realidad los sueños de su madre, ganándose con ello su amor y su reconocimiento, aún necesitaba al hijo. Jacki no sabía que el dolor infantil que le causó el hecho de nunca haber sido aceptada por su madre, se había filtrado hasta su matrimonio con Michael, un hombre que la aceptaba tal y como era. Al no reconocer la bondad de Michael y el regalo de total aceptación que él le brindó, ella estaba, en efecto, convirtiendo a Michael en un objeto, tal y como su madre había hecho con ella. Gracias a su mutuo amor y respeto, Michael y Jacki aceptaron trabajar juntos para resolver sus miedos y crecer. Aunque sabían que iba a ser difícil, se regocijaron ante la posibilidad de poder decidir su futuro —incluyendo el tema de ser o no padres— en lugar de cederle dicha decisión a sus viejos traumas infantiles.

Al final, lo que parecía imposible... se convirtió en realidad. Ambos comprendieron cabalmente lo que sus padres, la sociedad y otras influencias habían colocado sobre su mesa matrimonial. Jacki ya no estaba tan segura de querer tener un hijo, al menos no por el momento. Primero tenía que darle preferencia a sus necesidades, no a las de su madre, sin olvidar que ella estaba tratando de conseguir la aceptación materna. Michael estaba dispuesto a considerar tener un hijo al comprender que él podría (y lo haría) ofrecerle a sus hijos alternativas más sanas que las que sus padres le brindaron. Sabía además que si Jacki decidía que deseaba tener un hijo, éste sería producto del amor entre ambos. Lo que ayer amenazaba con romper la relación, hoy la reforzaba. Hicieron un verdadero pacto de amor, de honor y de cariño. Este fue el verdadero inicio de sus votos matrimoniales a su máxima capacidad; lo mejor estaba por venir. Hemos atestiguado el milagro del trabajo duro, el de dos corazones abiertos, vulnerables y honestos, y la humildad requerida a la hora de compartir sus sagradas historias. Este es el amor en acción, y demuestra que lo que se logra cuando la madurez y la comprensión triunfan sobre el querer tener la razón (la una), o el salir victorioso (el otro).

Incluso en temas menos cruciales, cuando los conflictos pueden más que las identidades, el matrimonio se ve en serios problemas.

Las amistades de Kathy se referían a ella alegremente como "la reina de las anfitrionas", porque a Kathy le encantaba entretener, organizar y celebrar todo tipo de fiestas, especialmente días feriados y cumpleaños. Craig, su marido, le toleraba tanta pasión básicamente porque eso la hacía feliz, pero trató de marcarle un límite en su propia fiesta de cumpleaños.

Mucho antes de conocer a Kathy, Craig solía pasar el día de su cumpleaños preferentemente solo, realizando alguna actividad divertida que, paralelamente, le permitiera reflexionar: practicar el alpinismo, kayak o escribir en su diario. Su propia familia jamás le organizaba fiestas de cumpleaños, sabedora de que no le gustaban las reuniones, ni el pastel y mucho menos que la gente gastara en regalos que el festejado ni quería, ni necesitaba.

Kathy no comprendía por qué Craig deseaba festejar su cumpleaños en soledad. En la familia de Kathy los cumpleaños eran motivo de una gran celebración, con pastel, velas y regalos, además de la casi obligada presencia de toda la parentela. Su mejor forma de expresar tanto amor era a través de una fiesta en grande.

Durante su primer año de matrimonio, Kathy le mencionó a Craig que había invitado a algunas personas a su fiesta de cumpleaños porque le había organizado una cenita especial, con todo y pastel. Esto propició un enfrentamiento emocional.

CRAIG: Cancélalo, Kathy. Sabes que no me gustan las fiestas de cumpleaños.
KATHY: Pero, sólo trato de hacer algo especial para ti.
CRAIG: Puedes hacerlo si me dejas estar solo.
KATHY: ¿Ya no me amas?
CRAIG: Ya que tanto significa para ti, organízate tu fiesta, pero no me invites.

Kathy quería que Craig se sintiera feliz con los planes para su cumpleaños, ya que era la forma en la que ella le expresaba su amor. Cuando él rechazó el plan, la hipersensible reacción de ella fue: "¿Ya no me amas?" No se dio cuenta de que su manera de hacer algo especial para Craig era en realidad satisfacer sus propias expectativas y el sentirse bien con ella misma sin pensar en las expectativas y necesidades de él. Él no quería una gran celebración y Kathy lo sabía.

Mientras tanto, Craig se metió en un atolladero al insistir que deseaba estar solo, por lo que sus planes de tener una celebración tranquila se transformaron en un explícito rechazo a los deseos de Kathy por organizarle algo especial.

Kathy no lo comprendió, pero bajo el pretexto de querer satisfacer las necesidades de Craig realmente trataba de satisfacer las suyas. Lo hacía por ella, no por él. Ni siquiera lo estaba viendo. Ella lo conocía bien, sabía que él no disfrutaba las mismas cosas que ella.

Ésta pudo haber sido una conversación un poco más respetuosa:

KATHY: Me encantaría hacer algo especial por ti en tu cumpleaños. ¿Qué te gustaría?

CRAIG: Me encantaría pasar mi cumpleaños solo, reflexionando acerca de mi vida. Quizá me tome el día y me vaya a escalar. ¿Me prepararías uno de tus famosos sándwiches de pavo para el camino?

KATHY: Cuenta con ello. Y tal vez luego podamos tener una cena íntima los dos.

CRAIG: Suena maravilloso.

Fue importante para Kathy comprender que la necesidad de festejar a Craig de una manera que no lo honraba, en realidad fue su intento por apegarse a sus recuerdos infantiles. La madre de Kathy había muerto de Alzheimer mientras que recientemente a su padre le habían diagnosticado la misma enfermedad. Recordar momentos felices fue la manera en que intentaba sacudirse el dolor y el temor de perder a su padre y aquella vida que alguna vez tuvo. Y cuando Kathy lo comprendió, dejó de usar a Craig como escudo protector de su dolor y su pena. Y cuando Craig se adentró en el conocimiento de la batalla que sostenía Kathy, fue sintiendo compasión ante sus pérdidas. Y así, mientras ambos seguían viviendo bajo ritmos sociales diferentes, el honor, el cuidado y el respeto que se mostraban uno al otro, había solidificado su matrimonio en forma notable.

La última forma de mostrar falta de respeto en una relación íntima, consiste en negarse a ver la verdad acerca de la persona a la que te piensas dedicar. Especialmente en los casos matrimoniales, porque en este estado solemos exponernos completamente. Cuando te presentas desnudo y vulnerable frente a tu pareja y esgrimes: "Así soy", resulta devastador escuchar al otro decir: "No puedo aceptarte, así que voy a moldearte hasta hacer de ti alguien mejor".

¿Cuál es entonces la respuesta? ¿Cómo podemos honrar a nuestra pareja y a la vez lograr la satisfacción de nuestras necesidades individuales? La dedicación requiere de un ablandamiento para poder cincelar las capas de aquellas viejas creencias atrincheradas que cargamos desde la niñez, creando así algo auténtico y personal. Así que si tienes algo que festejar por el hecho de estar decidido a recrear algunas imágenes felices de tu infancia (y que quede claro que eso de felices está en duda), no puedes ser una pareja en el amplio sentido de la palabra. Debes entender que hay alguien más involucrado y que ese alguien necesita de tus consideraciones. O si estás emocionalmente bloqueado y afirmas: "Así somos en nuestra familia. Somos gente reservada", debes contemplar la idea de que esa vieja autoimagen quizá no funcione en tu matrimonio.

Hay muchas personas divorciadas hoy en día porque fueron incapaces de unirse a sus parejas en el presente, o de comprometerse en serio con ellas en la tarea de construirse un futuro. Permanecen en la página de sus propias historias en donde se lee FIN, antes de que sus matrimonios hayan comenzado. Comprométete a iniciar tu matrimonio desde la página uno.

Ejercicio 2: Define el amor en acción

Utilicen las definiciones de amor, honor y adoración descritas en las páginas 75 a 78, para que cada uno complete las siguientes frases.

Siento amor cuando _____

Experimento honor cuando _____

Siento que soy adorado cuando _____

Siento expresar amor cuando_____

Siento expresar honor cuando_____

Expreso estimación por mi pareja cuando_____

Al terminar de llenar los espacios en blanco, coteja tus respuestas con las de tu pareja. Discutan aquello que hayan aprendido acerca del otro. ¿Les sorprendió algo? ¿Faltó algo que consideran de valor? ¿Les preocupó algo?

Este ejercicio puede crear nuevos vínculos entre ustedes, ser capaces de transformar promesas vagas en declaraciones concretas y en acciones tangibles tiene un efecto de sanación y vigorización en las relaciones. Quizá descubran que el amor, el honor y la adoración no son cargas tan pesadas, que no es necesario temer que los votos provoquen su desaparición individual.

Capítulo cuatro

*Cree en las pequeñas cosas porque en ellas
radica tu fuerza.*

MADRE TERESA

Olvidarse de los demás

La mayoría de la gente cree que el voto de fidelidad significa fidelidad sexual. Pero la infidelidad sexual es sólo una parte de ello. La ironía es que la exclusividad sexual con tu pareja puede ser tan sólo una más de tus preocupaciones. Los otros tipos de infidelidad suelen terminar creando un profundo conflicto matrimonial tan fuerte como la infidelidad sexual.

Cuando prometemos alejarnos de los demás, lo que realmente queremos decir es:

Claro, exceptuando a mi familia, la sangre es un lazo más fuerte que el matrimonio, y mis amigos, incluyendo a mi ex con el que llevo una amistad maravillosa. ¡Ah!, y naturalmente a los hijos de mis anteriores matrimonios, que siempre serán los primeros en todo... y los domingos, reservados para comer con mis padres... y tú conoces mi dicho: 'ámame y ama a mi San Bernardo, Toby'.

O te puedes topar con alguien que vehementemente quiere decir:

Nos uniremos por las caderas y nos procuraremos mutua satisfacción. Rechazaremos la mayoría de las invitaciones a las reuniones sociales (y si las llegamos a aceptar, refunfuñaré y me quejaré todo el tiempo). Nunca nos iremos de viaje el uno sin el otro, y siempre querremos las mismas cosas (yo te diré cuáles). Y no te enojes si de pronto me encelo. Es sólo porque te amo demasiado.

¿Cuál es el subtexto? ¿Bajo qué juego de reglas operan? ¿Qué temores abrigan? ¿Creen que el lazo sanguíneo es más fuerte que sus votos? ¿Que la lealtad hacia tu pareja es una traición a tu contrato familiar? ¿Creen que sus amistades más cercanas no cambiarán? Sus votos no significan terminar con sus otras relaciones. Lo que es más, tendrán una nueva posición en su vida, es decir, ocuparán un lugar diferente en su mesa matrimonial.

La mesa matrimonial

Cuando te enamoras profundamente por primera vez, la idea de estar solo con tu pareja en una isla desierta es deseable. Pero te aburrirías muy pronto si ese sueño se hiciera realidad. Todas las relaciones existen en las grandes comunidades, en donde se alimentan y maduran.

Me gusta prever el escenario de una nueva relación como una mesa matrimonial. No estoy hablando de una pequeña e íntima mesa para dos. Más bien, del tipo de mesa de banquete con tramos extras insertados, que se extiensen para darle cabida a la gente preferida de ambos contrayentes. Algunas mesas tienen demasiados tramos, mientras que otras, todo lo contrario. ¿Cómo es la tuya?

Imagina que están los dos sentados al centro de la mesa matrimonial, con sus invitados distribuidos frente a ustedes. A la derecha del novio, se encuentran ubicados los padres, abuelos, un par de tíos y algunos hermanos con sus esposas e hijos. A la izquierda de la novia una colección similar, más larga o más pequeña, dependiendo del tamaño de la familia. En ambos lados notarás un par de figuras fantasmales deambulando por ahí. Cada familia tiene a sus queridos difuntos, cuya innegable influencia está presente, ya no están físicamente, sin embargo siguen en la mesa.

Alrededor de la mesa (de acuerdo con el grado de influencia), encontraremos: hijos de matrimonios anteriores, el patrón de la novia, la ex mujer del novio, el ex compañero de cuarto de ella, el mejor amigo de él, la mejor amiga de ella, el doctor de la familia, una pareja de casados de todos sus afectos, varios compañeros de la oficina, un par de terapeutas, un sacerdote, un rabino, los vecinos, el gato, el perro y dos que tres colados. Ésta es una mesa grande.

Al final de la misma, en ocasiones hablando suavemente o gritando en su intento por dominar la plática, se encuentran las voces del pasado, ésas que te levantaron o te hundieron, tus modelos raciales, religiosos, morales y sociales.

Con el tiempo, algunos de los invitados se retirarán de la mesa. Otros se cambiarán de lugar, dependiendo de las circunstancias. Aparecerán nuevos rostros. La mesa matrimonial se convierte en un lugar activo, cambiante, como el juego de las sillas.

Ocasionalmente, alguno de ustedes alzará la vista y descubrirá a un nuevo invitado, y en voz baja le comentará a su cónyuge: "¿Y a ése quién lo invitó?", entonces te darás cuenta de que tu vida como pareja se encuentra definitivamente entrelazada con algunos de tus invitados a la mesa matrimonial. Habrán de involucrarse en tus conflictos más grandes, por lo que el éxito de tu matrimonio descansará, en gran medida, en tu forma de manejar dichos conflictos. Incluso habrá tiempos en los que, al mirar los rostros que te rodean, te sentirás sumamente contento y agradecido.

¿QUIÉN ES EL NÚMERO UNO?

Todos buscamos afanosamente esa relación especial, queremos a alguien que esté de nuestro lado, hasta la consumación de los siglos. Buscamos a la persona que será nuestro aliado incondicional en el mundo. Es por eso que el matrimonio ofrece ese estado tan único. Es el vínculo más cercano, más profundo, más íntimo que cualquier otro. Incluso, muchas veces lo experimentamos como si fuera la pieza faltante del rompecabezas de nuestra vida; es por ello que muchos amantes dicen: "Tú eres mi complemento", o: "Eres mi alma gemela". Los amantes hablan de estar destinados a encontrarse, como si alguna fuerza los separara al nacer para luego volverlos a unir en la edad adulta.

Esa intimidad tan especial puede ser poderosa y maravillosa, pero también puede sacar a la superficie temores y abandono, enterrados en las viejas heridas o traumas infantiles. Nuestra primera experiencia de vida fue simbiótica. Vivimos mucho tiempo en el vientre materno. La respiración de nuestra madre era también la nuestra, y fueron sus órganos los que nos mantuvieron y alimentaron. El día que nacimos, significó un día de separación traumática, ya que nos apartaron de nuestro capullo de seguridad. Como en cierta ocasión lo dijo un comediante: "Ahora entiendo por qué los bebés lloran cuando los sacan del vientre materno, jamás volverán a sentirse tan bien".

La total vulnerabilidad del recién nacido cimienta la necesidad de cercanía. Los niños y los jóvenes experimentan un temor primario de abandono porque son absolutamente incapaces de cuidarse a sí mismos. Idealmente, y por grados, un niño irá aprendiendo a separar y a formular juicios que no son ni puramente emocionales, ni basados en el miedo. Sin embargo, si el hogar es un lugar incierto o peligroso, o si los adultos son incapaces de consolidar un sentido de bienestar, o si los padres no se adaptan a las verdaderas necesidades del niño, el miedo al abandono quedará impreso en el cerebro infantil. Y si esos temas no son reconocidos, atendidos y superados, habrán de emerger en la vida adulta. No son sólo los supervivientes de traumas infantiles los que batallan con estos miedos. Incluso si creciste en un ambiente de amor y consolidación y actualmente eres un adulto razonablemente bien adaptado, la intensidad del amor romántico puede hacerte sentir lo mismo que la simbiosis del vientre materno y disparar las necesidades de la temprana infancia. En mi práctica, muchas parejas suelen hablar acerca de sus sentimientos de abandono frente a emociones poderosas. No entienden por qué los abruman súbitas urgencias de angustia y desilusión, el porqué cierta mirada o palabra de su pareja les activa el botón que los envía a la órbita del malentendido, del resentimiento y del dolor. No es de sorprender que estas emociones se fortalezcan cuando la lealtad del compañero está en entredicho. Cuando tu vecino de silla en la mesa matrimonial se disculpa un momento para ir al lado de su madre, con sus amigas o sus colegas... se disparan esos tempranos sentimientos de abandono.

La madre de Jim, de 82 años de edad, era una mujer malencarada e independiente. Había vivido sola desde la muerte del padre de Jim, diez años atrás. Sin embargo, tras saber que ella había sufrido un pequeño ataque, Jim comprendió que no debía continuar sola. "Me queda claro que la única solución es que mi madre se venga a vivir con nosotros en cuanto la den de alta del centro de rehabilitación", le comentó Jim a Pamela, su esposa. Las palabras de Jim produjeron en Pamela un remolino de coraje y resentimiento. Equivalían a darle un guantazo en pleno rostro. Si apenas soportaba a su suegra, ¿cómo se le pudo ocurrir a Jim que ambas podrían convivir bajo el mismo techo? Su conversación fue explosiva:

Pamela: Para nada, en cuanto ella entre yo salgo.
Jim: Entiende que es una mujer mayor, tenemos la responsabilidad de cuidarla.
Pamela: Perdóname, pero no es mi responsabilidad. Por lo visto no te importa saber que yo enfermaría si ella vive en esta casa.
Jim: ¡Cómo puedes ser tan insensible!
Pamela: ¿Insensible? Estoy muy consciente de la situación.

Cuando esta pareja vino a verme, casi no se dirigían la palabra. El aire estaba como electrificado por la explosivas emanaciones de su coraje, dolor y culpabilidad, cada uno pensando que estaba en lo correcto y que era el otro el que estaba equivocado y mostraba su egoísmo.

Jim reconoció que su madre era difícil de tratar, pero como hijo único creía que él era el responsable de cuidarla. Cuando su padre vivía, Jim no se preocupó, pero ahora las cosas eran distintas. "¿Qué más puedo hacer?", preguntó.

Pamela estaba furiosa de que Jim le hubiera comunicado una decisión tan unilateral, sin tomar en cuenta sus sentimientos. Ella se sintió traicionada al ver que él insistía en tratar de llegar a un acuerdo, a pesar de saber que a ella eso la haría sentirse miserable. En varias ocasiones, ella le dijo a Jim que de niña sintió que era una carga por ser la hija mayor de una familia numerosa. Se sintió utilizada por su madre, que la obligaba a cuidar a sus hermanos menores, cosa que le molestaba enormemente. Y ahora que estaba lista para hacer lo que realmente había deseado en la vida, él le daba un portazo a su libertad.

¿Cómo podrían salir de este callejón sin salida? "No veo por dónde", dijo Jim, descorazonado.

"Estoy de acuerdo", le dije. "No hay salida mientras trates la discusión como si fuera un debate en el que alguno de los dos espera ser declarado ganador. Déjenme presentarles una imagen alternativa. En lugar de abordar su conflicto como si fuera un debate, traten de pensar en él como una discusión del tipo problema-solución entre dos personas que han decidido cuidarse y protegerse a sí mismos como individuos y como pareja". El respeto y la compasión que muestres por tu pareja —así es, incluso frente a un callejón sin salida— son esenciales para comenzar a encontrar la verdad.

Cuando las parejas pelean, en lugar de escucharse el uno al otro, por lo general están preparando su siguiente argumento. O hablan o están esperando tomar la palabra, creándole muros de aislamiento y furia a la relación. Conforme el pleito crecía cambiaba de curso, yendo de acusación en acusación, de recriminación en recriminación, algo muy parecido al furioso llanto de un niño pequeño:

ÉL: ¡Buaaaaah!
ELLA: ¡Buaaah! ¡Buaaah!
ÉL: ¡Buaaaaaah!

Así es muy difícil resolver problemas. El primer paso para tener una conversación efectiva es aprender a escuchar con amor. Eso significa el tener la capacidad de poder escuchar lo que tu pareja dice.

Le pedí a Pamela que le dijera a Jim cómo se sentía ella, pero él no mostró interés alguno por escucharla. Para saber escuchar con empatía debes hacer a un lado tu yo defensivo, de momento, y abrir tu corazón y tu mente hacia sentimientos diferentes de los tuyos. Esto es una señal de compromiso y madurez. Cuando escuchas con empatía, creas una atmósfera de seguridad, respeto y amor.

PAMELA: "Cuando me avisaste que venía tu madre a vivir con nosotros, me lastimaste por no considerar mis sentimientos. Me he pasado todos estos años criando a nuestros hijos, y ahora que finalmente puedo disponer de algo de tiempo para mí, tendré que quedarme en casa con tu madre, situación que tú sabes que sólo puedo tolerar en dosis pequeñas. Y aparentemente, creo que ves mi infelicidad con buenos ojos."

Cuando Pamela dejó de hablar, le dije a Jim: "Asegurémonos que realmente escuchaste lo que dijo Pamela. Repite sus palabras y comienza diciendo, si te escuché correctamente, tú estabas diciendo…" El simple hecho de pronunciar estas palabras provoca un poco de la arrogancia que implica creer saber lo que nuestra pareja dice. Eso incrementa la posibilidad de que perdamos el hilo conductor y no entendamos la esencia de lo que dice. Eso trae a la superficie una realidad común: no hemos escuchado a nuestra pareja. Con demasiada frecuencia solemos responder sólo a las voces que escuchamos en nuestras mentes.

JIM: "Si te escuché correctamente, tú estás diciendo que te lastimé cuando te comenté que mi madre se vendría a vivir con nosotros, y todo porque no pensé en cómo te sentirías al respecto. Y ahora tu miedo es tener que quedarte en casa con mi madre, situación que te haría sentir miserable. ¿Eso fue lo que dijiste?"

Pamela estaba de acuerdo. "Ahora, Jim", continué, "conociendo las circunstancias de Pam respecto al haber sido utilizada en su niñez, ¿te quedan claros sus sentimientos?"

"Sí, me quedan claros. Sé que para ella sería algo muy difícil. Además, ella y mi madre no se llevan muy bien", dijo Jim apenado.

"No me digas", le dije. "Mira a Pamela y dile que la entiendes". Y eso hizo Jim exactamente, de manera sublime, debo reconocer.

"Así que dime, ¿cómo crees que se siente Pamela?", le pregunté.

"Atrapada, arrinconada, no respetada, asustada, herida" dijo él. "Y además, enojada".

"Pregúntale a Pamela si esos son los sentimientos que la atribulan". Jim preguntó, Pamela dejó caer su cabeza y lloró en silencio, murmurando: "Sí, esos son, justamente".

¿Qué causó las lágrimas de Pamela? Lloró porque sintió que nunca antes había recibido el cuidado, el honor y el respeto que Jim le mostró. Esta necesidad no satisfecha aún demandaba ser atendida, tanto en su vida adulta como en sus relaciones.

La habilidad para expresar empatía es una herramienta increíble en cualquier diálogo de pareja. Puede acortar las distancias hasta colocarlos a ambos en el mismo cuarto, donde ellos puedan comunicarse realmente y crear puentes de conexiones íntimas en donde antes sólo había muros de piedra.

Ahora haremos el proceso a la inversa, con Jim expresando sus sentimientos y Pamela escuchándolos con el corazón abierto, empático y curioso.

JIM: "Cuando mi padre estaba agonizando, me suplicó que cuidara a mi madre. Él estaba preocupadísimo por ella. Le dije que lo haría y él me hizo prometérselo una y otra vez. Soy todo lo que ella tiene. No sé qué otra cosa puedo hacer."

PAMELA: "Te escucho decir que le prometiste a tu padre cuidar a tu madre, y que no conoces otra forma de ver por ella mas que trayéndola a vivir con nosotros."

Para cuando Pamela hubo validado los sentimientos de Jim y le expresó su empatía, el ambiente en ese cuarto se había transformado de culposo y lleno de críticas, a suave, lleno de entendimiento y comprensión. El ejercicio les había restaurado la cercanía. El coraje se había evaporado. Ahora ambos se encontraban listos para trabajar en la solución de sus problemas, comenzando en un punto de arranque respecto a la situación de la madre de Jim, y de un profundo sentido de comprensión y devoción entre ellos. Las líneas de lealtad y devoción fueron, en primer término, claramente establecidas. El tema para Jim era la carga que había tenido que soportar toda su vida por la circunstancia de ser hijo único y por el hecho de que su padre lo hubiera forzado en su lecho de muerte: "Cuida a tu madre, cueste lo que cueste, aunque te sacrifiques tú y sacrifiques tu vida". Mientras Jim y Pamela analizaban sus opciones, comprendieron que había una tercera persona que tenía algo que decir en todo esto, la mamá de Jim. ¿Qué querría ella? Sabiendo que preferiría su independencia a toda costa, decidieron entrevistarse con el consejero del centro de rehabilitación y buscaron la posibilidad de internarla en un lugar que le ofreciera los cuidados y atención necesarios. Acordaron incluso investigar otras opciones por si su salud declinaba más adelante. Abandonaron mi oficina convertidos en un equipo, decididos a trabajar juntos.

Algo que parecía imposible de lograr fue superado. Dos puertas cerradas se habían convertido en una puerta abierta. El gran cambio para Pamela y para Jim no se centraba en lo que iba a pasar con la madre de él, sino en su elección consciente y en el deseo confiado por sustituir la fuerza de sus egos aislados por una postura madura de consideración y colaboración.

ÁMAME, AMA A MI HIJO

Otro conflicto común que generalmente pasa inadvertido en las preparaciones matrimoniales, surge cuando uno o ambos contrayentes tienen hijos de previas relaciones. Esto es cada vez más frecuente. Actualmente, más del 65 por ciento de los segundos o más matrimonios involucra a los pequeños, y hay veinte millones de familias putativas en América. La gente tiende a visualizar su futuro como si fuera un capítulo de *La familia Brady*, en donde de forma milagrosa, dos familias disparejas, con lealtades y estilos muy bien establecidos, integran una gran mezcla de feliz unidad, de forma amorosa.

Esto no va a suceder. Cuando tú integras hijos al matrimonio, cambias la dinámica desde el principio. Nunca hay oportunidad para "nosotros dos". Y esto es verdad, incluso cuando los hijos son adultos.

Stephen y Laura se conocieron en sus cuarenta, y fue el segundo matrimonio para ambos. Stephen no tenía hijos mientras que Laura tenía uno de 23 años, Greg, quien aún estudiaba, lejos de ellos. Logró graduarse un año después del matrimonio de su madre con Stephen y encontró un empleo en una empresa cerca de donde vivían. Laura estaba emocionadísima de tener a su hijo viviendo cerca, y se dedicó a ayudarlo. Invertía mucho tiempo y dinero arreglándole su departamento, incluso le llenaba el refrigerador y se encargaba de la lavandería. Para Laura esto era un acto de amor. Stephen lo veía diferente. No sólo pensó que Laura estaba exagerando sus cuidados por Greg, sino que resintió todo el tiempo que ella siempre estuviera al lado de su hijo.

Ni Laura ni Stephen comprendieron que este duelo se había estado ventilando justo en las alas de su plácida existencia. Desde que Greg había estado lejos del hogar y durante todo el período del cortejo y la boda, Laura y Stephen nunca habían discutido el papel que Greg jugaría en sus vidas. Laura había asumido que si su hijo regresaba a la ciudad, una vez terminada la universidad, ella estaría más involucrada con él, pero cometió el error de no mencionárselo a Stephen. Por su parte, Stephen supuso que Greg estaría muy ocupado con sus propios asuntos y por lo tanto, sólo interferiría ocasionalmente. Como Stephen no tenía hijos propios, no pensaba en el tema con frecuencia. Además, Stephen había sido un joven autosuficiente y asumió que Greg sería (como debería ser) igual. Este es uno de los grandes caminos que conduce a las parejas a meterse en serios problemas, la fantasía llamada "todos somos iguales".

Stephen se sintió desplazado y celoso. Hizo algo que estaba seguro que provocaría la ira de Laura. Atacó a su hijo:

STEPHEN: Consientes demasiado al malcriado de tu hijo.
LAURA: ¿Malcriado? No tienes derecho de llamarlo así.
STEPHEN: Por favor, Laura. El muchacho tiene 24 años, puede arreglárselas perfectamente sin su *mamita*.
LAURA: ¿Qué tratas de decir?
STEPHEN: Te apuesto que si pudieres elegir entre él y yo, lo escogerías a él.
LAURA: ¡Oh, por Dios, ya crece!
STEPHEN: Por qué no te vas a vivir con él. Serían tan felices juntos.

¡Pow! ¡Bang!, fue una batalla verbal, y tanto Stephen como Laura salieron lastimados, cada uno sintiendo que el otro era el responsable de todo.

En mi consultorio, los ayudé basándome en la experiencia espejo, cuyo efecto saneó tan corrosivos aires, permitiéndoles sostener una auténtica conversación acerca del hijo de Laura. En el transcurso de dicha plática, cada uno desnudó una poderosa verdad.

Traté de ayudar a Stephen a comprender por qué la relación de Laura con su hijo le produjo a él tanto dolor. Claramente, el asunto no se limitaba al dinero ni al tiempo que Laura pasaba con su hijo. Lo pensó un momento y dijo: "Mis padres me enseñaron a pararme sobre ambos pies. Cuando tenía la edad de Greg, llevaba años valiéndome por mí mismo. No fue fácil. Tuve que luchar, pero es parte del crecimiento. Recuerdo que una vez andaba en mis últimos pesos y no iba a lograr pagar la renta. Les llamé a mis padres y les pedí un préstamo, no sé, 50 o 100 dólares, mi padre me respondió: "No puedo ayudarte." Stephen sonrió, y recordó. "Creo que mi padre trataba de formarme el carácter".

"¿Y cómo te sentiste?"

Stephen se encogió de hombros.

"Me imagino que te sentiste solo y asustado", le dije.

"Sí". Se miró las manos. "De seguro me habría caído bien alguna ayuda".

"¿Te hubiera reconfortado haber recibido su ayuda?", le dije. "Quizá te hubiera gustado sentir lo que siente el hijo de Laura, ya que ella hace mucho por él".

Stephen se estremeció con mis palabras, nunca se le habría ocurrido mirarlo así. Frecuentemente elegimos parejas guiados por ciertos asuntos inconclusos del pasado, en el caso de Laura, Stephen encontró la presencia alimentadora que tanto anhelaba. Pero cuando ella criaba a su hijo, le despertó a Stephen viejos sentimientos de abandono. Él comprendió que su angustia no estaba dirigida ni a Laura ni a su hijo, sino a sí mismo. Y de esto huía, justamente.

La revelación de Stephen tocó a Laura profundamente. Incluso ella comenzó a pensar acerca de su papel como madre. "Sé que exagero", admitió. "Greg no me necesita para llenar su refrigerador. Pero cuando él era más joven, yo estaba tan ocupada con mi carrera que no tuve tiempo de hacer aquello que se supone que las mamás debemos hacer. Supongo que estoy tratando de reparar mis fallas. Además, yo tampoco recibí ayuda cuando más la necesité y jamás quise que Greg sintiera esa soledad. Disfracé muchos de los sentimientos que como madre tuve y la desilusión que sentí por mis propios padres, quienes seguramente me querían, pero me dejaron a mi suerte; eso fue lo que me hizo sobreproteger a mi hijo".

"Pienso que eres una madre extraordinaria", dijo Stephen, "has educado a un buen chico. No tienes que probarle nada a nadie".

Me recargué y miré a Stephen y a Laura con admiración. "Son una pareja sorprendente", les dije. "Han compartido algunas vulnerabilidades profundas hoy aquí. ¿En su panorama vislumbran la posibilidad de resolver este conflicto?"

Tan pudieron, que lo hicieron. Sintiéndose menos amenazado, Stephen se mostró más abierto para iniciar su propia relación con Greg. Laura vio que se había pasado de la raya en un esfuerzo por compensar las veces que no estuvo con él. Ella necesitaba comprenderse y perdonarse a sí misma por sus decisiones del pasado y para reconocer en su hijo al adulto capaz y competente que era el día de hoy.

Nuevo mapa, nuevas reglas

Hace poco llegó a mi consultorio una pareja de recién casados. Nunca habían discutido qué papel desempeñarían sus amigos en su nueva vida. Los pasados ocho años, Ruth y su mejor amiga, Eileen, tenían apartadas dos tardes del sábado al mes para comer. El marido de Ruth, Sam, se sorprendió cuando Ruth le informó que sus comidas sabatinas continuarían. "Pensé que eso era mientras estuviera soltera", me dijo. "Y supuse que el compromiso de los sábados se acabaría. Me imaginé que saldría conmigo".

"Para nada", le respondió Ruth. "¿Qué te hizo pensar eso?"

Así que Sam se encontraba muy molesto porque su esposa continuaría comiendo los sábados con Eileen. Al mismo tiempo, Ruth estaba sorprendida de que Fred, el mejor amigo de Sam, se sintiera en total libertad de venir a la casa sin previo aviso, "no se va nunca". Sam se negó a pedirle a Fred que hablara por teléfono antes de ir. "No quiero que sienta que ya no queremos que venga", explicó.

Bienvenidos a su mutua y no examinada vida de casados. La disputa de Ruth y de Sam quizá haya sonado frívola, ese tipo de cosas con las que todas las parejas deben lidiar. Pero había una señal clara de que ninguno quería trazar de nuevo su "mapa de amistades", una vez casados. Los pequeños resentimientos y las expectativas no habladas, a la larga se ulceran y crecen.

La promesa de olvidarse de los demás, no significa que deban renunciar a sus mejores amigos o que los releguen a otro plano. Significa que se tomen el tiempo, antes de la boda, para rediseñar el mapa de su relación. Muchas parejas se casan pensando que sus vidas serán como antes, excepto porque ahora tienen un alma gemela con quien compartirlo todo. Ellos vieron al matrimonio como un pastel que acaba de salir del horno y se enfrió demasiado pronto.

No estoy diciendo que tienen que comenzar desde cero. Ábranse al cambio. Si olvidarse de los demás significa poner a tu pareja en primer término, ¿qué significará eso frente a tus otras relaciones?

Sofía, una amiga mía recién casada, me pidió consejo acerca de cómo podría sugerir un cambio sobre una añeja tradición de la familia de su marido sin que eso significara iniciar una guerra. Su marido, George, descendía de una numerosa y unida familia católica. Él tenía siete hermanos y un sinnúmero de tías, tíos y primos. Una de sus tradiciones familiares consistía en reunirse en la casa paterna después de cada servicio religioso dominical, para gozar de una gran comida. Cuando él y Sofía eran novios, ella lo acompañaba gustosa. Eso le afianzó ese lugar especial en la vida de su hombre y le dio la oportunidad de conocer a su familia. Pero una vez que contrajeron matrimonio, a ella ya no le agradaba tanto la idea de que todos los domingos hubiera comida familiar en casa de George, cuando deseaba hacer otras cosas. Durante la semana, Sofía y George cumplían con largas jornadas laborales. El sábado lo dedicaban a los pendientes domésticos. Sofía sintió que necesitaba descansar los domingos, consideró la forma de acercarse a George para comunicarle sus inquietudes, a sabiendas de que era un tema extremadamente delicado.

Sofía era una mujer lista, sabía que George haría cualquier cosa con tal de evitar conflictos con su madre, una matriarca formidable acostumbrada a salirse con la suya. Sofía además sabía que no quería iniciar su vida matrimonial construyendo un muro entre las dos casas. Después de todo, una de las cosas que más adoraba de George, era su devoción familiar. Sin embargo ella quería tener cierta injerencia respecto a cómo y dónde pasar algún tiempo libre.

Era una pregunta pesada: ¿Cómo podría ser una amorosa esposa, apoyar las decisiones de su marido y a la vez satisfacer sus propias necesidades?

Cuando se enfrenta este dilema, la gente suele cometer el error de no negociar, creando una sola posibilidad: todo o nada. En lugar de comenzar con una petición, intentan forzar a la pareja a realizar una concesión gigantesca que pruebe que realmente se ha olvidado de los demás. Este acercamiento los regresa a sus inseguridades infantiles. En el amor maduro, la meta no es romper el viejo mapa de la vida de alguien, sino trazar de nuevo el mapa a través de la negociación. Le sugerí a Sofía que comenzara con una pequeña petición a George, como: "Estamos tan ocupados estos días, que no sabes cómo extraño el poder estar juntos. Me encantaría que un domingo al mes nos quedáramos en casa tú y yo. ¿Ayudaría si hablo con tu madre para asegurarme que sea un domingo en el que no sucede nada trascendental en el plano familiar?"

El plan de Sofía funcionó porque no abordó la discusión en forma bélica (¿Por qué diablos tenemos que ir a casa de tus padres todos los domingos?). O como un insulto (Tu familia me enferma); o un reto que garantiza que él se apenará (¿Por qué no te enfrentas a tu madre?). En lugar de eso, ella le expresó sus sentimientos (la necesidad de pasar tiempo juntos) con amor (porque ella valora el tiempo que pasan juntos). Incluso más allá, sabiendo que George quizá tuviera dificultad al comunicarle su petición a su madre, ella se ofreció a llamarla (respetuosamente, de esposa a suegra) si eso le era más fácil a él. Y formuló su ofrecimiento de tal manera, que no avergonzó a George. La lucha de egos y la necesidad de demostrar poder sobre tu pareja, causará que pierdas todo. Es un hecho sencillo: las peticiones que son formuladas con un espíritu de amor y respeto, tienden a ser más reconocidas. Cuando evitas la vergüenza y la culpa, y le haces sentir a tu pareja que es valorada, los conflictos se esfuman y se vuelven manejables. Cuando tu pareja no se siente segura, se pierde mucha energía en la autoprotección, no en la solución del problema.

Olvidarse de otros, significa que ustedes están juntos en el matrimonio, son socios, colaboradores, almas gemelas en la vida diaria. Los siguientes ejercicios los ayudarán a integrarse a la comunidad.

Ejercicio 1: Arregla tu mesa matrimonial

Si la mesa matrimonial de ambos es abierta, les garantizo que habrá problemas. Si tienen un plan para sentar a su gente, no los habrá. Este ejercicio los ayudará a lograrlo.

Paso 1: enlisten a las personas que se sentarán a su mesa matrimonial. Estas son las personas (vivas o muertas) que influyen en sus vidas, como:

- Padres.
- Hermanos.
- Familiares.
- Ex esposas, novias y ex novios.
- Hijos de matrimonios anteriores.
- Amigos y amigas.
- Iglesia.
- Patrones.
- Colegas.
- Vecinos.
- Mascotas.
- Influencias pasadas.

Paso 2: una vez que hayan integrado su lista, tómense un tiempo a solas para colocar los nombres alrededor de la mesa. En hojas separadas dibujen una figura rectangular, representando su mesa. Colóquense ustedes y su pareja en el centro. Y, de ahí hacia los lados, escriban los nombres de su lista, como si señalaran los lugares reservados.

Paso 3: compartan los resultados, ¿qué tanto difiere el acomodo? Platiquen acerca de las razones por las cuales sentaron a la gente en determinado lugar. ¿Anotaron nombres que no necesariamente están en su mesa matrimonial? Sean honestos al describir los papeles que otros desempeñarán en sus vidas.

PASO 4: tomen una tercera hoja de papel y dibujen un nuevo rectángulo. Esta es la mesa que armarán juntos. Tómense todo el tiempo que necesiten para tomar las decisiones de quiénes y qué lugar ocuparán en su mesa matrimonial. Quizá quieran trabajarlo durante un par de semanas, hasta que ambos queden satisfechos. Recuerden que el acomodo en su mesa matrimonial no es permanente, pueden, y deben hacerlo, reacomodarla según sus vidas cambian (nacimientos, defunciones, nuevas amistades, un nuevo empleo, etcétera).

PASO 5: establezcan una fecha, un día al año (que no sea su aniversario, ni el Año Nuevo, ni otra fecha significativa) para revisar y planear su mesa matrimonial, procuren que sea un momento donde ninguno esté emocionalmente cargado o influenciado por otros acontecimientos.

Ejercicio 2: Reglas de compromiso

Cada persona le aporta al matrimonio nuevas ideas sobre cómo relacionarse con otros en el día a día, a lo largo de sus vidas. Eso es completamente natural. Hasta hoy habían vivido existencias separadas. Sin embargo, muchas de las parejas que he tratado, nunca discuten sus preferencias; por el contrario, esperan que sus diferencias se acomoden mágicamente en su matrimonio. Respondan el siguiente cuestionario individualmente. Sean lo más honestos posible con sus respuestas. No hagan trampa y respondan de acuerdo a lo que a su pareja le gustaría que respondieran, no existen respuestas correctas o incorrectas; sólo opciones.

1. ¿Las obligaciones laborales son primordiales frente al descanso con tu pareja?

    De acuerdo   En desacuerdo

2. ¿Es inofensiva una relación platónica con tu ex pareja?

    De acuerdo   En desacuerdo

3. Es importante que las parejas tengan amigos en común?

    De acuerdo   En desacuerdo

4. ¿Las vacaciones son propicias para que los familiares cercanos se reúnan?

    De acuerdo   En desacuerdo

5. ¿El cumpleaños y las fiestas de aniversarios son importantes?

    De acuerdo   En desacuerdo

6. ¿Es divertido entretener a los amigos?

    De acuerdo   En desacuerdo

7. ¿Es importante convivir con los compañeros de trabajo de la pareja?

    De acuerdo   En desacuerdo

8. ¿Es importante vivir cerca de tus familiares?

    De acuerdo   En desacuerdo

9. ¿Cuando vienen a visitarte familiares o amigos cercanos, estos esperan quedarse en tu casa?

    De acuerdo   En desacuerdo

10. ¿Tu puerta siempre estará abierta para familiares y amigos, incluso cuando no te avisen de su llegada?

    De acuerdo   En desacuerdo

11. ¿Si suena el teléfono debes contestarlo inmediatamente, aunque estés comiendo, platicando, viendo la televisión o haciendo el amor?

    De acuerdo   En desacuerdo

12. Si un amigo cercano necesita dinero, ¿abres la cartera sin preguntar?

   De acuerdo   En desacuerdo

13. ¿Es inofensivo el coqueteo casual en fiestas y reuniones?

   De acuerdo   En desacuerdo

14. ¿Debes sentirte libre de discutir problemas matrimoniales con los amigos o familiares en quienes confías?

   De acuerdo   En desacuerdo

15. ¿Disfrutas al recibir invitaciones espontáneas para salir con tus amigos?

   De acuerdo   En desacuerdo

16. ¿Te parece correcto que tu pareja invite a un amigo a casa sin consultarte?

   De acuerdo   En desacuerdo

17. ¿Es correcto que tú o tu pareja tengan amigos del sexo opuesto?

   De acuerdo   En desacuerdo

18. ¿Prefieres vacacionar con tus amigos y no con tu pareja?

   De acuerdo   En desacuerdo

19. ¿No soportas desilusionar a tu madre?

   De acuerdo   En desacuerdo

20. ¿Si tus padres te dan el dinero para comprar una casa, tienen derecho a influir en la decisión?

   De acuerdo   En desacuerdo

21. ¿Tu esposa(o) es lo más importante para ti?

   De acuerdo   En desacuerdo

Tras haber verificado individualmente sus respuestas, tómense un tiempo para revisar las respuestas del otro. La meta es iniciar una conversación acerca de cómo se relaciona cada uno con el mundo. Traten de evitar juicios; recuerden: no hay respuestas correctas o incorrectas. Incluso podrían grabar su conversación para escucharla más adelante, y tenerla como punto de referencia.

Comiencen con sus puntos de acuerdo y discutan qué es lo que estaba pensando cada uno cuando respondió. Esto fortalecerá sus sentimientos de solidaridad.

Después anoten las áreas donde sus respuestas fueron diferentes. Permitan que cada uno comparta la respuesta (sin ser interrumpido), y discútanlas juntos utilizando las técnicas del espejeo, validación y empatía. No esperen concordar en cada respuesta. La meta es reconocer las áreas de acuerdo y desacuerdo, y adquirir el hábito de platicar acerca de cómo vivirán su día a día, una vez conocida esta información. Cuando las parejas están conscientes de sus diferencias, pueden enfrentar los conflictos con mayor facilidad sin lastimarse y de esa manera encontrar la solución.

UNA NUEVA DEFINICIÓN DE FIDELIDAD

Hablemos acerca de la fidelidad, que es la esencia del voto para olvidarnos de los demás. La fidelidad sexual es esencial para proteger la sacrosantidad de un compromiso. Cuando una pareja es sexualmente infiel, por lo regular... la herida es mortal. Es por ello que la infidelidad es más que un acto sexual. Rompe el vínculo primordial. Desgarra la unión y viola las promesas de seguridad, respeto y honor. Las parejas pueden recuperarse cuando el virus de la infidelidad ha golpeado una relación, pero ello requiere de un verdadero y absoluto compromiso de arrepentimiento profundo, empatía, comprensión, y por supuesto, un cambio de comportamiento.

Lo que diferencia al matrimonio de las otras relaciones, es la exposición total. Tú te muestras desnudo frente a tu pareja, aceptándola en cuerpo y alma. Ninguna otra relación involucra este nivel de exposición y vulnerabilidad. Las canas al aire son ilusiones de intimidad. No brindan contextos verdaderos de amor maduro, porque el amor maduro involucra un verdadero compromiso procesal de conocer y ser conocido por el otro.

¿Pero qué tal si un cónyuge es fiel sexualmente pero emocionalmente inestable?, ¿no es una forma de traición? Una pareja que conozco estaba luchando con la tensión entre querer estar juntos y querer estar solos. Ella estaba muy enojada porque, por las tardes, su marido era muy distante. Ella llegaba a casa del trabajo ansiosa por verlo y él le decía: "necesito estar solo".

ÉL: Tengo derecho a descansar tras un pesado día de trabajo.
ELLA: No tienes derecho a ignorarme.

Las relaciones no sobreviven automáticamente. Necesitan ser alimentadas con dosis diarias de afecto. Todos necesitamos tiempo para nosotros mismos, pero si tu idea del descanso es fugarte física y emocionalmente del matrimonio, le estás siendo infiel a tu compromiso emocional.

Ejercicio 3: Cierra las salidas

El voto de olvidarse de los demás significa disponibilidad para tu pareja, en el presente, cerrando aquellas salidas que funcionan como válvulas de escape para la relación matrimonial. ¿Cuáles son las salidas típicas? Pregúntate:

- ¿Tu pareja o tú se pasan horas frente al televisor por las noches?
- ¿A tu pareja y a ti se les van las horas frente a la computadora chateando cuando ambos están casa?
- ¿Tu pareja y tú suelen satisfacer sus necesidades emocionales fuera del matrimonio?
- ¿Tu pareja y tú pasan largas horas en el teléfono cuando ambos están en casa?
- ¿Tu idea de relajación es beber alcohol hasta adormecerte emocionalmente?
- ¿Evitas platicar con tu pareja acerca de cómo le fue en el día?
- ¿Son de las parejas que no se abrazan ni se acarician por la noche?
- ¿Sueles dejar a tu pareja hablando sola cuando la plática te resulta incómoda?
- ¿La aplicación de la "ley del hielo" es común en tu matrimonio?

Reflexiona sobre estas preguntas y pregúntate a ti mismo:

- ¿Cuáles son tus estrategias de salida? ¿Qué las cancela?
- ¿Cuáles son las estrategias de salida de tu pareja? ¿Qué las cancela?
- ¿Qué pasos prácticos puedes tomar para cancelar tus salidas?

Capítulo cinco

Haz algo, no lo hagas, pero no "intentes".
YODA, DE *LA GUERRA DE LAS GALAXIAS.*

Para bien o para mal

Comprometerse para bien o para mal es una gran meta. ¿Qué significa bien?, ¿qué constituye el mal?, ¿estaremos realmente diciendo...?:

Mientras exista más bien que mal, y mientras me funcione a mí, sin que me culpes si llega a salir mal, prometo nunca irme a dormir enojado (porque te molestaré y me voltearé y no te dejaré dormir en toda la noche, ya que te odio); prometo perdonar y olvidar (aunque dudo que pase, ya que en mi familia están los peores gruñones del universo); prometo pelear justamente (a menos que me saques de mis casillas, porque entonces me quito los guantes), y prometo aplicarte la ley del hielo durante días y decirte: 'No pasa nada, sólo soy medio callado', cuando quiero castigarte.

O bien:

Prometo hacer todo lo que esté en mis manos para que todo se vea color de rosa; evitar conversaciones difíciles, ir de vacaciones a los lugares que odio (lo que me provoca rabietas mentales y por lo tanto, silenciosas), sufrir largamente sin quejarme pero asegurándome de que veas mi sufrimiento.

Este voto es acerca de la esperanza de que todo salga bien. La verdad es que no podemos visualizar lo peor, ni debemos tratar de destruir el espíritu optimista que es una bendición para la nueva unión.

Sin embargo, debemos ser realistas y reconocer el lugar que ocupa en el matrimonio el costo del estrés y de las tensiones de la vida, ya sean causadas por la carga de tantos años de lucha, o por el impacto de una súbita e inmanejable tragedia. La investigación ha demostrado que cuando sucede lo peor, los matrimonios cuyas bases estaban endebles, sucumben ante el peso.

Después del 11 de septiembre del 2001, nuestro instinto inicial como nación y como familias, fue el de unirnos. Supe de muchas parejas que renovaron su compromiso de unión. El impacto de los ataques les sacudió la inercia o la furia y les recordó lo que eran como pareja. Todos necesitamos de todos en momentos difíciles, y vimos con renovada claridad la necesidad de tender lazos con la familia y con la comunidad. Pero cuando desapareció el impacto inicial, algunos matrimonios sucumbieron. Traumas pospuestos, heridas psíquicas profundas, y sentimientos de desesperación pueden agitar nuestro mundo de tal forma que no podamos ni anticipar ni comprender.

Esto fue especialmente cierto entre quienes resultaron directamente afectados por las tragedias, o estuvieron involucrados en las operaciones de rescate de la Zona Cero, El Pentágono y el avión que cayó en un campo de Pennsylvania. Años después, hemos visto un agudo incremento de divorcios entre bomberos y policías, cuyas vidas se vieron alteradas para siempre por la pérdida de colegas, familiares y amigos, así como entre quienes tuvieron que pasar largos meses sumergidos en la recuperación. Los bomberos ya contaban con uno de los niveles más altos de divorcio, comparados con otras ocupaciones; la catástrofe simplemente agudizó las cifras. En los años posteriores al bombardeo de la ciudad de Oklahoma, los niveles de divorcio se duplicaron en el departamento local de bomberos y se triplicaron en el de policía; las primeras evidencias nos indican que las cifras del 11 de septiembre no serán muy diferentes.

Incluso, hemos observado la cuota que la guerra le cobra al matrimonio. Los índices de divorcio entre las familias militares se han elevado casi 40 por ciento desde que Estados Unidos inició sus operaciones en Afganistán y en Irak. El despliegue de esposas hacia las zonas de guerra le proporciona a las familias estrés emocional, físico, espiritual y financiero, arrojándolas hacia crisis de incertidumbre y supervivencia, que nadie está preparado para enfrentar ni superar. Y, cuando los soldados regresan a casa, el gozo inicial es rápidamente reemplazado por los problemas de readaptación. Los soldados en activo y las mujeres generalmente traen consigo heridas traumáticas en lo físico y en lo emocional, que hace que sus vidas y las de sus familias cambien para siempre. Las estadísticas muestran que uno de cada tres militares que regresa, es víctima de algún desorden de estrés postraumático (DEP), capaz de acosar a un ser humano por el resto de su vida. Los números se elevan entre aquellos que padecen severas heridas físicas, como trauma cerebral, pérdida de miembros, o quemaduras que los marcan para siempre.

Los desastres naturales, como el huracán Katrina, así como los desastres personales, como la enfermedad y la muerte de una criatura, alteran la vida de las personas de igual forma. Yo le llamo a esto "heridas del alma". Mientras algunos matrimonios se colapsan, otros se fortalecen. Hay ciertas señales en tu matrimonio que pueden predecir tu habilidad para sobrevivir y prosperar cuando sucede lo peor.

Vivir en la luz

Todos hemos notado que algunas personas aparentan tener una capacidad especial para el optimismo y la resistencia, mientras que otras son fácilmente conducidas hacia la desesperación, cuando el balance de sus vidas resulta trastornado. La gente que resiste, sobrevive, e incluso se supera frente a la lucha. Esto nos lleva a pensar que las parejas resistentes pueden sortear mejor los temporales y las pequeñas tormentas de su vida, que las parejas temerosas e inestables.

La resistencia no es la simple recuperación tras un momento difícil. Tampoco se trata de lo que haces cuando tu casa se convierte en una cueva. Se trata, en primer lugar, de cómo colocas los cimientos. Las parejas que resisten, sobreviven, e incluso mejoran en los tiempos difíciles porque ellos sí trabajaron en el establecimiento de cimientos sólidos. Si tu mentira es que la adoración, el romance o la atracción sexual los mantendrá unidos, tus cimientos se verán reducidos a cenizas cuando enfrenten su primer reto adulto. Si tu mentira es que todo lo que necesitan es el uno al otro, tus refuerzos estarán ausentes cuando más los necesites.

Ejercicio 1: Tu cociente de resistencia

¿Puede tu matrimonio resistir lo peor?

1. Sabes que hay circunstancias a las que tu matrimonio no podría sobrevivir.

Sí   No

2. Sientes que mereces ser feliz y resientes cuando las cosas salen mal.

Sí   No

3. Cuando enfrentas un cambio, tu instinto primario te hace preocuparte acerca de las potenciales consecuencias negativas.

Sí   No

4. Prefieres decir no y permanecer seguro, que decir sí y arriesgarte a la desilusión.

Sí   No

5. Temes que tú o tu pareja lleguen al desamor.

Sí   No

6. Te sientes más cómoda cuando sabes que controlas tu entorno.

Sí   No

7. Crees que en ocasiones la mejor forma de manejar un problema radica en no hacer nada.

Sí   No

8. Tiendes a recordar fallas en tus relaciones pasadas y esperas observar signos de repetición en tu presente relación.

Sí   No

9. Crees que no puedes responderle ampliamente a otra persona sin perder algo de ti misma.

Sí   No

10. Cuando estás decepcionada, culpas a tu pareja, o te culpas a ti por la falla.

Sí   No

RESULTADO: si contestaste a cuatro o más "Sí", estás enfocando tu relación con cierto temor. El temor es muy distinto al amor. El temor se adhiere; el amor fluye. Te ayudaría mucho reflexionar acerca de dónde aprendiste a significar los conceptos "cercanía" y "lucha sin fin". Hay grandes posibilidades de que encuentres las semillas de tu inseguridad a través de una retrospectiva infantil.

EL TÓXICO PODER DE LAS VIEJAS HERIDAS

Desde una edad muy temprana, Larry aprendió que él no podría confiar en que sus padres lo alimentarían o lo protegerían. Su madre no era muy eficiente ni estaba del todo preparada para la maternidad. La superaban las demandas de afecto de sus cuatro hijos, y siendo Larry el único varón, logró exasperar su impaciencia materna y falta de temperamento. La mujer esperaba que Larry fuera bien portado, que para ella significaba poder controlar sus emociones, su energía natural y su curiosidad infantil. Cosa imposible de lograr con un niño. Cuando la exuberancia de Larry excedió los límites maternos permitidos (algo que resultaba injusto para un chico curioso y en crecimiento), la madre lo golpeaba y le gritaba: "¡No te quiero ver, y guarda silencio!"

El padre de Larry era del tipo distante y rara vez estaba con ellos. Trabajaba todo el día y cuando regresaba a casa, los niños tenían instrucciones de no molestar a su padre. Larry lo adoraba, pero él parecía un poco desilusionado de su hijo. "Quería que fuera rudo", recuerda Larry, "pero era un niño". Ignoraba el significado del ser rudo. Tanto daño temprano y tantos mensajes confusos provocan en los niños los sufren, luchar demasiado para sobrevivir a las heridas que sus padres les estaban infligiendo, al repetir sus propios patrones infantiles. Es un ciclo que se repetirá generación tras generación, hasta que una verdad sanadora sea capaz de detenerlo.

Un incidente ocurrido cuando Larry tenía cinco años de edad, le dejó una huella imborrable. Fue durante un domingo en la tarde, estaba en el patio con su juguete favorito, un coche mecánico de bomberos, cuando un par de chicos del vecindario comenzaron a molestarlo. Uno de ellos le arrebató el juguete y le dijo: "Ahora es mío". Larry lloró y trató de recuperar su juguete pero el otro chico lo golpeó en el estómago. Larry trató de pelear, pero fue derribado. Larry se llenó de miedo y vergüenza. No pudo contener sus sollozos. Corrió hacia la cocina, en donde sus padres leían el periódico y bebían café. Y mientras Larry les contaba lo sucedido con voz entrecortada, el rostro de su padre se tornó impaciente y disgustado. Su madre lo miró horrorizada, pero no hizo nada para consolarlo. Finalmente, su padre le dijo: "Tienes que aprender a defenderte por ti mismo". El hombre continuó su lectura, mientras su mamá se acomodaba en la silla, congelada por el pavor de verse atrapada, una vez más, entre su esposo y su hijo. Sintió que su marido estaba siendo un poco duro, pero su propia incapacidad para enfrentarlo, ya fuera para defenderse a sí misma o para defender a su hijo, la hicieron callar.

"¡Tenía cinco años!", dijo Larry indignado cuando narró su historia 35 años después. "¿Cómo se supone que debía defenderme por mí mismo?" A partir de ese momento, Larry creyó que tenía que ver por él, porque nadie más lo haría. Sus padres se aseguraron de alimentarlo y de procurarle un techo en dónde vivir, pero fuera de eso, estaba solo.

En el colegio, Larry se enamoró de Sonia, una mujer cálida y afectuosa quien le brindó la atención y la afirmación personal que nunca había obtenido de su madre, así como la seguridad y el respeto que nunca recibió de su padre. El desarrollo de Sonia había sido todo lo opuesto al de Larry. Su madre disfrutaba el estar rodeada de sus hijos, y Sonia y sus tres hermanos crecieron siendo unos niños felices y seguros. Su padre era un hombre fuerte y capaz que siempre supo enfrentar cualquier crisis. Era un padre amoroso y un muy buen proveedor, aunque no era del tipo abrazador. Sonia lo idealizó y resplandeció cuando obtuvo la aprobación paterna.

En un principio, Sonia se sintió atraída por la sensibilidad y afectividad físicas mostradas por Larry, ambos lograron niveles profundos de conectividad. Ella supo que podría confiar en él, que nunca la traicionaría y que estaría junto a ella en las buenas y en las malas.

Pero una vez que Sonia y Larry se casaron, ella se volvió más y más impaciente. Ahora veía como debilidad la sensibilidad que tanto le atrajo de Larry una vez. Quería un hombre más parecido a su padre, fuerte, estoico y resistente. En sus constantes discusiones, Sonia le pedía a Larry que dejara de portarse como niño chiquito. Larry siempre perdía en estas discusiones, ya que no toleraba las hostilidades frente a frente. Él y Sonia comenzaron a separarse. Sonia inició una aventura con un hombre mayor pero que encajaba con la imagen paterna respecto a la forma de manejar su vida emocional, por lo que poco después abandonó a Larry para casarse con el hombre mayor.

El fracaso matrimonial regresó a Larry a sus cinco años de edad, paradito en la cocina, sintiendo que nadie podría ayudarlo ni consolarlo. Me dijo que consideraba que su matrimonio había sido un error. "Comprobé lo que yo ya sabía", dijo. "Tengo que ver por mí, porque nadie más lo hará". Animé a Larry a ver el fracaso matrimonial como algo predecible en su caso, no porque se hubiera casado con la persona equivocada, o porque ninguna pareja era digna de confianza, sino por haberse casado previamente herido, situación de la que jamás estuvo consciente.

"Vislumbraste en el matrimonio lo que te faltó en la niñez", le dije. "Escogiste una pareja que pudiera animarte a creer que alguien más podría encargarse de ti, no como tu padre y tu madre. Bajaste la guardia, y debes haber sentido un descanso al poderte deshacer de esa carga. Pero cuando Sonia mostró su incapacidad de amarte incondicionalmente, cuando te criticó, sentiste como si te hubiera abierto una vieja herida. Tu te retiraste, y te refugiaste en el viejo mensaje: 'Sólo yo puedo cuidarme a mí mismo'. Tu ideal no dejó espacio ni para que te desilusionaras de ella, ni para que ella se desilusionara de ti".

La otra cara de la moneda es que Sonia también resultó herida. Esto puede verse en la forma en la que atacó a Larry cuando éste comenzó a mostrar sus heridas con mayor frecuencia. Ella necesitaba un hombre más grande que ella misma, un solucionador de problemas, un líder. Estaba esperando que su príncipe encantado la ayudara a deshacerse de tantas cargas de la vida adulta.

Hasta cierto grado, todos cargamos remanentes de heridas infantiles, y buscamos cura en nuestras relaciones íntimas. Para triunfar en el matrimonio, los individuos deben conocer la diferencia entre el *yo herido* y el *yo verdadero*.

El yo verdadero es la persona que hay más allá del miedo. Tu yo verdadero es aquel que nació antes de recibir la primera herida de la concepción, de la vida, de la familia, cultura, prejuicios, etcétera. El yo que existía antes de que las sociedades y las culturas, con su lista de normas y reglas, creara los esquemas y barreras que bloquean todo acceso.

Pregúntate: ¿Qué haría si no tuviera miedo de perder, si no le temiera al rechazo? ¿Quién soy, y quién sería si la herida no estuviera en el asiento del conductor de mi existencia?

CURANR LAS CICATRICES DEL RACISMO

En nuestro continente, así como en el resto del mundo, el racismo y otras formas discriminatorias provocan heridas cada día, pero es en la unión marital, en las sociedades íntimas, dentro de la estructura familiar, donde el monstruo acostumbra alzarse y mostrarnos su más espantosa cabeza. Muchas parejas quedan atrapadas sin saber cómo las viejas heridas de la no pertenencia y los muros levantados para nuestra propia seguridad, pueden cobrarles un impuesto a su felicidad.

No minimicen sus orígenes, ni sus antecedentes, ni el color de su piel, ni los rasgos de su rostro, o el hecho de si sus antepasados venían a bordo del *Mayflower*, o de un barco de esclavos. No ignoren el impacto de si sus ancestros llegaron a la América oficialmente descubierta, o si sus familias sobrevivieron los horrores del holocausto, incluyendo a aquellos que juraron guardar silencio respecto a tanto crimen, humillación infernal y exterminio sistemático, a cambio de salvar la vida. Si eres afroamericano y vives en Estados Unidos, no esperes escuchar canciones de cuna que hablen de "¿Acaso no podemos llevarnos bien?" No creas en los cuentos de hadas ni en ser rescatada por el caballero blanco, porque los que descendemos de africanos y cargamos el inhumano horror de la esclavitud, debemos encontrar belleza en los caballeros negros, de los que nadie jamás ha escrito, los que jamás aparecieron en los cuentos de hadas de nuestra niñez.

Los estoy invitando a ver su vida real, su historia, y sus dolores y penas escondidos, ya que si no lo hacen, ellos continuarán apareciendo como invitados no deseados en su mesa matrimonial, y habrán de hacer lo mismo, generación tras generación.

Ronald y Mary formaban un feliz matrimonio afroamericano, con tres hijos. Ronald, un médico cirujano, perteneciente a una familia de físicos de tres generaciones atrás, por parte de su padre, y de dos generaciones, por el lado materno. Mary, arquitecta de una prestigiada firma, venía de una familia de clase trabajadora. Su madre era una empleada en el Ayuntamiento mientras que su padre se ganaba la vida como trabajador en la industria del acero, en Pittsburg. La vida les sonreía, hasta que Mary tuvo la oportunidad de ser socia en la firma para la que trabajaba, cosa que no sucedió. Mary se molestó mucho, y aseguró que lo intentaría de nuevo el siguiente año. Ronald se enfureció y comenzó a llamarla al trabajo para preguntarle cómo iba, en un intento por demostrarle su apoyo, enfocando, el resto de la conversación, a despotricar en contra del racismo: "Mary, no importa lo que te digan, si fueras blanca podrías haber sido socia no este año, sino tres años antes. No lo soporto, pienso que deberías renunciar. Dale a esos blancos racistas la noticia de que te vas en dos semanas; deja que se queden con el ojo cuadrado". Mary estaba asombrada. Nunca había escuchado a Ronald tan enojado. Usualmente era de buenos modales, confiado en las buenas intenciones de la gente. Solía comentar que uno debía mantenerse calmado incluso cuando la vida no fuera del todo justa.

Mary me llamó a la oficina, básicamente gritando: "¡Ayuda, nos hundimos! No sé qué pasó con mi marido, pero está actuando de forma absolutamente irracional y no sé qué hacer, no sé cómo calmarlo". Mientras Mary aceptó lo terriblemente injusto que había sido que no la hicieran socia del negocio, sintió que algo se había disparado en Ronald. Él era un toro furioso y ella sintió como si no lo conociera. "Un extraño ser ha invadido el cuerpo de mi esposo", dijo.

Mary y Ronald vinieron a verme y pasamos algunos meses trabajando intensamente. Ellos pusieron el ejemplo de cómo algunos asuntos no resueltos del pasado, no sólo del pasado personal, sino del familiar e histórico, pueden impactar el presente. A veces, el impacto es positivo y otras, negativo, pero para poder controlarlo y no ser controlado por él, la raíz del asunto debe quedar expuesta y ser comprendida.

Ronald había atestiguado la lucha de sus padres por alcanzar el éxito en sus carreras médicas, y había escuchado muchas historias de generaciones familiares previas que tuvieron que enfrentar grandes batallas en contra de todos los pronósticos. Él realmente nunca había sopesado el costo de dichas batallas. Temía que si lo hacía, se sentiría enojado, así que tuvo que tragarse muchos de sus sentimientos, de su dolor y de su coraje sano.

Canalizó todo esto superando incluso al mejor de los cirujanos, y eso fue exactamente lo que su familia había hecho también. Por el otro lado, Mary estaba mucho más consciente de sus sentimientos sobre la injusticia racial, y mientras ella pensaba que venía a mi oficina a recuperar a su marido, ambos estaban aquí reclamando partes de sí mismos a las que tuvieron que renunciar para poder sobrevivir. Cada uno cargaba su propio dolor escondido acerca de cómo habían enfrentado y superado los dolores y los ataques del racismo. El fallido intento de Mary por lograr un merecido ascenso laboral había desatado aquello que estaba bajo sus respectivas superficies.

Durante una de estas sesiones, Ronald dijo: "Aprendí a levantar el muro, a ser mejor en mi trabajo, a ser amable incluso cuando sabía que la gente no deseaba mi triunfo. Traté de perdonar a los pacientes que ignoraron mi bata blanca y la leyenda Cirugía M. D. en rojo, bordada en el bolsillo, mientras me pasaban sus charolas con los restos del desayuno para irlos a tirar a la basura. Yo sonreía. Me volví a presentar por tercera o cuarta vez como jefe de cirugía y procedí con mi quehacer médico habitual. Nunca me pregunté cuál era el costo de ser invisible. Nunca sentí que nadie pagara el precio de tanta ignorancia, incluyéndome a mí. Y no fue sino hasta que Mary volvió a fallar en su intento por ascender en su trabajo, cuando realmente perdí los estribos. Yo la estaba acosando, llamándole varias veces al día para pedirle que renunciara. La pobre no sabía qué me pasaba, vamos, ni yo mismo lo sabía".

Le expliqué lo que significaba "perder los estribos", y que cuando sucede, por lo regular algo maravilloso trata de brotar. Alguna pieza de ese barco llamado verdad está tratando de salir a la superficie para llevarnos de regreso a la playa. Ronald había levantado un muro años atrás, como le fue enseñado por aquellos miembros de su familia que habían alcanzado el éxito profesional tras haber enfrentado dolor, angustia y lucha. Él era bondadoso y sociable, y nadie lo hubiera descrito como amurallado, pero Mary reconoció que había sentido la muralla durante años cuando discutían acerca de los niños. Ella nunca lo comprendió, ni podía señalarlo con el dedo, pero ella sabía que algo le impedía abrirse por completo frente a ellos.

La injusticia y los dolores no perdonados del racismo habían dejado huella en Ronald, pero él ni siquiera lo sabía. Eso lo tenía atrapado y asilado de sus propios y más sinceros pensamientos. Había construido ese muro para protegerse, sin saber que eso mantenía del otro lado a sus seres más queridos. Durante una sesión, Ronald lloró al recordar las historias que sus padres (físicos) habían compartido con él respecto a sus triunfos en todas las escuelas científicas para blancos, recibiendo muy poquito o nulo apoyo de sus profesores y de sus compañeros estudiantes, quienes a menudo intentaban sabotear aquellos esfuerzos por sobresalir. No fue sino hasta esta sesión cuando Ronald comprendió que había vivido el mismo aislamiento y el mismo dolor que sus padres a lo largo de su vida, especialmente en la escuela de medicina y en su residencia como cirujano. El fracaso de Mary de convertirse en socia del negocio hizo cimbrar el muro de protección.

Los muros de protección no son ni buenos ni malos por sí mismos. Son levantados cuando la gente experimenta peligro emocional, físico, sexual, espiritual o financiero. Y hasta que la fuente del peligro sea expuesta y ubicada, el muro habrá de permanecer intacto, incluso reforzado con el correr del tiempo. El muro que Ronald había erigido lo ayudó a sobrevivir a las crueldades del racismo, a la soledad y al aislamiento de sus años en la escuela médica. Pero se convirtió en una barrera para la intimidad en su matrimonio con Mary, y para sus hijos. Cuando él le exigió a Mary que renunciara a su trabajo, no estaba pensando tanto en los intereses de ella, sino que sus heridas raciales generacionales, resurgieron en su interior.

Al comprender que el dolor del racismo era un invitado no deseado en su mesa matrimonial, Mary y Ronald pudieron sentir compasión por sí mismos, en lo individual y como pareja. De inmediato trazaron un plan que los ayudara a curar, tanto sus heridas personales, como las matrimoniales.

En una de sus últimas sesiones conmigo, Mary me dijo: "Doctora Smith, ¿quién iba a pensar que el racismo generacional estaba amenazando el bienestar de nuestro matrimonio? Ello parecía imposible. Pero, quiero ser honesta con usted, cuando lo sugirió por primera vez, pensé: 'No puede ser, escogimos a la terapeuta equivocada'. Y ahora tiemblo al pensar en lo que nos hubiera pasado de haber colocado un curita sobre nuestra herida y nuestro matrimonio. No lo habríamos logrado. Estaba segura que Ronald había enloquecido, y que por eso quería que renunciara a mi trabajo. Ahora comprendo que, en su caso, el dolor del racismo se intensificó y explotó, fue así como recuperé a mi marido y mi matrimonio, al que tanto aprecio. Tuvo que suceder esta pesadilla para que nosotros despertáramos a la realidad".

Quiero que sean ustedes quienes elijan y tomen la decisión de detener el ciclo de dolor en su familia, en su matrimonio, y sobre todo, en su vida. Para lograrlo, deben reconocer cabalmente los asuntos, y a quien irrumpe violentamente en su celebración, sentándose en su mesa matrimonial sin haber sido invitado ni bienvenido, agitándolo todo hasta convertirlo en un caos doloroso.

Los niños abandonados

Cuando la madre de Erin murió de un ataque masivo al corazón, ella estaba inconsolable. Y debido a que siempre tuvieron una relación difícil, se sorprendió ella misma de sentir tanto dolor con su muerte. Al, el esposo de Erin, se comportó como un verdadero compañero. Estuvo al lado de Erin cada minuto, la acompañó a lo largo de los arreglos funerarios, permaneció junto a ella en el funeral, la acompañó después y la ayudó a empacar las pertenencias de la difunta, incluso se encargó de poner a la venta el departamento que ésta habitaba. Extralimitó incluso sus obligaciones en casa, en un intento por ayudarle a Erin.

Pero cuando las semanas y los meses pasaron sin que Erin superara su luto, mostrando además un absoluto desinterés por el sexo y por todo lo demás, la paciencia de Al se agotó. A él se le erizaban los pelos cada vez que Erin le recordaba: "Por Dios, hace treinta (sesenta, noventa días) que mi madre murió". A él le molestaban las constantes idas de ella al cementerio. ¿Por qué no podía superar la pena? ¿Acaso no veía que su familia la necesitaba? ¿No veía lo harto que estaba de soportar tanto trabajo y de ver a su familia sola? Cuando trató de hablar con ella al respecto, Al se vio en problemas.

AL: Más vale que te pongas las pilas.

ERIN: Pero cómo puedes ser tan frío. Era mi madre.

AL: Vamos Erin, regresa a la realidad, rara vez se hablaban cuando vivía.

ERIN: Nadie me entiende, nadie sabe cómo me siento. Déjame sola.

Cuando vinieron a mi oficina Erin se veía acabada y deprimida, mientras que Al se veía molesto pero resignado. Él comenzó a hablar desde el momento en que se sentaron: "Mira, estamos en nuestros cuarenta. No es tan impactante saber que nuestros padres van a morir. Mi padre murió hace tres años, y sí me dio tristeza, pero no me derrumbé. No puedo seguir con este melodrama. Hay días en los que pienso que debimos haber enterrado a Erin junto con su madre. Es como si no existiera".

Erin se puso roja y comenzó a sollozar: "Sé que no me llevaba bien con mi madre, pero Al no lo entiende. Un día ella estaba ahí, y al siguiente día ya no."

Pocos de nosotros estamos preparados para enfrentar la muerte de los padres, lo que trae a la superficie dolores muy escondidos. La mayoría de las personas cree que mientras más unidos están los hijos a los padres, más grande es el dolor que sentirán cuando éstos mueran, pero a veces sucede justamente lo contrario. Nuestro principal lazo paternal es específicamente con la madre. Cuando somos jóvenes, este lazo es esencial para sobrevivir. En ocasiones, cuando los adultos enfrentan relaciones problemáticas con sus padres, sus problemas tienen su raíz en heridas infantiles y en la necesidad de saberse amados a plenitud. Erin siempre sintió que había desilusionado a su madre, una mujer tremendamente crítica. Mientras su madre vivió, ella abrigaba la esperanza de que la viera con renovados ojos. Realmente el duelo de Erin era por sus oportunidades de esperanza perdidas.

Al pensó que demostrándole a Erin que podía contar con él, disminuiría su dolor al sentir que ese espacio vacío se podía llenar. Y cuando ella no respondió al amor de Al, éste sintió que ella lo estaba rechazando.

La muerte de la madre de Erin les presentó a ambos una oportunidad para explorar el significado de la madurez del amor en su matrimonio y del amor que sentían por los hijos. Para Erin quizá eso significó liberar a su madre de la posición en la que la ubicaba, incluyendo la tumba. Eso significaría que Al debería interesarse en la pena de Erin más que en su juicio hacia ella, y una posibilidad para explorar las raíces de su propia impaciencia. De muchas formas, él estaba imitando la desaprobación de la madre de Erin.

¿Amas tu campo de batalla?

En teoría lo puedo entender e incluso aceptar, pero me estremezco cuando escucho a la gente decir que uno debe escoger sus batallas matrimoniales. Eso refuerza la imagen de que el matrimonio es un campo de batalla, y eso es algo en lo que no creo. El matrimonio no tiene por qué ser, ni fue pensado para ser un conflicto sangriento, productor de sufrimientos eternos.

Un conocido mío que se estaba divorciando me dijo: "Nada de lo que hago está bien, nada le parece. Hemos ido a terapia, consultores matrimoniales van y vienen y nada ha cambiado. Ya no soporto ni la tensión ni sus gritos. Me lastima mucho. No sabes qué doloroso es, prefiero estar solo, no soy Dios, no tengo la capacidad de perdonar, pero ella sí la tiene para lastimarme todos los días".

Esto significaba un concepto fundamental para él. Hay ocasiones en las que uno elige continuar siendo abusivo, y el negarlo se convierte en una forma de auto abuso y castigo. Si no puedes reconocer el abuso y comprender cómo tus conformidades lo ayudan a prosperar, seguramente te vas a estancar y a sentirte victimado por este viaje en la montaña rusa. Tú tienes que bajarte del carrito. Muchas veces eso significa dejar esa relación, pero otras, no. De cualquier forma, necesitas bajarte del carrito.

La capacidad de esta mujer para culpar y despotricar era implacable. Cuando resultaba herida, empuñaba su látigo. No conocía otra forma. Su brutal estilo te dice algo acerca de su niñez. En algún lugar había experimentado brutalidad, abierta o secretamente, desarrollando así una dureza de carácter que le permitiera sobrevivir. Eso le proporcionó un sentido de control y mando. Ni siquiera pudo ver cuán venenoso era su comportamiento, incluso en sus relaciones adultas. ¿Por qué la gente suele utilizar tácticas negativas para tratar de reforzar su comportamiento amoroso? Parece contradictorio. Cuando nuestros sentimientos están en su punto culminante de intensidad, nos pueden conducir de regreso a la cuna. Mientras más llorones y gritones éramos de bebés, más rápidamente éramos confortados, consolados, al menos esa esperanza teníamos. Como adultos, cuando estamos enojados o estresados, en ocasiones nuestros gritos de furia y nuestro llanto significan "abrázame, confórtame, consiénteme", pero tales gritos y llantos no pertenecen al campo de batalla, por lo que nuestras parejas quizá respondan deshaciéndose de nosotros.

El matrimonio no fue hecho para ir de pelea en pelea hasta lograr el poder. Una vez escuché a alguien decir que debes ser un buen soldado para sobrevivir al matrimonio. Escuchen esos términos: soldado y sobrevivir, no nos comunican confianza y seguridad, no fomentan ni verdad ni seguridad; al contrario, nos evocan situaciones defensivas y de autoprotección, lo que hace imposible la pasión y la intimidad.

Tan agonizantes como estas batallas pueden llegar a ser, suelo tratar a parejas que han creado una zona confortable alrededor de sus pleitos. Es como si estuvieran diciendo: "lucho, por lo tanto existo".

Una pareja a la que trataba ya tenía tiempo tomando sesiones de terapia a lo largo de su vida matrimonial. Yo fui su cuarta terapeuta, y de inmediato vi cuán confortable se sentían dentro de su patrón: ella gritaba frente a él y él permanecía estoicamente sentado, tomándolo con calma, con rostro impávido. Mientras más se quejaba ella, más vacía era su mirada. Increíblemente, ella no parecía darse cuenta. Ella no deseaba iniciar un diálogo, pero tampoco él. Ninguno de los dos estaba interesado en la satisfacción de las necesidades del otro. Me pregunté si ellos veían en la terapia una especie de juego, y a mí como a su más reciente peón en esta partida de ajedrez. Siempre podrían contarse el uno al otro, y a cualquiera que les preguntara, que estaban en terapia. Y no es que ellos no estuvieran tratando de llevarse bien. No me gusta participar en este tipo de situaciones cuando ése es el único punto a tratar. *Ir* a sesiones de terapia, no es lo mismo que *estar* bajo terapia. Suelo decirle a la gente que hay una gran diferencia entre *visitar* la oficina del terapeuta y el *estar* comprometido en un verdadero proceso de transformación.

En una de nuestras sesiones iniciales, me atreví a interrumpir la letanía de quejas de la mujer para decirle: "Se ven tan infelices. ¿Por qué continúan juntos?"

Ella estaba indignada. "Creo en eso de cumplir con mis promesas", dijo agitada. Pude ver que ella no mostraba deseos por suspender su terapia. Se alimentaba de la gasolina de su furia, el sentimiento de poder y el subebaja masculino (en este caso el femenino) que logró en las sesiones. Ella podía presumir que estaba haciendo algo para salvar su matrimonio, incluso cuando ese algo no fuera más que una ilusión. Me quedaba claro que ella se veía a sí misma como una mejor persona, comparada con su marido, porque era la única comprometida con la terapia. Esto no era sino una gran actuación; lo pisaba a él para poder elevarse. Él le siguió el juego y ninguno de los dos tenía una pista de lo que estaba en riesgo.

"Para esto no se necesita terapia", finalmente les dije. "Ustedes pueden hacer esto en casa, completamente gratis". Y así me convertí en la cuarta terapeuta en ponerle un punto final bastante infeliz a sus sesiones de conciliación matrimonial.

Cuando las parejas se lastiman una y otra vez, sus matrimonios se fracturan, se rompen, se desubican y se rompen de nuevo. Son demasiado frágiles como para sanar. Es por ello que, aunque muchas parejas vienen o toman terapia deseando sanar, necesitan entender que ciertas áreas requieren de un toque gentil, debido a su fragilidad.

Este toque sanador requiere de promesas especiales como:

- Jamás discutiré ni crearé conflictos sin previo aviso.
- Me concentraré en el punto de discusión y no exageraré mis argumentos recordando viejas heridas.
- No esperaré que me leas la mente.
- No te atacaré cuando lo que necesito es un abrazo.
- Evitaré usar términos como "jamás" y "siempre".
- No discutiré asuntos importantes ni al principio ni al final del día, a menos que así lo hayamos acordado.
- Cuando haya algo importante acerca de qué hablar cuentas conmigo.
- Hablaré directamente, seré breve, para que ninguno de los dos se sobresalte.
- Si necesitáramos suspender la discusión porque estamos atrapados en un callejón sin salida, echaré mano de mi sabiduría y de mi autocontrol para salvar nuestra relación.
- Te hablaré respetuosamente, con la verdad, con el único deseo de mantener intactas tu dignidad y la mía.
- No diré palabras groseras ni ofensivas.
- Practicaré el reflejo, la validación y la empatía contigo en un escenario tranquilo, en un momento en el que ambos podamos escuchar y participar. Y si sufres una regresión, haré hasta lo imposible por permanecer en el yo adulto; espero lo mismo de ti.

La única manera de ganar la guerra y dejar atrás el campo de batalla es escoger un proceso de sanación que a la larga no agrave la fractura. Y es importante, particularmente durante los conflictos, que al menos una persona permanezca en su yo adulto. Dos criaturitas sólo pueden lograr caos.

TU PLAN DE EMERGENCIA

Todos esperamos lo mejor, pero esperar sin determinación y sin esfuerzo, por lo regular nos despierta sentimientos de frustración, desilusión y desesperanza. Tú puedes escribir el voto: "Prometo hacerte reír todos los días", pero, ¿qué vas a hacer en esos días en los que no encuentres una sonrisa?

La vida te va a lanzar curvas que no esperabas: fuego, inundaciones, enfermedades, pérdida del empleo. ¿Tienes un plan anticrisis? ¿Tienes un generador emergente listo para inyectarte energía cuando tu matrimonio sufra un apagón? ¿Tienes un juego de repuesto en tu relación que te ayude a recuperarte del trauma? Hay diferentes niveles de recuperación.

Están las falsas refacciones, que sólo empeoran el daño. Están las refacciones de parche, que sólo mantendrán todo bajo control durante un tiempo para, finalmente, ceder ante el peso. Y tenemos las refacciones efectivas y resistentes.

Falsas reparaciones

Las falsas reparaciones son ilusiones reparadoras que a la larga terminan por empeorar el matrimonio. Son como arreglar una gotera desviando el agua hacia otro lugar. Una vez un hombre me dijo que pensaba que su relación con una compañera de trabajo había mejorado su tambaleante matrimonio: "La relación con mi esposa mejoró mientras yo sostenía una aventura, me sentía más relajado, más feliz, sin tener que presionarla".

Su definición de "mejor" no era más que una salida. Obviamente no era una reparación, ya que no se estaba arreglando nada. Él no fue capaz de ver cómo la traición de una aventura extramarital termina tragándose el alma del matrimonio.

Recientemente, deambulando por una librería, me topé con un libro llamado *How to save your marriage alone*. El título me asombró. ¿Qué es exactamente lo que se estaba salvando?

El matrimonio no es una labor de uno. Su propósito es crear el ambiente propicio en donde dos individuos puedan ser ellos mismos dentro del sagrado enlace del compromiso.

Reparaciones de remiendo

Cuando ha habido un rompimiento matrimonial, una pelea, un ataque, una promesa rota, un desacuerdo, la gente suele superarlo y seguir adelante. Hacen un arreglo rápido, con la esperanza de que se mantenga mientras encuentran tiempo para practicarle una reparación mayor. Pero sucede lo mismo con los arreglos que hacemos alrededor de las casas: hay otras prioridades en la lista de los trabajos permanentes.

Cada vez que Sharon y Bruce tenían un argumento serio, todo terminaba con la intempestiva salida de la habitación por parte de uno de ellos. En privado, ambos curaban sus lacerados sentimientos, pero nunca resolvían ninguna disputa. Al siguiente día de una de esas explosiones verbales, Sharon vio a Bruce llegar a casa con un ramo de flores. Las primeras veces que algo así había sucedido, Sharon se había sentido emocionada por la actitud de Bruce. Se sentía reconocida. Pero con el paso del tiempo, comenzó a ver que las flores no eran sino el método que tenía Bruce para evitar futuros conflictos. El problema que había iniciado la discusión nunca fue abordado o resuelto. Ella dejó crecer su resentimiento, y un día que llegó Bruce con su ramo de flores, ella se lo aventó a la cara. Conciliar puede ser una reparación de remiendo si no conoces la diferencia entre usar la cabeza en la relación y tratar de llevar la fiesta en paz. Lo que mucha gente describe como solución, realmente es un colapso, tirar la toalla. Conciliar es hacer que alguien se sienta menos enojado contigo al permitirte salirte con la tuya, conciliar es alguien diciendo: "Estoy de acuerdo en evitar una pelea con ella. No tengo ganas de escucharla". O: "Accedí a sus deseos sexuales, aunque él no haya sido del todo agradable conmigo, porque estoy harta de escucharlo amenazarme con tener una aventura". Conciliar enfrenta muchos peligros. Es extenuante y por lo regular conduce al miedo. Pero lo peor es que es una mentira. Si mientes por miedo a perder tu relación, tienes un serio problema. Algo se ha roto, no sólo en la relación, sino en tu interior.

Los arreglos parchados, como el sexo maquillado o como la promesa de nunca irse a dormir enojados, quizá te ayuden a pasar la noche, pero no resolverán el problema. Con el tiempo, las soluciones remendadas pueden empeorar el problema. Piénsenlo. Si tienen una gotera en el techo y la reparan de inmediato, les costará mucho menos dinero y causará un daño menor a su hogar. Si se esperan a llenar cubeta tras cubeta en lo que reparan la gotera, ésta se irá haciendo más grande. Cuando evitan hacer el trabajo requerido, el daño crece.

Ejercicio 2: Tu equipo completo de reparación

Cuando la cañería se rompe o cuando se afloja un tornillo, cuando la pata de una silla se tambalea, sacas tus herramientas y lo arreglas. Si no tienes una caja de herramientas, o si careces de las herramientas necesarias, no puedes hacer la reparación. Muchas veces una caja de herramientas bien surtida no será suficiente, y es de vital importancia el saber cuándo llamar al experto para que nos ayude a arreglar aquello que se ha roto.

Juntos, elaboren y hagan una lista de las herramientas que necesitan para sortear los tiempos difíciles. Tu juego debe incluir herramientas de calidad como la compasión, el humor y la disposición para escuchar y para utilizar el reflejo, la validación y la empatía. Debe incluir también necesidades, como una buena noche de sueño, comida saludable, ejercicio, meditación, música, aquello que saben que ayudará a calmar la tormenta hasta que encuentren la manera de abordar el problema de forma estratégica y cariñosa. Lo que quiero decir por estratégica es que tener una vida exitosa no aparece como por arte de magia. Es el resultado de un plan, de una estrategia y de las herramientas que te permitan llevar a cabo tu misión y tu deseo.

Cada persona debe tener su juego de herramientas a la mano. Los tubos también se rompen entre la gente soltera. Asegúrate de tener bien surtido tu juego de herramientas, para que no dependas de otros o para que no te desesperes. La desesperación suele entrar en nuestras vidas por la puerta trasera de una fantasía de rescate. Estés o no casado, deshazte de esa fantasía o te robará la oportunidad de crear una vida llena de amor, conexión, amistad y gozo.

LA PRESENCIA O AUSENCIA DE RITUALES

Frecuentemente observo una terrible diferencia entre matrimonios que prosperan y matrimonios que fallan (recuerden, si a su matrimonio le falta diversión, pasión genuina o respeto mutuo puede fallar, y no necesariamente terminar en separación o en divorcio): la presencia o ausencia de rituales. No estoy hablando de los rituales religiosos ni de las celebraciones festivas, aunque dichos rituales pueden tener gran significado; me refiero a los rituales de intención que las parejas descubren con el fin de continuar conectados. Algunos de los rituales más efectivos son los más pequeños. Por ejemplo, una pareja dedica quince minutos de la tarde para preguntarse: "¿Cómo te fue?" No es hora de discutir acerca de los niños, las finanzas, o las tareas, sino para hablar de ellos mismos. El uno al otro se dicen: "Dime algo grandioso que te haya sucedido hoy", y: "Dime algo que te hubiera gustado que fuera diferente o mejor. ¿Dónde brillaste? ¿Dónde te sentiste mal?", es la forma de recordarnos que el otro es importante. Los niños saben que no deben molestar a sus padres durante este lapso. Otras parejas celebran el fin de cada semana con una lectura poética de viernes. Cada uno escoge un poema acorde a los sucesos de la semana. Una pareja que conozco se escribe semanalmente una carta de amor. Otra pareja muy cercana a mí realiza sus conexiones amorosas tomando largas caminatas, mientras otros amigos muy queridos se alternan el título de la película que quieren ver juntos. Incluso si la pareja no es aficionada al cine, no pierden ese especial ritual de conexión.

Los rituales son una magnífica manera de reafirmar las conexiones, de sanar las heridas y de crear gozo. Muchas veces los rituales más significativos involucran no lo que hace el uno por el otro directamente, sino lo que ambos puedan hacer por los demás. Zoe y Jaime se conocieron en la sala de emergencias del hospital. Jaime se había torcido un tobillo jugando tochito en el parque local, una lodosa tarde de otoño. La bicicleta de Zoe había sufrido una tremenda patinada mientras descendía por una colina. Fue un domingo por la tarde muy activo en el hospital, les tomó horas de espera para poder ver a un médico. No se hablaron el uno al otro sino hasta que estaban por irse, cuando sus muletas chocaron frente a las puertas de cristal. Intercambiaron miradas y se murieron de risa. Se acompañaron hasta el estacionamiento, y Jaime le preguntó a Zoe: "¿Te gustaría tomar café con un mariscal de campo tacleado?" Fue el comienzo de una bella amistad que culminó en matrimonio catorce meses después. Tras la boda, rumbo al lugar de la recepción, Zoe, Jaime y todos los invitados se presentaron en la sala de emergencias donde se habían conocido. Jaime cargó a Zoe hasta el umbral de la sala de emergencias. Todo mundo se apuntó para donar sangre. Se sirvió pastel de boda y burbujeante sidra. Todos pasaron un rato muy agradable. Esa fue una maravillosa forma de comenzar una vida juntos. Cada año, en su aniversario, Zoe y Jaime donan sangre en el centro local de la Cruz Roja.

Capítulo seis

> *Aquél que no cultive su campo, morirá de*
> *hambre.*
>
> PROVERBIO DE NUEVA GUINEA

En la riqueza y en la pobreza

¿Qué podría ser más simple que declarar que tu amor por la otra persona es mucho más profundo que el amor por tu cuenta bancaria? Éste parece ser el más claro y el más sólido juramento, el que nadie quiere malinterpretar. Sin embargo, como sabe todo terapeuta matrimonial, el dinero es el asunto que más disputas desencadena frente a cualquier otro tópico, incluyendo el sexo. ¿Significará el voto que habla de comprometerse en la pobreza y en la enfermedad, realmente lo siguiente?

Mientras tenga lo que necesito y me vea bien frente a los ojos de mis vecinos, mi familia, mis amigos, todo marchará sobre ruedas. Espero que seas un buen proveedor. Nuestros niños deberán asistir a las mejores escuelas y tener lo mejor, incluso si eso significa que tengas que ocuparte en dos empleos. Y por supuesto no esperarás que yo viva en un espacio pequeñito. Además tendrás que entender que cuando yo me moleste, debo irme de compras. ¿Y sabes por qué? Porque lo merezco y porque lo valgo.

O bien, significa:

Lo que es mío es tuyo, excepto el efectivo, por si algo sale mal, porque ese efectivo irá a las cuentas que insisto en mantener bajo mi nombre, porque nunca sabemos qué nos deparará el futuro. Además, ¿para qué quieres saber cuánto gano? Firma tu conformidad en este arreglo prenupcial, ahí en la línea punteada —y aquí, y aquí, y aquí.

O acaso:

Si me quiero ir de vacaciones, o si me cuesta trabajo encontrar un empleo, no se te vaya a olvidar que prometiste amarme aunque fuéramos pobres. Además sé que tienes algunos ahorritos, ¿o no querida?, sé que tu familia tiene dinerito, digo, por lo que se ve.

La mayor mentira que las parejas se cuentan entre sí acerca del dinero, es que eso ni siquiera es tema. Nada echa a perder un ambiente romántico como salirse de las sábanas. No es exactamente una plática de almohada, y mucha gente teme que si discuten sobre el dinero en la época del cortejo, serán percibidas como más interesadas en los capitales personales que en los amores vitales. Además, imaginan que si son simpáticas en otros temas, serán igual respecto al rubro financiero. Los detalles ya se irán conociendo después de la luna de miel (sin importar el hecho de que para muchas parejas, su boda es la transacción financiera más grande hasta ese día realizada). ¿Te suena familiar esa actitud? Si es así, te espera una gran sorpresa: la gran posibilidad de que tú y tu pareja compartan diferentes ideas respecto al papel que desempeña el dinero en sus vidas. ¿De qué otra forma podría ser? Fueron criados en diferentes casas y seguramente bailaron dos ritmos financieros completamente distintos. Les guste o no, estas actitudes acerca del dinero son determinantes. ¿Qué significó el dinero para tu familia mientras crecías? ¿Siempre les alcanzó? ¿Su posición era cómoda o sus finanzas subían y bajaban? ¿Eran miembros del club "Tengo" o miembros del club "No tengo"?

¿Sus padres fueron grandes gastadores o frugales ahorradores? ¿Había un presupuesto familiar o ni siquiera había presupuesto? ¿Discutían los miembros de tu familia por dinero o era un tema tabú? ¿Mentían acerca del dinero? ¿Ocultaban su situación financiera? ¿Era el dinero una fuente de vergüenza, envidia o titularidad? ¿Era el dinero equiparable al estatus? ¿El dinero era usado como forma de control y manipulación? ¿Era dinero prestado o donado? ¿Se gastaban lo mismo en placeres que en necesidades? ¿Había intercambios familiares de dinero por cuestiones amorosas o sexuales? ¿Algunos miembros de la familia fingieron necesitar ayuda financiera con el propósito de aparentar dependencia cuando en realidad no lo necesitaban?

La lista es interminable, hasta donde tu memoria te lleve. Tú puedes ver qué tópico tan explosivo es el dinero. Es extremadamente importante que, antes de la boda, tú y tus legados financieros lleguen a feliz término (por separado de los de tu pareja). O si ya estás casado y has comprendido que el tema es una papa caliente para ambos, no escondas la cabeza en arenas movedizas ni un día más o te hundirías.

Ejercicio 1: Tu actitud financiera heredada

Cada individuo ingresa a la madurez con una herencia financiera integrada por las experiencias y las actitudes de su familia. Tómense algún tiempo por separado para contemplar la suya. Cuando terminen, compartan sus respuestas con la pareja y discutan sus puntos comunes y sus diferencias.

1. ¿Describirías tu situación financiera familiar de niño como: pobre, de clase media baja, de clase media, de clase media alta o desahogada? Describe las circunstancias.
2. En tu casa, se consideraba (feo, brusco, perfectamente normal) el hablar de dinero.
3. En tu familia, una persona generosa sería descrita como_____ _____. Y una persona avara sería descrita como_____ _____.
4. El sistema del manejo de dinero en tu familia incluía_____ _____.
5. ¿Qué cosas harías tú con dinero que tu familia no haría? _____ _____.

DINERO E IGUALDAD

Incluso en los matrimonios más amorosos, las parejas batallan por sus profundas creencias respecto a las conexiones entre dinero y poder. En muchos matrimonios subyace una lucha basada entre "quien lo tiene" y entre "quien no lo tiene" dentro de la relación. Esto puede tomar varias formas. Por ejemplo, si una persona devenga un salario y la otra es la administradora familiar, quizá haya una percepción acerca de que la persona que trae el dinero a casa tiene más injerencia respecto a cómo debe ser gastado ese dinero, en qué parte del país deberían vivir, si poner a los niños en escuelas privadas o públicas, si es aceptable o no ayudar a otros miembros de la familia, si adquirir o no un auto nuevo, etcétera. O si uno de los cónyuges entra en el matrimonio con más capital, será percibido por ambos como el poderoso.

Mark y Eva, una pareja que conocí en mi práctica, eran los típicos luchadores por la igualdad. Se conocieron en sus cuarenta, cuando ambos tenían varios años de divorciados. Eva pertenecía a una bien acomodada familia de Filadelfia, propietaria de un caserón impresionante en el centro de la ciudad. Su mansión, construida en el siglo XVIII, había sido exquisitamente remodelada.

Mark ganaba bien como profesor universitario, pero de alguna forma, se encontraba atrapado por las deudas de su matrimonio anterior. Cuando conoció a Eva, rentaba un departamento en el piso inferior de una vieja casona. Su primera esposa se había quedado con la propiedad que ambos tenían en los suburbios, tal y como se estipuló en los acuerdos del divorcio.

Durante los dos años de su noviazgo, Mark y Eva pasaban mucho tiempo en la preciosa casa de ella, situación que no molestaba a ninguno. Mark no tenía la menor intención de invitarla a su mini departamento de soltero. Sin embargo, estaba muy consciente de que la mansión era de Eva y que él sólo era un invitado. Durante todo el noviazgo, ella nunca le propuso darle copia de la llave, y él nunca solicitó una a pesar de que muchas veces tuvo que esperarla afuera, en la calle, cuando a ella se le hacía tarde. O incluso en la mañana, si Eva tenía que irse temprano, se sobreentendía que Mark tenía que irse temprano también, aunque no tuviera prisa: estaban en la casa de *ella*.

Cuando se casaron, Mark se mudó a la casa de Eva, pero aun con su propio juego de llaves no se sentía en *su* casa. Eva continuaba refiriéndose a "mi casa" y "mis muebles". Cuando Mark gentilmente le sugirió que utilizara los posesivos "nuestra" y "nuestros", ella se disculpó. "Tengo tanto tiempo diciendo 'mi' y 'míos', que ya los expreso automáticamente", explicó. Pero en cierta forma ese tipo de reacciones revelan verdades más profundas. Cuando vi a Mark y a Eva, llevaban dos años de casados, encerrados en una batalla de poder de tiempo completo. Para Mark, el problema era simple. Él pensaba que Eva no los colocaba en el mismo plano de igualdad.

"Cuando le pregunto a Eva si piensa que es mejor que yo sólo porque tiene más dinero, resultaría lastimada e insultada", dijo Mark. "Pero si sostenemos una discusión y se enoja de más, me señalará la puerta y gritará: '¡Sal de mi casa!'. Sigo considerándome como un visitante temporal en esa casa".

Eva reconoció que cuando se enojaba, siempre tocaba el punto del dinero. Y agregó: "Mark sabe que no me siento mejor que él. Ni siquiera me gradué de la escuela, y cada vez que tenemos que pasar una tarde con sus amigos universitarios me convierto en un manojo de nervios. Las conversaciones, las discusiones políticas, todos esos argumentos intelectuales acerca del arte, de la música y del panorama mundial... son temas que desconozco. Me avergüenza el pensar que los colegas de Mark me consideren 'la tontita rica que se casó con su cuate'".

"Eva, no seas tonta. Tienes una mente muy buena. Yo te amo. No eres ninguna tontita. Jamás imaginé que te sintieras así", dijo Mark, azorado.

En ese momento, el piso del cuarto se sacudió. "De cierta forma, el complemento intelectual es como dinero circulante", observé. "Comprendiendo que quizá les proporcione a ustedes dos una manera de lograr la igualdad que tanto han buscado".

Observando a esta pareja, tuve la impresión de un balancín que subía y bajaba, sin encontrar el punto de equilibrio. Cada uno estaba aferrado a lo que percibía como su fuerza elevadora, Eva, su riqueza, y Mark, su intelectualidad. Sin embargo, ambos habían fallado al no encontrar un terreno neutral en donde pudieran experimentar la igualdad. Estaban abiertos y motivados, lo que les dio una buena oportunidad para encontrar ese punto de equilibrio, comenzando por la decisión de buscar un departamento que fuera realmente de "ambos".

No puedes rasgar la dignidad o la esperanza de tu pareja en el logro de una conexión amorosa verdadera y duradera.

Tampoco puedes ofrecer a cambio tu propia dignidad como sacrificio para luego preguntarte cómo fue que la pasión se les escapó por la puerta. Para mantener la dignidad de ambos se requiere de una relación satisfactoria y comprometida.

Mi paciente Yolanda escenificó una historia mucho más triste y típica. Yolanda una hermosa y elegante mujer al inicio de sus cuarenta, llevaba casada quince años con un prominente empresario. Horacio era veinte años mayor que ella, y Yolanda era ya su tercera esposa. Tenían dos hijos propios, aunque Horacio ya tenía seis de los matrimonios anteriores.

Yolanda me dijo que había conocido a Horacio trabajando en su empresa, de secretaria. Él acababa de divorciarse de su segunda esposa, y puso sus ojos en Yolanda, halagándola con cenas románticas y regalos costosos. Su intensidad pasional rindió frutos. Pronto estuvieron seriamente involucrados. "Y de pronto me embaracé", dijo Yolanda. "Había estado recurriendo al control natal. Realmente ignoro qué fue lo que sucedió, pero Horacio me pidió en matrimonio. Todos mis amigos comentaron: 'Pero qué afortunada eres'. Y yo pensé que así era. Pero nada es gratis en esta vida. En el plano material, mis hijos y yo teníamos todo lo que podíamos tener, y ellos eran felices —ése fue el precio que tuvimos que pagar. Pero para mí, toda nuestra relación ha sido siempre una mentira. Amo a mi marido, pero no estoy apasionada por él con la intensidad con la que me gustaría amarlo y ser amada. Horacio me hace sentir como un objeto, algo que se presume frente a todos, como si fuera su nuevo coche deportivo. Sé que cada día de mi vida él se despierta pensando en lo afortunada que soy por haberme casado con él. Pero yo quiero ser amada por mí, no sólo por mi belleza".

Yolanda se convenció a sí misma de que estaba realizando un sacrificio al vivir en un matrimonio sin amor, y todo para que sus hijos pudieran ser felices. "Ellos son los beneficiarios de este increíble estilo de vida", dijo. "Ignoran la profundidad de mi dolor porque no saben cómo me siento".

La única forma en la que Yolanda se sentía bien, a sabiendas de vivir la mentira, era pensando en todo ello como en un sacrificio que hacía por sus hijos. Ella no entendía nada. La verdadera mentira no era que ella no estuviera enamorada de su esposo; la verdadera mentira reposaba en la creencia de que ella era una mártir luchando por la felicidad de sus hijos. Los hijos poseen radares emocionales precisos y afinados. A los doce años, de tanto observarla, su propia hija ya había interiorizado las lecciones aprendidas. Creía que había que venderse para conseguir aquello que uno quiere en la vida: tu cuerpo y tu alma le pertenecen al mejor postor. No importa qué tan solvente y hermosa fuera ella frente a los demás, Yolanda se sentía pobre por dentro, y le estaba transmitiendo y heredando ese empobrecimiento a sus hijos. Pero ella simplemente no lo sabía.

Me pareció sumamente revelador que cuando Yolanda platicaba sobre sus hijos, se refería a ellos como "mis" hijos. Y aunque Horacio era el padre natural, Yolanda se los imaginó en el mismo papel suplicante en el que ella se encontraba. Esto también dejaría honda huella en ellos.

Yolanda insistió en que no se estaba mintiendo a sí misma acerca del trueque que había hecho. Incluso se escuchaba algo satisfecha al respecto. Pero mientras hablaba su profundo dolor continuaba golpeando en su interior.

"Dime algo", le dije. ¿Te gustaría que tu hija hiciera lo que tú has hecho?" Se quedó petrificada. "¡No, por Dios!", dijo enfáticamente. "Todos los días ruego para que encuentre el amor y la felicidad que yo no tuve".

"Entonces debes saber que tú eres su modelo principal en el tema del matrimonio", le dije. "Ella no puede copiar un modelo inexistente".

Mis palabras tocaron fibras sensibles. Yolanda nunca consideró esto y fue un momento de verdad muy molesto. "¿Y qué puedo hacer?", me preguntó asombrada y desvalida. Le sugerí que comenzara por la honestidad, primero con ella misma sobre sus verdaderos sentimientos y dolores por vivir con un hombre que la trataba como si fuera un pedazo de carne. Sólo después de que ella pudiera obtener alguna claridad respecto a sus propios sentimientos, podría considerar hablarlo con su marido. Quizá fuera un poco tarde para ello, pero no demasiado. Algunas semanas después me llamó para decirme que Horacio había accedido a someterse a terapia de pareja. Esto le sorprendió gratamente. Ella se preguntaba si Horacio estaba más interesado en la relación de lo que ella pensaba. Admiré el valor de Yolanda. Aún no lo sabía, pero cualquiera que fuera el resultado, ella se daría cuenta que vivir en la verdad abriría una puerta previamente cerrada a la satisfacción, e incluso al gozo. Y ése es un regalo invaluable para los hijos.

Tu manera de pagar

La mayoría de las parejas jóvenes ingresan al matrimonio con la esperanza de que su estatus financiero mejore con el correr de los años. Se ven a sí mismos como alpinistas de una escalera que sólo tiene una dirección: ascendente. Pero la vida no es lineal, la seguridad financiera realmente no existe, y cuando menos se espera, los sueños privados y los deseos tienen su propia forma de llegar a la superficie de la conciencia.

Bill y Ana se conocieron en sus veinte, y el flechazo les llegó de inmediato. Habían crecido en el mismo vecindario de familias trabajadoras, y parecían compartir los mismos valores y metas, trabajo duro, la construcción de una buena vida para los chicos, y anteponer a la familia frente a la ambición. Solían reírse al recordar el ahora desgastado mantra que ambos escuchaban de niños: "Quizá no tengamos mucho dinero, pero somos millonarios en amor".

Al cumplir los 23, Bill y Ana se casaron en una modesta y alegre ceremonia. Ahorraron y lograron comprarse una casita pequeña en el vecindario. Cerca de sus familiares. Bill tenía un buen empleo como asistente en una tienda local, y Ana trabajaba en el sólido y bien establecido negocio de limpieza para el hogar de su madre. Después de un par de años, Ana tuvo una nena, Ashley. Entre ambos trabajos, Bill y Ana habían podido ahorrar lo suficiente para pagar sus facturas y sus diversiones. A Bill le encantaba irse de pesca y Ana disfrutaba ir de compras con su madre y su hermana. Eran felices. Ashley crecía y todo funcionaba muy bien… hasta que el patrón de Bill decidió cerrar la tienda. De pronto, por primera vez en su vida, Bill se quedó sin trabajo.

Ana quería que Bill consiguiera otro trabajo en una de las grandes tiendas del pequeño centro comercial local, en Home Depot o Lowe's. La paga por hora era buena, ofrecían excelentes beneficios y Ana estaba segura de que Bill pronto lograría un ascenso. Su meta era restablecer cierta seguridad financiera lo antes posible. Pero a Bill le atraía la posibilidad de un mejor ingreso. Su amigo Néstor le había propuesto comenzar un negocio en la Internet, vendiendo pequeñas herramientas caseras. Néstor conocía a ciertas personas que ya habían desarrollado exitosos portales que vendían teléfonos públicos restaurados. La clave, decía, descansaba en la habilidad de ingresar al mercado global.

"Piensa en grande", dijo Néstor.

"Tenemos que pensar en grande", le dijo Bill a Ana.

Y Ana respondió: "No. Búscate un trabajo".

El argumento se extendió.

BILL: Voy a hacer esto, te guste o no. Tienes que confiar en mí

ANA: Estás loco.

BILL: Tener mi propio negocio es mi sueño.

ANA: ¿Desde cuándo? ¿Qué pasó con nuestro sueño?

BILL: ¿Y ése que sueño es? ¿El sueño de que uno debe trabajar hasta retirarse viejo y amargado para luego morir?

ANA: Así que eso es lo que piensas de mi padre.

En mi oficina, Ana dijo sentirse traicionada por el brusco giro direccional de Bill. Ana lo sintió como de 180°, y eso le cegó media visión. "No es el hombre con el que me casé", concluyó.

Y debido a que ambos venían de pasados similares, supusieron que compartirían y aplicarían el mismo concepto de "trabajo" en sus vidas. Nunca antes habían hablado de sus sueños y expectativas.

Cuando Ana se quejó de que Bill no era el hombre con el que había llegado al altar, lo que realmente quiso decir era que Bill no era la imagen del padre de Ana, el buen proveedor. Y esa era una cualidad que Ana admiraba en ambos hombres. Pero, Bill no era su padre.

Por su parte, Bill tampoco quería ser la copia en papel carbón de su propio padre. La imagen paterna que conservaba desde la niñez era la de un hombre cansado, callado, básicamente infeliz en su papel como proveedor familiar, que solía llegar a casa todas las noches, exhausto.

Las impresiones de Ana y de Bill, aparentemente muy similares, en realidad eran muy distintas en esencia.

La impresión familiar de Ana

Los hombres de la familia de Ana siempre tuvieron empleos de paga regular. No corrían riesgos. Jamás tomaban dinero de los ahorros. Se mantenían en sus trabajos y eran buenos proveedores.

La impresión familiar de Bill

El padre de Bill desempeñó siempre un empleo regular y fue un buen proveedor. Pero fue un hombre infeliz. No disfrutaba su trabajo. Sacrificó su felicidad personal por la seguridad de su familia.

Tanto Bill como Ana estaban atrapados entre las imágenes de sus años juveniles, con modelos a los que estaban destinados a imitar. Sin embargo, sus viejas historias familiares no les permitían crear su propio modelo. Ana creía que la única forma de seguridad estaba en el cheque quincenal de un trabajo fijo, pero el desempleo de Bill hizo añicos esa imagen. Por lo tanto, le sugerí a Ana que quizá lo que ella necesitaba era la seguridad de que los sueños de su esposo tuvieran un límite, que él no saltara del avión sin usar el paracaídas.

Le pedí a Ana que le formulara una petición a Bill, relacionada con la nueva aventura, para que calmara sus inquietudes. Me presentó lo siguiente:

ANA: Bill, necesito que nos sentemos con Néstor a detallar los pormenores del plan de negocio para presentárselo al contador. Además te pido que fijemos un presupuesto y un tiempo límite para arrancar el negocio.

Me dirigí a Bill. "¿Puedes responder a eso?, le pregunté.

Él sonrió. "Claro", dijo. "Tengo una esposa muy centrada, ¿o no?

El negocio de Bill en Internet despegó rápidamente, como muchos otros del rubro. Los veloces cambios que ese medio exige traía muy activos a Bill y a Néstor, tanto, que tuvieron que contratar un consejero financiero y un director de mercadotecnia. Bill y Ana aprendieron qué tan importante es saber dónde está colocado el molde y de qué está hecho. Muchas parejas ingresan a las filas matrimoniales con un papel falso. Es difícil crear un matrimonio cuando la sombra de esos súper poderes llamados el señor proveedor y su hogareña esposa se cierne sobre ellos.

Secretos guardados

En un estudio reciente, 26 por ciento de los hombres y 24 por ciento de las mujeres estuvieron de acuerdo en que el dinero era la mentira número uno de la lista que solían esgrimir frente a sus cónyuges. Mentir acerca del dinero se ha convertido en algo normal en algunos matrimonios. Es una forma de recobrar el poder que parece perderse en la relación, o de evitar algún conflicto. Una amiga mía, comentó que su marido siente que ella gasta demasiado en los hijos, le mintió sobre quién había pagado la actuación del payaso que contrató para la fiesta de cinco años de su hijo. "Nos alcanza para pagar un payaso", dijo. "Pero pensé que si se lo comentaba hubiera sido el motivo de una gran pelea, así que le dije que mis padres lo habían pagado". Admitió que "mentía" de igual forma dos o tres veces por semana, pero que no veía ningún problema en ello. "¿Dónde está el daño?", preguntó. "Sólo trato de llevar la fiesta en paz. Eso es todo".

Durante muchos años, un conocido mío no le comentó nada a su esposa respecto al bono anual que le daban en su trabajo. Supuso que como ella no sabía nada acerca del bono, pues no tendría un motivo de enojo ya que, técnicamente, ese dinero no existía en el plano familiar. Y casualmente me preguntó lo mismo: "¿Hay algo de malo?"

Lo malo, el daño, está en la mentira. Les pregunté a ambos. "¿Cuál es su temor si llegaran a decir la verdad?" El dinero era tan sólo la manifestación de un sentido de inseguridad más profundo, la creencia de que decir la verdad entraña cierto peligro. Si se miente una vez, se miente más veces. La fábrica de la verdad se comprime.

El hombre que mintió acerca de su bono enfrentó momentos difíciles tratando de entenderlo. Él creía que a su esposa no le lastimaría algo que ignoraba. Con cierta malicia admitió que, en una de esas, su esposa seguramente también le habría mentido a él acerca de ciertos tópicos. Y como supo que ella no podía confiar en él, pues él tampoco confiaría en ella.

La falta de confianza es tan común entre tantas parejas que hasta lo aceptan como algo normal, pero el temor a la traición es una señal de que en la intimidad de la relación, nuestro yo niño, herido y asustado, actúa. La madurez emocional insiste en que nos comprometamos con nosotros mismos para encontrar la seguridad que sólo ofrece la verdad.

Ejercicio 2: Secretos sobre el dinero

Si mientes respecto al dinero, aunque sea de forma casi insignificante, no te autoengañes. Es un gran problema. Trata de encontrar los miedos subyacentes que te hacen mentir.

1. ¿Le has ocultado algo a tu pareja para evitar una agria discusión respecto al dinero? En caso afirmativo, describe la situación. Escribe la razón por la que consideraste que era mejor mentir.
2. ¿Le has mentido a tu pareja sobre el costo de algo que adquiriste? En caso afirmativo, escribe la causa.
3. ¿Has apartado dinero secretamente?, ¿por qué?
4. ¿Le has prestado dinero a algún amigo sin decírselo a tu pareja? ¿Si es así, por qué guardarlo como un secreto?
5. ¿Has desdeñado comentarle a tu pareja las deudas que tenías antes de casarte?, ¿por qué?

6. ¿Alguna vez has dejado de pagar una factura… para comprarte un "gustito" y has mentido al respecto? ¿Por qué?
7. ¿Qué temes que suceda si dices la verdad?

EL PRINCIPIO DEL PLACER

Peter y Marsha fueron criados en ambientes de trabajo duro, por familias de clase media con similares ingresos, inversiones y propiedades. Sin embargo, sus familias diferían respecto a cómo emplear el dinero. En la casa de Peter, el dinero rara vez se gastaba en frivolidades. Fue educado para sentirse culpable si gastaba dinero en sí mismo. La familia de Marsha ahorraba dinero para las vacaciones, se unió a algunos clubes navideños, y salía a comer fuera una vez por semana. Ir a un concierto o al cine, era considerado dinero bien gastado.

Aunque ambos tenían buenos empleos, Peter y Marsha frecuentemente discutían respecto al gasto discrecional. La planeación de las vacaciones, por ejemplo.

MARSHA: Me gustaría tomar unas verdaderas vacaciones este año. Vayamos lejos, donde podamos descansar realmente. Sé de un condominio que se renta en las playas de Hawai.
PETER: Marsha, sabes que planeamos pintar la casa en vacaciones, este año.
MARSHA: Podemos contratar a un pintor. Necesito salir.
PETER: No te entiendo. Deseabas tanto tener esta casa, y ahora sólo deseas alejarte de ella. Trabajo muy duro como para malgastar el dinero en vacaciones.
MARSHA: Jamás imaginé haberme casado con el señor mata diversiones.

¿Quién tenía la razón? ¿Peter? ¿Marsha? La verdad es que ninguno de los dos. Un conflicto por el dinero casi nunca significa estar mal o estar bien. Se trata de estar conscientes de los diferentes estilos monetarios, de preferencia antes del matrimonio, y de decidir la forma de resolver los inevitables desacuerdos. Hay algo que nunca deja de sorprenderme: he tratado a muchas parejas que jamás discutieron ni los más elementales conceptos monetarios antes de casarse. Y uno piensa que el tema saldrá a relucir con el tiempo. Suelo regañar a las parejas de manera divertida: "¿No salían juntos? ¿Los acompañaba un chaperón en sus largas caminatas? ¿No iban al cine? ¿A cenar a algún lado? ¿No compraban ropa en los grandes almacenes? ¿Jamás rentaron un departamento?" Por lo general, les impacta y les avergüenza comprender lo poco que saben respecto a sus verdaderas actitudes o agendas escondidas en relación con el dinero.

Ejercicio 3: Los valores monetarios

Respondan el siguiente cuestionario por separado. Comparen sus respuestas al terminar.

1. Ya casados deberíamos compartir nuestras situaciones financieras sin importar cuánto gane cada uno. Esto incluye chequeras, ahorros, fondos mutuos, planes de retiro, propiedades, etcétera.

   Sí   No

2. Mes a mes deberíamos pagar el total de las tarjetas de crédito.

   Sí   No

3. Es importante donar dinero para caridad.

   Sí   No

4. Es importante que cada cónyuge maneje su situación financiera por separado.

Sí   No

5. Es aceptable que la esposa gane más que el marido.

Sí   No

6. Creo en "lo mío es tuyo".

Sí   No

7. Cenar fuera de casa es un gasto inútil.

Sí   No

8. Es importante vivir el estilo de vida de la clase media alta con todos sus lujos/comodidades que ello implica (coches, casa, muebles, escuelas privadas, ropa, servidumbre, etcétera).

Sí   No

9. Una persona debería escoger su empleo libremente, incluso si no es del agrado de la esposa.

Sí   No

10. No comentar con la esposa nuestros hábitos de gasto resulta inofensivo.

Sí   No

11. Los arreglos prenupciales son necesarios cuando uno de los contrayentes posee más dinero y bienes que el otro.

Sí   No

12. Los arreglos prenupciales son una muestra de desconfianza.

Sí   No

13. Las esposas no deberían responder por las deudas adquiridas por sus parejas antes del matrimonio.

Sí   No

14. Es importante tener un presupuesto y respetarlo al máximo.

Sí   No

15. Las familias deberían mantener a sus respectivos padres si estos lo necesitan.

Sí   No

16. Los padres deberían ayudar económicamente a sus hijos adultos.

Sí   No

17. Los juegos ocasionales y los sorteos son gastos inofensivos.

Sí   No

18. Es importante buscar ofertas, aunque ello signifique "gastar" más tiempo del debido.

Sí   No

20. Comprarles a tus hijos lo que no tuviste de niño es una señal de amor.

Sí   No

21. El que se queda en casa tiene el mismo valor que el que sale a trabajar.

Sí   No

Ejercicio 4: La lista de prioridades

¿Qué tanto empatan tus prioridades respecto al gasto con las de tu pareja? La lista de abajo muestra gastos típicos. A la derecha de cada artículo hay números que reflejan la escala de importancia del 1 (menos importante), al 3 (medianamente importante), al 5 (más importante). Marquen individualmente el número que mejor se ajuste a sus respectivas prioridades, y comparen sus resultados.

SITUACIÓN	LISTA DE PRIORIDADES				
Casa propia	1	2	3	4	5
Automóviles	1	2	3	4	5
Ahorros	1	2	3	4	5
Capacitación/educación	1	2	3	4	5
Salud	1	2	3	4	5
Tener hijos	1	2	3	4	5
Vestido	1	2	3	4	5
Mejoras caseras	1	2	3	4	5
Muebles	1	2	3	4	5
Ayuda económica a parientes	1	2	3	4	5
Viajes	1	2	3	4	5
Diversiones	1	2	3	4	5
Cosméticos	1	2	3	4	5
Deudas	1	2	3	4	5
Mascotas	1	2	3	4	5
Pasatiempos	1	2	3	4	5
Equipo electrónico	1	2	3	4	5
Fiestas/celebraciones	1	2	3	4	5
Caridad	1	2	3	4	5
Ejercicio	1	2	3	4	5
Otros	1	2	3	4	5

No se sientan defraudados por creer que no necesitan esta prueba, por tener pocos recursos económicos o muchos. No importa su posición en la escala económica, ver el vaso medio lleno o medio vacío impactará en su relación, en la forma en la que ambos elijan cómo gastar el dinero, y cómo incluyen o excluyen a su pareja. No caigan en la trampa de querer barrerlo bajo la alfombra. La pila de asuntos comenzará a crecer hasta meterles una zancadilla de manera inesperadamente costosa.

Ejercicio 5: Golpe de suerte

¡Felicidades! Acaban de ganarse $500 000 en la lotería, o se los acaba de heredar algún pariente. ¿Cómo decidirán gastarlo? Individualmente, anoten lo siguiente en una hoja de papel.

Escriban cómo gastarían ese golpe de suerte de $500 000. Algunas sugerencias:

- Pagar facturas.
- Salir de deudas.
- Comprar un sofá nuevo.
- Abrir una cuenta de ahorro.
- Adquirir un coche o un yate.
- Dar el enganche de una casa.
- Viajar.
- Reparar la casa.
- Adquirir un seguro de estudios para los hijos.
- Ayudar a los padres o suegros.
- Comprar ropa o zapatos.
- Donarlo a alguna institución de beneficencia.

Escriban lo que creen que haría su pareja con ese dinero. Luego compartan sus respuestas. ¿Tenían razón respecto a las respuestas dadas por su pareja? ¿Tuvieron ideas similares? ¿Qué te indican a ti tus respuestas respecto a tu actitud frente al tema? ¿Crees que pueda surgir algún problema o producirse algún roce por ello? ¿Algunas áreas de su relación resultaron solidarizadas? ¿Te sorprendió alguna de tus respuestas? ¿Te sorprendió algo de tu pareja?

LA RELACIÓN SE ENRIQUECE: UN SISTEMA DE CRÉDITO Y DÉBITO

Ser rico o pobre no tiene que ver con el dinero ni con los bienes materiales. En un nivel más fundamental, se trata de cómo defines el valor y cómo lo manejas en el día a día. ¿Cuánto tiempo le inviertes a tu matrimonio en tiempo, actividad y buenas acciones? ¿Cuánto "gastas"? ¿En su relación hay alguno que invierte más, mientras que el otro gasta más?

Si tratas de retirar efectivo del cajero automático y no has depositado dinero en tu cuenta, recibirás este mensaje: "No hay fondos". En el matrimonio funciona igual. Generalmente uno de los interesados realiza los depósitos (en dinero, en tiempo, en amor) mientras que el otro se la pasa retirando fondos.

En toda relación, retirar algo de los bienes que nos atrajeron en primer término es algo natural —sexo satisfactorio, buena compañía, alguien que nos espera en casa tras un largo día de trabajo, alguien que es cariñoso con los chicos— pero generalmente hay mucho más. A veces solicitamos un tiempo fuera en el trabajo para velar por un pariente enfermo o para los hijos, la libertad de pasar un tiempo con los amigos, o renunciar a un trabajo odioso. Todos estos son retiros de la cuenta de la relación. Si una persona retira en forma constante sin reponer lo retirado, los cimientos se reblandecen. Por ejemplo:

- Quieres sexo, pero no le hablas a tu pareja desde hace unos días.

- Te mueres por ir a jugar golf con tus amigos y, durante semanas, has ignorado las ganas de tu pareja por disfrutar juntos de una cena íntima.

- Deseas tomar clases en el colegio local tres noches a la semana, pero no planeas pasar ninguna noche restante con tu familia.

- Esperas que tu mujer se encargue del alojamiento de tus parientes en las próximas vacaciones, pero te desentiendes del asunto.

Quizá estés invirtiendo más en la relación de lo que retiras, pero tu inversión siempre llega con quejas, coraje y sintiéndote mártir. Es comparable a extender un cheque… para posteriormente detener el pago del mismo.

Comprender esta situación y su origen en tu vida y en tu relación se traduce en el inicio de la transformación de un estado de sufrimiento hacia otro de reciprocidad y receptividad, situarse en el extremo del espectro resulta destructivo tanto en tu matrimonio, como frente a tus padres, hermanos, compañeros de oficina o amigos. La gente que se encuentra depositando puede caer en el peligroso papel de ser la víctima de un largo sufrimiento, una trampa debilitante y mortal. Igual de peligroso resulta estar siempre al final del espectro de los retiros porque crea un ambiente de uso y abuso, así como del distorsionado sentido de titularidad que permite esta forma de destrucción en la relación.

Un gran matrimonio exige igualdad. Significa confianza mutua en la que ambos se muestren como socios igualitarios. Las buenas noticias son que si ustedes no disfrutan de esa equidad ahora, pueden crearla. Antes de pensar en construir un presupuesto familiar en pesos y centavos, asegúrense de que su cajero automático matrimonial se encuentre perfectamente balanceado.

Ejercicio 6: Tu cajero automático matrimonial

Concéntrate en la semana pasada. Enlista cinco créditos que ingresaste en tu cajero automático matrimonial. (Por ejemplo, preparaste la cena tres veces y llevaste a tu suegra de compras, sin quejarte.)

1._____

2._____

3._____

4._____

5._____

Enlista cinco débitos que sacaste de tu cajero automático matrimonial (por ejemplo, expusiste tus problemas laborales durante una hora, o te quedaste dormido mientras tu pareja preparaba el desayuno).

1._____
2._____
3._____
4._____
5._____

Comparen sus listas. ¿Aprendieron algo respecto a la equidad existente en su matrimonio?

Capítulo siete

Teme menos, cree más, come menos, mastica más, quéjate menos, respira más, habla menos, di más, ama más, y todas las cosas buenas te pertenecerán.

PROVERBIO SUECO

En la salud y en la enfermedad

La promesa de ser fieles en la salud y en la enfermedad se aprecia perfectamente normal en la superficie, pero con demasiada frecuencia el subtexto es:

Pensé que tus alergias eran temporales, pero… ¿seis meses al año de estornudos y jadeos?... y las facturas dentales ya nos rebasaron… ¿y por qué no me comentaste que has tenido familiares con cáncer?... jamás pensé pasarme los mejores años de mi vida sentada en la sala de espera del hospital. Me duele que tu madre padezca cáncer de ovarios, ¿pero acaso no merezco ser feliz? No esperes que pase mis mejores años como tu enfermera. Eso no sucederá jamás.

O bien:

Tu promesa de amarme en la salud y en la enfermedad incluía verrugas y todo lo demás. Espero que me cuides, incluso cuando yo no pueda hacerme cargo de mí misma. Ya me conoces. Necesito un par de tragos al final del día para aligerar el estrés… y soy de las que simplemente no pueden dejar de fumar. Tú debes soportar mis depresiones y mis manías.

O acaso:

Espero que me ames incluso si me abandono. Es lo de adentro lo que en realidad cuenta, ¿o no? Incluso debes ver por mi salud aun más que yo mismo, pero no me aturdas ni me sermonees para que me cure.

Nos gusta pensar que estar sanos o enfermos nos sucede de pronto, sin que tengamos nada que ver en ello. Claro, todos deseamos estar sanos, a nadie le gusta enfermarse o debilitarse, de esta o aquella forma. Este es un profundo manantial de seguridad implícito en la unión que brinda el matrimonio, en la confianza de saber que contamos con una persona especial que estará junto a nosotros si enfermamos; sin embargo, no es raro que secretamente temamos que nuestra pareja deje de amarnos si nos convertimos en una carga para ella, o si dejamos de ser miembros activos y productivos en la relación. El balance de algunas relaciones depende del peso que cada miembro aporta y cuando no hay balance la gente se queja, ya sea en voz alta o en voz baja: "¡No me casé para esto!"

Antes de casarse, pocas parejas se toman un tiempo (o desean correr el riesgo) para definir claramente las potenciales implicaciones de esta promesa. Y no me refiero sólo a parejas jóvenes y radiantes en la flor de la salud. He escuchado a parejas adultas que se casaron en sus sesenta y setenta y que nunca compartieron sentimientos mutuos acerca de cómo cuidarse el uno al otro en caso de enfermedad. Ahora, de lo que se trata es de evitar al elefante en el cuarto. He tratado a familias de militares que nunca platicaron acerca de cómo lidiar con heridas de guerra incapacitante, tanto físicas como psicológicas. El miedo es tan grande que los deja mudos. Es como romper un tabú, o pisotear una superstición; como si hablar de ello lo volviera realidad.

Encarar la promesa de cuidarse el uno al otro en la salud y en la enfermedad es encarar la verdad. Tú estás prometiendo un esfuerzo conjunto para dar lo mejor de ti, comprometiéndote de lleno, en vida, cuerpo, mente y espíritu para tomar el control de aquello que puedes hacer, trabajando a través de aquello que está más allá de tu control. Apoyarse contra las inclemencias del tiempo, la edad, la enfermedad, aceptando las realidades de la vida biológica, es un compromiso secreto, respaldado en su optimismo por el futuro.

El significado del cuidado

Foster y Jill simbolizaban lo que muchas parejas idealizan respecto a temas de salud, algo así como "yo regaño y tú resistes". Cuando vinieron a mi oficina, estaban en crisis. Con un peso de casi 130 kilos, Foster lucía rojizo y jadeante cuando se hundió en el sillón. Se veía más viejo que su relativamente joven pareja de 35 años. Jill, delgada y nerviosa, se sentó perfectamente al borde de su silla, con las rodillas juntas.

Foster había ido a consultar al médico por lo de sus alergias que habían empeorado en fecha reciente. Alarmado por la paupérrima capacidad pulmonar y peso de Foster, el doctor insistió en que fuera trasladado en ambulancia hasta el hospital local. Permaneció en observación toda la noche, a la mañana siguiente fue dado de alta pero confinado a su cama durante tres días. Jill se mantuvo a su lado día y noche, cuidándolo, sin descuidar a sus dos hijos, deuno y tres años de edad. Una tarde, exhausta y resentida, Jill finalmente explotó.

"Estoy tirado en cama, enfermo, y ella no deja de gritarme lo harta que está por tener que cuidarme, diciéndome que no se casó para vivir este tipo de situación", recordó Foster, herido en su aparente orgullo. Pensé: "¿Para qué firmé?, sentí que yo no le importaba".

"Mira, Jill, estoy consciente de que debo bajar algunas libras", dijo Foster. "Lo reconozco, ¿de acuerdo? Pero con el trabajo y los chicos no ha sido fácil." Foster me miró. "Siempre he sido grandote, pero de pronto, como que Jill tiene la misión de cambiarme, y yo resiento eso. Las miradas que me brinda, ¡uy!, si pudieras verla. Sus ojos... me dicen que me odia".

"Has aumentado de peso año con año desde que nos casamos, y mira que llevamos once años juntos", comentó Jill. "Por lo menos tienes 75 libras más que el día que nos casamos. Eso hace la diferencia, aunado al hecho de que apenas puedes respirar y tomas esos medicamentos antialergénicos y antiasmáticos, pero sigues fumando".

Foster y Jill estaban llenos de rabia y de feroz resentimiento. Ellos sólo podrían continuar lastimándose, dándole vueltas y vueltas al mismo tema, una y otra vez. Esta diputa no los conduciría a ningún lado. Les sugerí que retrocediéramos y tratáramos de encontrar la verdadera causa del problema, utilizando el ejercicio de la reflexión, validación y empatía para escucharse el uno al otro.

Le pedí a Jill que girara su silla para que pudiera ver de frente a frente a Foster en el sillón. "Jill, dile a Foster cómo te sientes acerca de todo esto, no lo que tú piensas que él debería ser o lo que él ya te ha escuchado decir, simplemente dile cómo te sientes en este momento. Trata de hablar desde tu corazón y desde tu dolor, no desde tu rabia".

Jill lo pensó un momento y dijo:

Jill: Foster, te amo y me importas, pero a veces da la impresión de que soy la única a la que le importa. La semana pasada, cuando te hospitalizaron, estaba aterrada. Me asusta la idea de que puedas caer muerto y que ya no estés para ver crecer a nuestros hijos. Quiero ayudarte, pero me siento sola frente a tu absoluta negativa.

Foster: De acuerdo, dijiste que estabas preocupada cuando me llevaron al hospital, y que te da miedo pensar que me pueda morir dejándote toda la responsabilidad.

Jill frunció el ceño: "Eso no fue todo lo que dije".

"Pienso que le diste una versión corta", observé. "Foster, si no estás seguro de lo que no escuchaste, pídele a Jill que te lo repita para que estés en condiciones de responderle".

Como lo declaré antes, usualmente hay una necesidad de reenviar el mensaje, ya que muchas parejas han crecido acostumbradas a no escuchar realmente a la otra parte cuando expone sus ideas. Por el contrario, están absortos en sí mismos, hablando o tratando de hablar. Por tal motivo, cuando tratan de reflejarse en sus parejas, envían una imagen distorsionada de la comunicación. Es fundamental que escuchemos las palabras verdaderas y la esencia de los sentimientos de nuestra pareja y que nuestras defensas no nos hagan trampa y nos priven de la oportunidad de sanar los dolores que, como plaga, atacan nuestras relaciones.

"Foster", dije, "¿estás dispuesto a preguntarle a Jill, si fuera tan amable, que te comparta y te repita aquello que dijo y que tú no escuchaste? Recuerda que un espejo sólo refleja lo que está ahí, nada más ni nada menos".

"De acuerdo", dijo Foster, cambiando su incómoda posición en el sofá. "Jill, dime por favor aquello que no escuché cuando me quise reflejar en ti".

Jill respondió: "No cambias; no escuchaste nada de lo que te dije".

En ese momento se presentó el instante sanador por sí mismo. "Jill", dije: "dile a Foster qué fue lo que no escuchó y qué es lo único que importa".

"Que lo amo y que me preocupo por él", dijo ella mirándome.

"No me lo digas a mí", le pedí amablemente. "Mira a Foster y díselo a él".

Supe que sucedería una de dos cosas. O sus defensas y sus egos protectores ganarían, o su vulnerabilidad, honestidad y amor prevalecerían y le darían la vuelta a la esquina en la vida de su matrimonio. Tuve cierto presentimiento de que el valor saldría victorioso con Jill y con Foster. Había algo limpio acerca de su estilo de pelea. A pesar de la frustración, su compromiso y grado de apertura indicaban que ambos estaban listos para dar el siguiente paso.

Jill miró a Foster, sus rodillas se juntaron aún más que cuando se sentó. Lo miró directamente al rostro y antes de que ella pudiera repetir sus palabras, comenzó a llorar. Aprecié la sorpresa y el *shock* en el rostro de Foster, quien también dejó escapar algunas lágrimas. No se habían dicho una sola palabra, pero la fría muralla protectora comenzaba a derretirse.

Jill: Te amo y me preocupo por ti, y el simple hecho de pensar en mi vida sin ti, me llena de terror. Siento además que tú no te interesas por mí ni por los chicos por la indiferencia que muestras respecto a tu salud y a tu cuerpo, por lo que siento que, además, nos has descuidado. Te necesito cerca, y no sólo porque no quiera educar a mis hijos sola, o porque me moriría sin ti, sino porque te necesito y porque quiero envejecer contigo. Te amo.

Antes de pedirle a Foster que reflejara las palabras de Jill, le pedí a ella que nos comentara la causa de sus lágrimas. Ella dijo que había estado tan enojada que había perdido todo contacto con su conciencia para darse cuenta cuánto amaba a Foster. Se sintió bien al comprender qué tan profundo era su amor y deseo por su marido. Este era un punto importante porque las parejas pueden estar tan atrincheradas en la batalla por el poder, en la culpa y en el juego entre mártires, que pierden contacto con la base de sus propias bondades y las de su pareja.

Foster reflejó a Jill en forma hermosa. Algo había cambiado entre ellos. Cada uno estaba interesado en lo que el otro compartía, incluso cuando la verdad resultaba dolorosa, les enseñé a decir: "¡Ay!", y a concientizar que sus intercambios se estaban dando en los sagrados terrenos del dolor y la transformación.

"Foster, ¿ves coherencia en los sentimientos de Jill?", le pregunté. "¿Afirmarías que son válidos?"

"Debo decir que sí". Foster sollozaba, y Jill estaba atentísima.

"¿Puedes compartir con Jill cómo imaginas que ella se siente?"

Foster estaba dispuesto a empatar genuinamente con el miedo y la frustración que Jill había estado sintiendo. Incluso podía empatar con su gran amor por él, porque él también la amaba mucho.

Entonces les expliqué que la promesa de Jill de cuidar a Foster "En la salud y en la enfermedad" de ninguna manera significa que ella sea la responsable de levantar todas las piezas, o de preocuparse por Foster más que él mismo. "Preocuparse sin límites es lo que define a una víctima", dije.

Le pedí a Jill que escribiera las promesas que podía hacer y que demostraran interés y cuidado dentro de ciertos límites. Ésta es su lista:

- Prometo no preocuparme por tu salud más que tú.

- Prometo no regañarte ni suplicarte que te cuides a ti mismo.

- Prometo apoyarte en las necesidades específicas que me solicites, como no traer dulces a la casa, hacer citas con los doctores, acompañarte a tus paseos diarios.

- Prometo ser honesta contigo, en forma respetuosa, cuando tu autoabandono me enoje.

- Prometo respetar tu responsabilidad por lo prometido a mí y a mis hijos.

- Prometo recordarte que te amo y que me preocupo por ti, y tratarte como a un adulto, no como a un niño.

"Jill no puede forzarte ni a perder peso ni a que dejes de fumar", le dije a Foster. "Y a ti no te gustaría que ella hiciera eso. Pero tus decisiones la afectan. La mentira que te estás diciendo es que tu cuerpo es tuyo y que tú sabes qué hacer con él, y que Jill no debería de presionarte, a menos que tú quieras que ella te cuide. En ese caso, tú tendrías que pensar en ella como tu amorosa y no juzgadora enfermera. Pero Jill tiene el derecho de pedirte que actúes como adulto y que seas una pareja presente en tu matrimonio".

Trabajé con Foster y con Jill en la comprensión de qué es lo que había representado para ambos este pasaje infantil. Foster estuvo más consciente de que, cuando niño, nunca contó con ayuda para satisfacer sus necesidades, pero recibió muchísima retroalimentación de cómo se estaba quedando corto. Por culpa de esta herida, no había estado en condiciones de escuchar a Jill a través del clamor de voces críticas de su pasado. Cuando Jill crecía, ella fue la encargada de procurar y mantener la salud familiar. Había sido educada para hacerse cargo de cosas que no estaban dentro de su canasta de responsabilidades, y luego resintió el hecho cuando la gente no cambió. Jill y Foster recreaban sus heridas infantiles en el matrimonio. Afortunadamente estaban comprometidos a arreglar aquello que se había roto, ubicando la responsabilidad en el lugar preciso y realizando acciones tendientes al establecimiento de un nuevo contrato que funcionara para ambos. Además, querían responsabilizarse de sí mismos; en pareja e individualmente. Se mostraban como trabajadores adultos realizando aquello que conlleva a cosechar los beneficios que trae consigo una conexión amorosa satisfactoria y una verdadera sociedad.

La promesa del compromiso en la salud y en la enfermedad significa que ustedes se esforzarán por la salud no sólo física, sino también mental y espiritual. Eso los involucra a ambos. Un hombre me dijo que su esposa deseaba más cosas para él que él mismo; ella estaba más interesada en invertir en la salud de él, que él mismo. Tú puedes llevar al sediento al río, pero no puedes obligarlo a beber. Esta es una lección para todos, no puedes hacer beber al sediento si no quiere, y en tu intento por lograrlo, puedes terminar matando tu espíritu de vida.

El cuidado de ti mismo es lo primero

Muchas mujeres se dedican tan de lleno al cuidado de sus familias, que no dejan nada para ellas mismas. Se colocan al final de la lista y nunca se procuran cuidado. Lucen su cansancio físico extremo y emocional como si fuera una medalla al mérito, y mientras más hacen por quienes aman, más aceptable es que se abandonen. Las mujeres creen que está perfectamente bien eso de ser el cordero del sacrificio en el altar de sus propios valores familiares. Ésta es una vida que nosotros como mujeres nos hemos permitido llevar. El reto de la mujer consiste en reinventar una forma de ser esposas amantes y madres sin que eso exija colocarse al final de la lista.

Si no te preocupas por ti misma, no puedes preocuparte por otros. Es una realidad. Es como el mensaje que escuchas a bordo de un avión cuando la sobrecargo da las instrucciones: "En caso de una emergencia, si viajas con un menor, o con alguien que necesita ayuda, ponte primero la máscara de oxígeno". El punto es claro. Si vas a ser de alguna utilidad, debes de estar en condiciones de respirar. Tienes que estar viva.

Gran parte del cuidado de uno mismo radica en permitirte ser humana. Los medios y la sociedad frecuentemente te comunican el mensaje de que las mujeres necesitan mostrarse "juntas", en condiciones para realizar cualquier tarea que les sea encomendada. Pero cuando las mujeres ven en la realidad cuán frecuentemente se sienten abrumadas en su vida, llegan a sentir, o que no son lo suficientemente buenas, o que no son lo suficientemente valiosas. Las mujeres gustan de compararse con otras mujeres que aparentemente se muestran como "hacedoras de todo", y cuando se comparan, se sienten rebasadas y abrumadas. Pero no puedes aparecerte en tu propia vida y esperar realizar un cambio duradero si tratas de huir de ella.

Cuando resultas superada por el esfuerzo y fallas en tu búsqueda por la perfección, el temor te hará inválida. El barómetro interno que guía y dirige tu vida como una mujer poderosa, que te deja saber que estás bien y que eres capaz, se rompe y necesita reparación.

Marlene se deprimió por el peso que había ganado desde que tuvo a su bebé. Sintió que se había decepcionado a ella misma y a su esposo. "Siempre fui de las chicas que salen con los chicos más atractivos del colegio", me dijo. "Y me casé con un tipo muy guapo. Yo solía decir que él era el mejor de todos. Fuimos una pareja impactante el día de nuestra boda. Pero hoy por hoy me he descuidado. Peso cerca de 100 kilos y me odio. No me había dado cuenta de lo malo de todo ello hasta hace un par de semanas, cuando me topé con un ex novio en el supermercado. El tipo ni siquiera me reconoció. Le dije quien era y pude leer en su rostro confusión y disgusto. Hasta pude adivinar sus pensamientos: '¿Pero, qué te pasó?' Me sentí humillada. Yo misma me pregunté: '¿Qué le pasó a esa mujer que era yo? ¿Pertenece al pasado?'"

Marlene se sintió apabullada por sus sentimientos y por su fracaso. La recuperación de su autoestima se veía muy lejana. Ella se sintió avergonzada por no ser la mujer con la que se casó su marido.

"Fue una mentira que dijiste ante el altar, le dije. "Ahí estabas, enfundada en tu gran vestido de novia, junto a tu guapísimo novio, prometiendo que siempre serías perfecta, pasara lo que pasara. Tú siempre serías su súper heroína y ahora te avergüenzas de ti misma porque no pudiste cumplir tus imposibles estándares". No fue sino hasta que Marlene entendió la mentira (que ella necesitaba ser perfecta para ser amada) y que reemplazó con la verdad (que ella era valiosa para el amor tal y como se veía ahora) cuando ella pudo comenzar a cuidarse a sí misma de manera significativa. Y al aferrarse a esta verdad, se vio con nuevas energías y motivaciones para lograrlo, el sobrepeso fue una de las cadenas que comenzó a romper.

Salud sexual

¿Les suena familiar la siguiente escena? Mary y Gayle eran las mejores amigas. Como todas las mujeres, ambas confiaban en la otra y platicaban acerca del nuevo romance de Gayle. Mary preguntó: "¿Es bueno para el sexo?" y Gayle respondió: "¡Oh!, sí, es magnífico", presumió. "Y es que lo excito tanto, afirma que soy muy sexy, adora mi cuerpo y ama hacerme el amor".

¿Notaron algo? Les voy a dar una pista. Él... él... él. Ni una sola palabra acerca de los sentimientos de Gayle o acerca de si ella se excita o no, toda su atención está centrada en los deseos de él por ella.

Creo que la verdadera razón de la lucha de las mujeres por tener orgasmos radica en que están tan ocupadas en preparar el escenario, tan ocupadas en agradarle a su pareja, sin miedos y sin presiones culturales, que no dejan espacio para concentrarse en ser complacidas. Muchas mujeres piensan: "Si lo excito y lo complazco, soy una gran amante". Quizá sólo seas una gran actriz. Para ser una buena amante es esencial el poseer la habilidad de dar placer y recibir placer.

Las mujeres fueron educadas para complacer, no sólo en la cocina, sino en la cama. El sexo es un área especialmente truculenta, porque la intimidad total, la exposición completa y el amor en su forma desnuda, pueden disparar muchos de nuestros miedos básicos, así como un sentido de vulnerabilidad.

Por ejemplo, falsamente, muchas mujeres se dicen a sí mismas:

- Debo tener un súper cuerpo para ser sexualmente deseable.
- Si mi compañero tiene una aventurilla significa que no estoy satisfaciendo sus necesidades.
- Su satisfacción sexual me importa más que la mía.
- Si el sexo es bueno nuestra relación puede soportarlo todo.
- Si mi pareja tiene problemas sexuales, es porque yo no soy una buena amante.
- Si mi pareja desea hacer el amor, debo forzarme a mí misma, aunque no tenga ganas.
- Si mi pareja quiere hacer el amor y yo consiento, aunque no tenga deseos, él me amará y me honrará.

Cada una de esas creencias es una mentira, pero las mentiras ganan poder al no ser confrontadas ni discutidas nunca, además, son reforzadas todos los días por los medios de comunicación y la sociedad.

Por supuesto, hay un mundo paralelo a la danza sexual. ¿Qué es lo que quiere el varón en la relación sexual? ¿Qué son en realidad sus mal enfocadas percepciones e inseguridades? ¿Cuáles son sus expectativas? ¿Cuáles sus miedos o sus temores?

La disfunción sexual masculina puede responder a muchas causas: alimentación exagerada; exceso de alcohol o drogas; prácticas pre-amatorias inadecuadas; desinterés; medicamentos que interfieren con la libido; inhabilidad femenina o incapacidad para excitarlo; temor a no actuar como se supone que debe hacerlo; edad; estereotipos del comportamiento sexual aceptable, y una falta de comprensión respecto a que una buena relación sexual debe satisfacer por igual a ambos participantes.

No se casen asumiendo que los unos conocen las actitudes sexuales de los otros o cuáles son las diferencias sexuales si nunca han platicado acerca de ellas. Jamás den por hecho que por haber tenido una relación sexual anterior al matrimonio, ya son expertos en la materia. Antes de casarse, las parejas muestran su "yo presentable" y eso funciona incluso entre parejas que ya viven juntas. En una ocasión, una mujer me llamó a la oficina tres días después de su boda; estaba histérica. Su nuevo marido, con quien había vivido dos años antes de casarse, le comunicó en su noche de bodas que era extremadamente importante para él que ambos practicaran una posición sexual que ella consideraba aberrante. "Él dijo que no le había parecido apropiado el mencionármelo antes, sino hasta que estuviéramos casados", dijo ella. "Incluso me comentó que según la Biblia, no hay nada de aberrante en lo que hagan un hombre y su esposa, por lo que todo está correcto. Él espera que yo practique algo que para mí es impracticable".

Conocer sus necesidades y preferencias sexuales antes de casarse, significa comprender las impresiones obtenidas en la niñez.

Ejercicio 1: Tus impresiones sexuales

Tus primeros modelos sexuales fueron tus padres. Quizá te suene extraño, pero mucha gente tiene problemas al pensar en sus padres como seres sexuales, aunque la impresión ahí está.

Consideren las siguientes preguntas:

1. ¿Eran o fueron tus padres físicamente amorosos el uno con el otro?
2. ¿Tus padres se decían apodos cariñosos o afectuosos entre ellos, o se demostraban cariño o afecto?
3. ¿Las discusiones acerca del sexo eran tabú?
4. ¿Tuvieron tu padre o tu madre una conversación seria contigo respecto a tu sexualidad cuando alcanzaste la pubertad?
5. ¿Había actitudes diferentes respecto a la sexualidad para los varones y las mujeres de tu familia?
6. ¿Qué opinaban tus padres sobre la homosexualidad?
7. ¿Creían tus padres que el sexo antes del matrimonio era pecaminoso?
8. ¿Te sentías cómodo al contarle a tu padre o madre tus dudas sexuales?
9. ¿Alguna vez discutieron tus padres acerca del sexo, o del comportamiento sexual casual, como el coqueteo en las reuniones?
10. ¿Había un aura de vergüenza o de apertura en relación con el sexo?
11. ¿Fue alguna vez el sexo un tema pantalla para cubrir problemas más profundos?

Compartan sus respuestas, ya que esto es una manera positiva y relativamente inofensiva de abrirse al diálogo acerca de sus propias vidas sexuales, y de exponer sus creencias, esperanzas, expectativas y necesidades.

La adicción: la gran mentira

Siento una tremenda compasión por las personas que tienen relación con algún adicto. La adicción es poderosa y brutal. Tal y como lo discutí en la introducción de este libro, yo he estado ahí. Pasé mucho tiempo con un hombre adicto, y así como lo amé y me preocupé por él, me vi indefensa frente al poderío de su adicción.

He aquí el secreto acerca de los adictos: suelen ser increíblemente seductores. Pueden ser los tipos más carismáticos del lugar, los más divertidos, vitales y espirituales, de almas más sensitivas. Un adicto tiene la habilidad para envolverte como nadie. Son excelentes vendedores. Lo que ahora sé y no entendí durante mi relación es que los adictos están más atraídos por la adicción que por nada o nadie más. Resultó ser una ilusión eso de que mi pareja tenía sensibilidad o vida espiritual. Realmente sucedía todo lo contrario. Él estaba espiritualmente muerto y totalmente desconectado de su habilidad para preocuparse por mí o por alguien más. Recuerden, mi deseo por entrelazarme con ese hombre superó mi ilusión de que él pudiera cambiar por mí. Pensé que si mi presencia en su vida lograba vencer a su adicción, significaba que yo valía. Aún no había aprendido a encontrar algún valor en mí. Estaba perdida en la búsqueda de mi espíritu. ¡Vaya!, estoy feliz de no vivir más en esa situación, y de no haber dejado ningún eslabón informativo para que mi baja estima me encontrara de nuevo.

Nora conoció a Donald en un bar donde ella departía con un grupo de amigas. Él las deslumbró contándoles una jocosa historia tras otra. Hacía muchos años que ella no se reía tanto, y cada una de sus amigas deseó salir con ese sujeto tan encantador y divertido. Nora se sintió enormemente atraída por él, y cuando, un día después la llamó para invitarla a salir, ella estaba muy emocionada. Todas sus amigas se sintieron totalmente celosas. Nora y Donald frecuentaron bares y restaurantes durante algunos meses, divirtiéndose en grande. Nora se la pasaba tan bien que ignoró el hecho de que Donald solía estar borracho al finalizar la velada. Estaba perdidamente enamorada.

Cuando Donald la invitó a vacacionar con él a las Islas Vírgenes, ella estaba más que emocionada. Rentaron una pequeña cabaña en la playa, y ella vislumbró una semana íntima llena de romance y diversión, baños de sol, veleo, románticas caminatas sobre la playa, así como largas y ensoñadoras noches. Pero su fantasía se terminó en cuanto el avión despegó.

En pleno vuelo, Donald ya se había tomado cuatro botellitas de whisky. Para su sorpresa, Donald se transformó en "ese otro hombre", el que era cuando bebía. Aparentemente encantador, se propasó en su trato con la sobrecargo, quien se dio cuenta de que el hombre había bebido demasiado. En dos ocasiones le había pedido que bajara la voz mientras él veía la película y platicaba en voz demasiado alta. La situación mejoró cuando aterrizaron y llegaron a la cabaña, la cual era tal y como Nora había soñado: serena y elegante, con una impactante vista al brillante mar azul. Depositaron el equipaje y se fueron a la playa, en donde pasaron una hermosa mañana, mientras las bebidas tropicales desfilaron ante sus ojos, traídas mágicamente por el atentísimo personal del hotel. Donald se sentía extremadamente relajado, dormitando y roncando entre los pequeños lapsos de conciencia y cada nuevo trago del potente ron. Y mientras el sol fue bajando del cielo tropical, iniciaron la caminata de regreso a la cabaña. Donald estaba intoxicado, ajeno a su estado. Le hablaba a Nora normalmente, como si no hubiera bebido una copa. Le hizo comentarios inapropiados e insistió en mencionar sus deseos sexuales con ella. Lo último que Nora recuerda es haber tenido sexo con un sujeto completamente embriagado. Dichas proposiciones no resultaban románticas, sino ofensivas e irrespetuosas.

Al acercarse a la cabaña, Nora vio la silueta de un hombre descansando sobre un canapé en el muelle. Al acercarse más, lo reconoció y su corazón dio un vuelco. Era Ken, el hermano de Donald. ¿Qué hacía ahí?

Cuando Donald vio a su hermano, le gritó gustoso y corrió hacia él para saludarlo y darle un abrazo. "¡Lo lograste!", le dijo, emocionado. Nora observó la escena, azorada, y escuchó cómo ambos hermanos hacían planes para esa tarde. Cuando Ken fue a comprar una botella de tequila, Nora le comentó: "No me dijiste que Ken vendría".

"¿No?", preguntó Donald, distraído. "Bueno, no era seguro, pero ya está aquí, no arruinemos la sorpresa. Lo bueno es que en la cabaña hay un sofá cama".

Nora estuvo sola la primera noche en la pequeña y hermosa recámara mientras Donald y Ken escuchaban música a todo volumen en la sala, y cuando se terminó el tequila, salieron dando tumbos en busca de alguna reunión playera en donde continuar la fiesta. Nora lloró hasta quedarse dormida, sólo para ser despertada por Donald, borracho y ávido de sexo. A ella le sorprendió el hecho. Pensó: "Este es el escenario más grotesco para pensar siquiera en hacer el amor". Pero tuvieron relaciones, aunque ella supo de inmediato que sería un error. Donald estaba tan alcoholizado que ni siquiera lo sentía ahí. Nora se percibió como un objeto, un simple medio de desahogo para Donald. La mañana siguiente, Donald y Ken se fueron a beber y a pescar. Ella empacó sus cosas y regresó a casa en el siguiente vuelo.

"Me encantaría poder decir que aprendí mi lección", me dijo Nora algunos años después. "Pero Donald se presentó a la puerta de mi casa algunas semanas después, tan abatido y arrepentido que lo acepté de nuevo. Después, cada vez que se emborrachaba y hacía todo tipo de locuras, lograba convencerme de lo arrepentido que se sentía, y pasábamos una velada deliciosa... hasta que lo hacía de nuevo".

Nora estaba tratando de lograr la imposible tarea de entablar una relación con alguien incapaz de tenerla, alguien que ni siquiera estaba en el cuarto, cuando la relación es de dos. Conforme pasaba el tiempo, Donald incluso dejó de disculparse, además insistía en que Nora era la única que se quejaba de su alcoholismo. Él estaba tratando de reescribir el guión culpándola a *ella*. Finalmente, Nora abandonó la idea de tratar de aceptar lo que era absolutamente inaceptable. Comprendió que el hábito de Donald la había vencido, por lo que no había nada qué rescatar.

La experiencia de Nora con Donald refleja el típico juego de perversión y aislamiento entre adicciones y aceptaciones. Incluso con mayor frecuencia, he visto a parejas automedicándose drogas o alcohol para escapar de la relación. Estas son las personas que equiparan la relajación y el alivio del estrés con las sustancias. Es de vital importancia que estés plenamente consciente si deseas formar pareja con alguien que se bebe un par de tragos tras un pesado día de trabajo, o si deseas padecer el estrés que trae consigo cuidar a un niño cronológicamente enfermo, quizá por presiones financieras. No puede existir una relación si alguno de ustedes o ambos beben de más cada tarde, o si se desvelan con alguna sustancia de moda.

Eventualmente, el alcohol, la marihuana, la cocaína, las pastillas y la pornografía saben cómo llevarse bien contigo.

Saben cómo destruir todas tus relaciones afectivas, además. Todo aquel que haya vivido en un ambiente familiar dominado por algún tipo de abuso de sustancias sabe que es verdad. Desafortunadamente, como adultos, generalmente reflejamos los comportamientos destructivos que presenciamos al crecer. Es por ello que los hijos de padres alcohólicos a menudo son alcohólicos también, o se relacionan con alcohólicos. Y mientras vivamos en la mentira de la negación, no podremos romper este ciclo de adicción y abuso. Sólo puede ser roto si la adicción es expuesta y tratada, sin olvidarnos de ayudar a quienes reciben el impacto directo.

Ejercicio 2: ¿Te automedicas?

No tienes que emborracharte para abusar del alcohol. Si ves el alcohol como una salida a tu relación o como una forma de manejar el estrés de la vida diaria, pregúntate:

- ¿Te preparas una copa cuando necesitas calmarte?
- ¿Tu ritual de relajación diario se traduce en copas?
- ¿Tu cónyuge o tus allegados hablan a tus espaldas respecto a tu alcoholismo o drogadicción?
- ¿Te cuesta trabajo recordar cuándo fue la última vez que no ingeriste una o dos copas de alcohol con los alimentos?
- ¿Bebes "demasiado" los fines de semana o durante las vacaciones?
- ¿Necesitas tu bebida o sustancia al final de cada día?
- ¿El alcohol, las drogas o la pornografía causaron el rompimiento de alguna de tus relaciones?
- ¿Te pone nervioso saber que no servirán bebidas embriagantes en la reunión a la que asistirás?
- ¿Bebían tu padre o tu madre para relajarse?

- ¿Te han dicho que cambias cuando bebes?, ¿más de una persona?
- ¿Sientes que mereces beber porque trabajas mucho?

¿Qué promesas pueden hacerse el uno al otro acerca de estar presentes en su matrimonio, en lugar de elegir una salida basada en la automedicación?

¿Qué promesas estás dispuesto a hacer para mantener a tu pareja y a la vez honrar tus votos matrimoniales? Una adicción es una enfermedad autoprocurada y autoinfligida. ¿Piensas que tu pareja se quedará junto a ti cuando tú la haces a un lado por seguir consumiendo alguna sustancia?

Son preguntas duras que deben ser respondidas, para obtener soluciones adecuadas.

Ejercicio 3: Actitudes saludables

Antes de hacer la promesa "en la salud y en la enfermedad", traten de descifrar qué es lo que cada uno quiere decir realmente con esas palabras. Respondan el siguiente cuestionario en forma individual, y sostengan una plática verdadera con base en sus respuestas.

1. Creo que cada ser humano es responsable de su salud.

    Sí   No

2. No tiene nada de malo servirse una copa o fumar marihuana al final del día para relajarse.

    Sí   No

3. Si mi pareja fuma es su problema.

    Sí   No

4. Es inevitable que la gente engorde con el paso de los años.

Sí   No

5. Si mi pareja engorda tengo derecho de molestarme por ello.

Sí   No

6. Tengo derecho a cierto goce sexual, independientemente de mi comportamiento.

Sí   No

7. Espero que mi pareja se haga chequeos médicos periódicos.

Sí   No

8. Es responsabilidad de mi pareja programar sus citas médicas.

Sí   No

9. "En la salud y en la enfermedad" no contempla la enfermedad mental.

Sí   No

10. "En la salud y en la enfermedad" no significa vivir con un adicto.

Sí   No

11. Tengo derecho a conocer el historial médico de la familia de mi pareja.

Sí   No

12. Si me enfermo, cuento con que mi pareja me cuidará.

Sí   No

13. La crueldad ocasional o la falta de respeto hacia la pareja, no debe influir en la decisión de tener sexo con él o con ella.

Sí   No

14. Si mi pareja se enferma espero que me satisfaga sexualmente.

Sí   No

15. Espero que mi pareja acepte mis avances sexuales, incluso si estoy drogado o alcoholizado.

Sí   No

16. No hay nada de malo en recurrir a la pornografía para satisfacer mis necesidades sexuales.

Sí   No

Capítulo ocho

Vive como si fueras a morir mañana.
Aprende como si fueras a vivir eternamente.

MAHATMA GANDHI

Hasta que la muerte nos separe

Cuando decimos "hasta que la muerte nos separe", realmente estamos diciendo:

Mientras no me hartes… mientras me sigas excitando… mientras conserves esa figura… mientras tengas cabello… mientras sigas haciéndome sentir maripositas en el estómago… mientras no llegue alguien mejor que tú.

O bien:

Permaneceré a tu lado hasta la muerte porque no creo en el divorcio. Pero habré de vivir miserablemente, créeme, y a ti te sucederá lo mismo. Y eso no es todo, se lo contaré a todos. Seré como un mártir para mis votos y llevaré mi sufrimiento como una medalla de honor.

La promesa de dedicarse el uno al otro hasta que la muerte los separe es un asunto serio. No hay ejemplo más poderoso de una mentira expresada en el altar que este voto o juramento. La irrefutable evidencia se llama: "índice de divorcios", que durante décadas ha abarcado alrededor de 50 por ciento. Uno de cada dos matrimonios no se sostiene hasta la llegada de la muerte física. Muchas otras parejas enfrentan la muerte emocional, espiritual, sexual y sensual dentro de sus matrimonios, pero se sienten obligados a honrar sus votos de permanecer hasta el agrio final. Estas uniones de callada desesperación —y a veces no tan callada— se rompen mucho antes de la muerte física de uno de ellos. Están divorciados, sólo que no en papel, ni ante la ley, ni frente a sus prácticas religiosas. Me imagino, no obstante, que si tuviéramos acceso a las listas de honestidad e integridad de la corte sagrada del guardador de todos los récords, encontraríamos que los verdaderos divorcios sobrepasan ese 50 por ciento estadístico.

Creo que cada contrayente debería responder estas dos elementales preguntas: "¿Qué harás para que tu matrimonio no sólo sea duradero, sino que sea satisfactorio y exitoso para ambos?", y "¿Qué planeas hacer para alejarte de la inclemente succión de esa acechante aspiradora llamada divorcio?"

La promesa de permanecer juntos hasta el final es un voto vacío, a menos que signifique realmente algo para ustedes. El simple hecho de acomodarte en el sillón frente al televisor durante 50 años no solidificará tu matrimonio. Quizá sea un matrimonio duradero, pero los matrimonios duraderos no necesariamente son satisfactorios y felices. Cuando las personas aseguran llevar mucho tiempo en pareja, trato de no asumir que conozco el significado de la longevidad matrimonial. Podría significar que estoy frente a una pareja sólida y madura que ha sabido amarse, respetarse y procurarse en verdad. Podría significar que tengo el privilegio de ver a una pareja cuyos miembros eligieron mostrarse el uno al otro y crecer. Aunque muy bien podría significar que estoy frente a una pareja que se ha ganado, a pulso, el título de: Mártires del siglo.

Conozco a una mujer que trató por todos los medios de no mentir ante el altar respecto a permanecer casada hasta la muerte. "Fui educada bajo la premisa de asistir al colegio, conocer al candidato ideal y contraer matrimonio", dijo Coralee, una intermediaria de arte, de 38 años. "Mientras estaba en el colegio, me enamoré de un hombre realmente agradable. Pero, al mismo tiempo, comenzaba a descubrir qué era aquello que yo quería en la vida, y fue durante mi graduación cuando me di cuenta que aún no estaba preparada para el matrimonio. Desafortunadamente, el universo *sí* lo estaba; es decir, mi novio, nuestras familias, nuestras amistades. Excepto yo, le decía a la gente que no estaba lista para el compromiso, pero me respondían: "Te escucho, pero lo dices de dientes para afuera". Estaba siendo arrastrada y no sabía cómo detener todo aquello.

"Mi prometido y yo fuimos con nuestro pastor para recibir las pláticas prenupciales. Y le dije, sin rodeos: 'No tengo problemas para continuar con esto, pero deben quitar la línea que dice «hasta que la muerte nos separe», porque no puedo pararme frente a Dios y prometer algo que no estoy segura de poder cumplir'".

Si Coralee pensó que sus palabras lograrían detener el matrimonio, se equivocó. "Todo el mundo, incluidos mi prometido y el pastor, pensaron que me estaba haciendo la chistosa, excepto yo, en mi papel de Coralee, había actuado con honestidad", dijo. "Así que decidí tomar el camino que presentara menor resistencia, y nos casamos. Él era un hombre bueno, pero no teníamos absolutamente nada en común. Nuestras metas de vida iban en direcciones opuestas. Luego de unos cuantos años, comprendí que no era justo para él que yo sostuviera esa mentira, ya que él deseaba tener hijos y yo no". Comprendió cabalmente que se había casado por satisfacer las necesidades de todos, menos las suyas.

En el quinto aniversario de su matrimonio, cuando el marido de Coralee brindó "por el año entrante", ella, con cierta tristeza, le comentó que no habría un siguiente año. Fue así como ella lo honró a él y se honró a sí misma.

Otra mujer me contó que justo antes de entrar por el pasillo de la parroquia, su padre se volteó a mirarla y le dijo. "Recuerda que eres católica, por serlo, se te permite beber, fumar, bailar y apostar. No todas las religiones te permiten eso; lo que no puedes hacer es divorciarte. ¿Me comprendes?" Ella lo comprendió. Como lo comprendió de nuevo cuando, a la edad de 39 años, se divorció. Su padre, notablemente disgustado le dijo: "Y pensar que solías ser buena". Sin embargo, saber que su padre hubiera preferido que ella permaneciera en un matrimonio sin amor y hasta la muerte, le resultaba incómodo.

Incluso los grandes matrimonios tienen días y años malos. Periodos de conflicto, aburrimiento, estrés y demás dificultades que afligen a la pareja. Esto no es necesariamente malo. Es algo que sucede en el curso de una relación. La pregunta es: ¿Qué vas a hacer con eso? ¿Qué significa para ti?

La fantasía regresa

Desde el ventajoso punto de vista del altar, y mientras ambos están ahí llenos de optimismo y de gozo en sus cuerpos y en sus corazones, su futuro se abre frente a ustedes como un sendero regocijante, deslumbrante y sencillo, cubierto de pétalos de rosa. ¡Quién no querría ese destino! ¿Hasta la muerte? ¡Encantados de la vida! Este es el momento en el que la mentira se vuelve tan seductora, tan romántica, tan poderosa, que te atrapa.

Siete, diez, veinte años a lo largo de esa vereda, los botones de rosa ya no se dan, y tu reacción bien podría ser: "¿Y en verdad esperas que yo siga por este camino hasta que alguno de los dos se muera?"

Cuando fue exhibida la película *Los puentes de Madison*, recuerdo haberla visto, y pensé que la cinta me mantendría en el negocio por siempre. Esta película logró influir en las mujeres. Las sedujo al sustraerlas de la rutina diaria de sus vidas. Les llenó el corazón con ese amor tan poderoso, tan espontáneo y tan verdadero. De la nada se aparece un extraño misterioso, apuesto, sexy y sensible de las que ellas podrían enamorarse locamente. Él exclama aquellas palabras que sus maridos ya no expresan, revive la pasión en ellas muerta o jamás sentida, y expresa esa hoy tan lejana adoración. En la pantalla, todo ello es perfecto, incluso para mí. Esas viejas películas tienen la virtud de despertar esas inmadureces jóvenes y primitivas que todas llevamos dentro. No estoy diciendo que la pasión profunda no sea posible, sino sólo que es creada de manera genuina en una relación comprometida. Casi nunca accedemos a este tipo de imágenes de amor y de pasión, así que estamos inmersos con nuestros sueños no satisfechos, alimentados por las películas y las canciones de amor que nos hacen anhelar más por la ilusión y menos por lo que realmente podríamos cultivar en la vida real.

En la historia, un hombre extraño y rudo, pero inteligente, un aventurero, fotógrafo de puentes, se presenta de pronto frente a las puertas de la casa de una mujer campirana. Él despierta en ella una intensa pasión que ha estado dormida durante años. De pronto, ella sale de este letargo y vuelve a vivir. Es una fantasía maravillosa, pero no es real. Afrontémoslo: el fortachón y sensible Clint Eastwood no anda por ahí de pueblo en pueblo, tocando a las puertas de granjas perdidas en busca de su alma gemela. Lo que fue real en la vida de esta mujer eran su matrimonio, y el amor de sus hijos. Incluso aunque existiera un verdadero amor entre la pareja, había una zona muerta. El *affaire* o la aventura con el fotógrafo fue una revelación, incluso una ilusión, pero nunca una solución.

La fantasía suele suceder, nos atrapa cuando estamos inconscientes, cansados, vulnerables o solos. La amiga de una prima mía se sintió devorada por el remolino de un hombre al que conoció mientras vacacionaba en una exótica y paradisíaca isla. Ella había atravesado un año particularmente difícil y necesitaba unas vacaciones desesperadamente para aligerar su carga vital. Y aunque sabía muy poco acerca del hombre que conoció en su isla de la fantasía, se enamoró de él. Creyó frecuentemente que era "el indicado", el gran amor que había esperado toda la vida. Él representaba todo lo que había soñado: alto, apuesto, tierno, encantador y un exitoso cirujano. Se casaron pocos meses después. Cuando él le comentó sus planes de abrir una clínica para los hijos de las víctimas de la guerra, el corazón de la mujer se llenó de amor. Él era tan bueno y tan bondadoso. Ella le respondió que sería un honor invertir todos sus ahorros en esa clínica, creía en él y quería ayudarle a realizar sus sueños.

Poco después de cumplir un año de casados, su guapísimo esposo cirujano le dio un beso de despedida y se fue a trabajar. Jamás regresó. Más tarde ella descubrió que él no era quien decía ser. No era cirujano, era un ex convicto con un historial kilométrico, cuyo modus operandi era buscar a mujeres solitarias para casarse con ellas y, posteriormente, huir con sus ahorros. Eso dejó a la prima de mi amiga con el corazón destrozado, humillada y en bancarrota.

Mi amiga me dijo cuán vulnerable era su prima. El hombre aquel la había reducido a cero en su vulnerabilidad como con un rayo láser. Los manipuladores, los traficantes de poder, son gente que no tiene ni remordimientos ni conciencia, capaces de oler a una víctima a distancia. Simplemente externan sus líneas predatorias. Una víctima morderá el anzuelo, mientras que una no víctima, o los ignorará o los morderá de vuelta diciendo: "No soy yo quien buscas para tus juegos". Espero que esa mujer haya aprendido de su experiencia y haya emergido de ella más sabia y más fuerte porque todo aquello le significó una lucha. Cuando mi amiga la retó al preguntarle: "¿Aún lo amas, verdad?", ella contestó: "Sí", de inmediato. Y entonces calificó su respuesta y la corrigió: "Quiero decir, sigo enamorada del hombre con quien me casé".

"Ah", pensé, "¡ahora lo entiendo!" El hombre con quien se había casado no existió, nunca existió. Era un mito, ella se enamoró de una fantasía, y fue terriblemente difícil renunciar al sueño que él representaba y lo que imaginó que sería su vida en pareja.

Le tomó dos años poder nombrar a su traidor sin asfixiarse. No fue sino hasta que finalmente lo comentó con otras tres mujeres, ex esposas del mismo vividor, cuando pudo continuar con su vida. Incluso entonces, no pudo superar la magnitud de la mentira: que un hombre pudiera estar junto a ella en el altar, sin la menor intención de mantener su promesa de amarla hasta la muerte. Fue la triste testigo de la realidad que afirma que un matrimonio basado en mentiras no sobrevive.

Recientemente sostuve esta misma discusión con una de mis propias primas quien lloraba por el recuerdo de una ilusión y no por el de una persona. El hombre con el que ella se había involucrado era tan sinvergüenza que no era digno de ser amado. Mi prima me dijo: "Bueno, al menos pasamos buenos ratos juntos", a lo que respondí: "Así es, las esclavas a veces son tratadas más o menos bien por sus amos, pero eso no las libera de la esclavitud". La esencia de la esclavitud significa que la base de la relación fue siempre destructiva. No te dejes engañar por unos instantes agradables. Si los pones en la balanza junto a los malos momentos, vamos, ni siquiera presentarán la mínima resistencia.

¿TE QUEDAS AHÍ, INCLUSO SI TE MATA?

Cada nueve segundos, una mujer es golpeada por su pareja en Estados Unidos. Aproximadamente una de cada tres mujeres experimentará, por lo menos, un asalto físico a lo largo de su vida, por parte de su pareja.

Si estás en una relación en donde existe el abuso físico, debes hacerte la siguiente pregunta: ¿Cuando prometí "hasta la muerte", no habré querido decir hasta que me maten? Y si estás en una relación donde hay abuso mental y verbal, entonces pregúntate: ¿Cuando prometí "hasta la muerte", realmente quise decir hasta que asesinen mi espíritu y mi alma? El amor no degrada. El amor no te lleva a la sala de emergencias. El amor no se atropella en una esquina ni te hace llorar. El amor no te espanta. El amor no te hace desear estar muerto. Si crees que lo hace, entonces vives una mentira.

El amor es gentil, tierno y no suele llevar el marcador de los errores. El amor perdona, se arrepiente, cambia de carril cuando ha transitado por el camino equivocado. El amor afirma y busca espacio para las diferencias, su columna vertebral son la seguridad, el honor; el sentido de vida es su don.

En este punto, estoy hablando por las mujeres ya que, aunque la violencia doméstica en contra de los hombres también sucede, representa una mínima fracción frente a las experiencias femeninas. Mucha gente no puede entender por qué una mujer permanece en una relación o en un matrimonio abusivos. La verdadera pregunta aquí es por qué una mujer entra a una relación con un hombre abusivo, primeramente. El abuso busca terrenos fértiles para germinar. Un hombre abusivo no estará cerca ni mucho menos irá al altar con una mujer fuerte y segura de sí misma, sabedora de lo que quiere; es decir, no podrá estar al lado de una mujer que se ama y se preocupa por sí misma. Hace falta una mujer asustada y dañada en su autoestima para creer las mentiras que un abusador utiliza para justificar su comportamiento. Él le dice a ella que su rabia explosiva en realidad es una profunda pasión; que nunca había conocido a ninguna mujer que lo excitara tanto como ella; que lo que pasa es que la quiere tanto que enloquece. Se vuelve salvaje y celoso: "Y si te pego, es por lo mucho que te quiero".

Cuando un hombre llega a tu vida y se comporta de manera terrible, si te valoras a ti misma, necesariamente tienes que pensar: "Este tipo es sinónimo de malas noticias". Pero cuando lo invitas a sentarse a tu mesa, a dormir en tu cama, a moverse dentro de tu hogar, a compartir tus alimentos, es una clara señal de que tu autoestima está seriamente amenazada. Quizá creciste en la creencia de que no vales mucho, o de que no eres lo suficientemente bonita, o de que nadie te querría realmente, o de que no merecías nada mejor.

Una mujer cuyo novio casi la mata me explicó porqué lo aceptó de nuevo: "Lo quiero tanto que no puedo dejarlo ir", me dijo. "Y creo que él me ama, aunque no siempre me lo demuestra en la forma correcta". Además me confesó: "Lo amo más que a mí misma".

Le dije la verdad. "Tú no lo amas, crees amarlo porque no te ubicas sin él. Y es así como trabajan los abusadores. Te convencen de que los necesitas y a eso le llaman amor. Si continúas alimentando esa fantasía y viviendo esa mentira, tarde o temprano te costará la vida".

Si estás casada con un abusador y permaneces en el matrimonio porque te da miedo alejarte, o porque tus creencias religiosas te prohíben el faltar a tus promesas, o por los niños (y dime cómo podría beneficiar el alma, el espíritu o la psique de una criatura permanecer en una relación abusiva), necesitas saber dos cosas: primero; tu vida importa y te pertenece. Segundo; tu pareja rompió sus votos hace mucho tiempo. Lo que tienes no es un matrimonio, es una sentencia de cadena perpetua, y aquí la única pregunta que cabe es si habrá alguna posibilidad de obtener la libertad condicional, o la pena de muerte. Pregúntate si tu pareja es tu custodio o tu verdugo.

Una mujer que tuvo el valor de abandonar a su marido, un abusador emocional, una vez me dijo, llorando: "¿Por qué todo lo veo tan feo y por qué me lastima tanto?" Se refería al rompimiento, pero había mucho más que eso.

"Te duele tanto porque hace mucho, cuando comenzó tu dolor, era una pequeña palpitación", dije. "Y la aceptaste, diciendo: 'Puedo vivir con ello'. Y entonces el dolor se hizo más profundo, pero también lo aceptaste. Dijiste: 'Con esto también puedo'. Y cuando el abuso se volvió insoportable, dijiste: '¿Me hará más fuerte aquello que no me mata?' ¿Comprendes lo que sucedió? Fue un proceso gradual. Comenzaste a tomar providencias sólo cuando la situación se volvió intolerable. Es como cuando descubres que tienes cáncer, si ignoras los primeros síntomas, el cáncer se expanderá y te matará".

Una de las metas de la madurez emocional, de relación y espiritual, es la habilidad que desarrollas para la autoprotección mientras, paralelamente, honras a otros. El honor es algo que se gana. Tú ofreces honor cuando es necesario hacerlo y te lo guardas cuando así es requerido. De otra forma te volverías partícipe de una mentira reciente. ¿Alguna vez has asistido al funeral de alguien que no fue muy agradable en vida, y cuando escuchaste la lista de elogios en tu interior te preguntas, de quién estarán hablando? Estar sano emocionalmente te permite llamarle abuso al abuso.

Una amiga mía muy cercana tiene una hija joven y sorprendente. Un día, mientras los abuelos de la niña la observaban, su abuelo hizo un comentario marcadamente cruel. Más tarde, con lágrimas en los ojos, la niña le dijo a su madre que su abuelo había dicho algo que la había lastimado profundamente. Mi amiga respondió de manera inteligente. Le explicó a su hija que su abuelo había sido cruel, y que la abuela debió haber hecho algo para detener el dolor que le estaba infligiendo a la niña, y que eso no volvería a suceder jamás. Mi amiga dijo esto en presencia de sus padres para asegurarse que ellos estuvieran conscientes de que la crueldad del abuelo y el silencio de su mujer eran inaceptables y no volverían a ser tolerados.

Al día siguiente, la pequeña niña fue a la escuela, triste. Y gracias a que ella era una chica platicadora y abierta, su maestra le preguntó: "Stacey, ¿por qué estás tan calladita?" Stacey le narró el incidente con el abuelo y la profesora le dijo: "Vaya, bueno, tu abuelo está viejo. La gente vieja es enojona y regañona a veces". Stacey dijo: "No, mi mamita me dijo que lo que mi abuelo dijo fue cruel y que no estaba bien que él volviera a hablarme como lo hizo". La maestra comprendió que la madre de Stacey le había dado a la niña una lección invaluable: le había enseñado a identificar un comportamiento abusivo, sin importar la fuente, y que ella tenía derecho a protegerse a sí misma de cualquiera que intentara dañarla, incluyendo a sus abuelos.

Esta historia me conmovió profundamente, porque casi todas las mujeres no captan mensajes claros cuando son jóvenes y han recibido abuso mental, verbal o físico, y por lo tanto son incapaces de reconocerlo y de protegerse a sí mismas. La madre de esta niña comprendió que su hija necesitaba un carril de referencia verdadero, y le dio un regalo maravilloso.

TRANSFORMAR LAS FALLAS EN APRENDIZAJE

El doctor Harville Hendrix ha dicho que las relaciones pueden ser incubadoras del crecimiento y la sanación, si se los permitimos. Incluso si tu matrimonio termina en un divorcio, puedes alejarte de la culpa, del dolor y utilizar lo que has aprendido de manera positiva. Si abandonas tu relación, no te vayas sin las lecciones aprendidas. Ya sea que te quedes o que te vayas, aprende la lección. Nunca es acerca de él o de ti. Quizá él sea un idiota, pero de ti depende permitirle convertirse en un súper pelmazo tras veinte años de vida juntos. Quizá ella es muy negativa y muy crítica, pero en ti está permitir o no que esa negatividad se infiltre en tu vida. Si no posees esa decisión, todo habrá de repetirse.

Quizá tu matrimonio no termine en divorcio, pero vivirá en la desesperación. Quiero que sepas que hay una tercera opción.

Una pareja infeliz vino a verme. Me comentó: "El divorcio no es una opción para nosotros".

Les dije: "Continuar así, tampoco lo es". Estoy a favor del compromiso pero sin sufrimientos innecesarios. Necesitan encontrar maneras diferentes en cada uno que les permita avanzar". Esta idea les pareció radical. Su intención al venir a verme había sido encontrar una forma de sobrevivir a una vida llena de insatisfacciones, y quedaron altamente impresionados cuando les sugerí que mejor encontraran la manera de formar un gran matrimonio.

Un proverbio japonés dice: "Cuando te encuentre la muerte, pide que te encuentre vivo". Si vas por la vida emocional y espiritualmente muerto, ¿tiene sentido permanecer hasta el agrio final? ¿Quieres que tu epitafio diga: "Duré hasta la muerte"?

Cuando haces voto de permanecer con otra persona mientras tengan vida, estás prometiendo permanecer vivo en tu matrimonio. El hacerlo de otra manera sería desperdiciar los dos obsequios más grandes que Dios nos dio: vida y tiempo.

Capítulo nueve

El temor crece en la oscuridad;

si crees que por ahí anda el Coco,

enciende la luz.

DOROTHY THOMPSON

Tener los ojos bien abiertos

Cuando trabajo con parejas de casados, casi siempre les pregunto: "¿Discutieron esto antes de casarse?" Podríamos estar hablando acerca del dinero, el sexo, los hijos, los empleos, las prácticas y creencias espirituales o de cualquier otra cosa. Lo más seguro es que el problema que los tiene empantanados ni siquiera fue tomado en cuenta antes de la boda. Yo les digo: "Ya que ninguno de los dos puede leerle la mente al otro, y como yo no tengo una bola de cristal, pueden decirme, ¿cómo le hicieron para conocer las actitudes de su pareja?" Por lo regular se encogen de hombros y se sienten apenados; sin embargo, no ubican en dónde dejaron de hacer su tarea. Pienso que la explicación más fácil es que muchas parejas temen que si discuten ciertos temas potencialmente controversiales antes del matrimonio, su relación podría estallar. Cuando la gente se enamora y se corteja, prefieren resaltar sus afinidades y no sus diferencias. Por tal motivo, guardan silencio y simplemente esperan que les vaya bien.

La mayoría de nosotros ha aprendido a ver en la esperanza a la contraparte del miedo, esa paloma que nos transportará hacia el futuro. Pero la esperanza sin acción no es verdadera, y la acción sin esperanza sólo puede crear frustración y desesperación. Personalmente prefiero el sólido concepto del filósofo George Santayana: "Aquellos que no pueden recordar el pasado, están condenados a repetirlo". Aprender de las lecciones del pasado es el resultado de haberte formulado las preguntas acerca de lo que ha y no ha funcionado en tu vida. Te invito a ver lo que significa iniciar un matrimonio con los Tener los ojos bien abiertos, utilizando las siguientes 276 preguntas como un camino que te conduzca a la conversación más importante de tu vida, y no como la plática de una noche. Por favor, no me digas que no tienes tiempo para contestarlas. Tarde o temprano pagarás el costo del matrimonio, y no hay forma de cruzar la caseta matrimonial sin pagar peaje.

Hay un dicho en la Iglesia Negra que afirma que todos se quieren ir al cielo, pero nadie se quiere morir. Todo mundo quiere heredar, pero nadie quiere pagar el impuesto correspondiente. Es el mismo principio y mucha gente se lo adjudica al matrimonio. Todos quieren un gran matrimonio, pero pocos estamos dispuestos a hacer lo que se requiere para crearlo. Cuando estaba por terminar mi destructiva relación, mi pareja me dijo: "Robin, yo realmente quiero que esto funcione". Mi respuesta fue: "Y yo quiero la paz mundial, pero pregúntame qué he hecho últimamente que puede repercutir en ello". Mi punto es muy simple: lo que metes, es igual a lo que sacas. Si quieres pollo asado, no vas a poner un filete de res en la charola y luego preguntarte: ¿caray, por qué no hay pollo? En tu matrimonio debes meter justamente aquello que quieres sacar. Debes tener una pareja con quien compartir metas, objetivos y valores.

No hay bola de cristal, pero no la necesitas. Lo que necesitas es el valor de formularte junto con tu pareja, esas preguntas difíciles y que ambos estén dispuestos a aceptar las respuestas sinceras que surjan del proceso. Descubrir aquello que es importante para su sentido de bienestar como pareja, es un punto clave en la fundación de un matrimonio fuerte y robusto. Si temes que al explorar ciertos temas tu bote se bambolee y se voltee, no le estás permitiendo a la unión el sortear los fuertes oleajes de la vida matrimonial.

No te aproximes a la conversación desde un lugar confesional o de juicio, sino desde un lugar de honestidad, abierto hacia el aprendizaje. El propósito no es ver si tu pareja es afín a tu criterio. No es una lista. Te invito a ver más allá de la superficie y a considerar esas cualidades requeridas para soportar el largo viaje. La curiosidad es un hermoso regalo para el matrimonio. Le permite a la pareja transformar actitudes de culpa en inquietudes acerca del mundo del otro. La curiosidad en el matrimonio es una postura que crea una plataforma en donde nacen nuevas conversaciones, y abre ese tesoro que significa el descubrir la individualidad del otro. Si ya estás casado, quizá te sorprenda aprender algo nuevo acerca de ambos. Si de momento no tienes una pareja, este ejercicio resulta igualmente importante, aprender a conocerte es un requisito previo para lograr una relación exitosa. Yo llamo a esto "la caja de herramientas de las no sorpresas". Conforme vas reduciendo el elemento sorpresa de algunos temas importantes, de algunos temas de todos los días y de todo aquello que das por hecho, estás estabilizando los cimientos. Al dejar de jugar el juego de las adivinanzas y "el pretendamos que", para comprometerte con la verdad, aumentas tus posibilidades de crear un matrimonio feliz y mutuamente satisfactorio.

El empleo

Reconozcamos que vivimos en una sociedad extremadamente orientada hacia el estatus, con cierto énfasis puesto en una persona que se considera poseedora de una adecuada identidad profesional. Frecuentemente escuchamos a la gente jactarse (o quizá seas tú el que se jacte) acerca de una pareja, diciendo: "Es doctor", o "Es modelo", como si el estatus fuera por sí mismo suficiente para garantizar una buena relación. Desafortunadamente, tú no escuchas a la gente jactarse: "Es maestro de kínder", o "Es la asistente administrativa de una organización no lucrativa en el Bronx". Éste es parte del problema. Cuando nos basamos en el estatus, anulamos cualquier oportunidad de vivir una existencia auténtica con una pareja que comparta nuestros valores.

He aquí las preguntas que necesitas contestar.

1. ¿Ejerces la profesión que elegiste?
2. ¿Cuántas horas a la semana trabajas?
3. ¿Qué exigencias tiene tu trabajo? Por ejemplo, ¿viajas a menudo por cuestiones de negocio, trabajas en casa, realizas trabajos peligrosos?
4. ¿Cuál es tu trabajo ideal?
5. ¿Alguna vez te han llamado "adicto al trabajo"?
6. ¿Cuál es tu plan para el retiro? ¿Qué piensas hacer cuando dejes de trabajar?
7. ¿Te han despedido alguna vez?
8. ¿Has renunciado a algún trabajo súbitamente? ¿Cambias de empleo constantemente?

9. ¿Consideras tu empleo como una carrera o como una ocupación?

10. ¿Alguna vez ha sido tu empleo factor para el rompimiento de alguna relación?

El hogar

Detalles acerca de dónde y cómo vives actualmente aparentemente son secundarios frente a temas de mayor peso. Esto es especialmente cierto si eres joven. Pero algunas preguntas respecto a tu nido, resultan primordiales. Tu hogar es el lugar en donde te escudas del resto del mundo, y necesitas saber si éste será un santuario o el ojo del huracán. Comienza por preguntarle a tu pareja estas cuestiones:

11. ¿Si pudieras vivir en cualquier parte del mundo, dónde sería?

12. ¿Qué escenarios prefieres, los urbanos, suburbanos o rurales?

13. ¿Es importante tener tu casa propia o preferirías un departamento o un condominio que incluyera el mantenimiento? ¿Eres un "hazlo tú mismo", o prefieres contratar profesionales? ¿Prefieres limpiar tu casa, o contratar a alguien que lo haga?

14. ¿Piensas que tu hogar es un capullo o tu puerta siempre está abierta? ¿Qué necesitas para sentirte lleno de energía e inspirado en tu hogar?

15. ¿Es importante la calma en tu hogar, o prefieres música de fondo todo el tiempo? ¿Es importante tener el televisor en tu recámara? ¿En la sala? ¿En la cocina? ¿Te gusta dormir viendo la tele, o escuchando la radio?

16. ¿Qué tan importante es disponer de un espacio para ti solo?

17. ¿Han sido las diferencias respecto a tu estilo de casa un factor decisivo para el rompimiento de una relación?

El dinero

Como lo discutimos en el capítulo seis, el dinero es un tópico pesado. Muchas parejas dejan de hablar de "¿cuánto?", y asumen que lo demás se arreglará por sí mismo. Pero las preguntas acerca del dinero los conducirán hacia áreas vitales y éstas habrán de presentarse todos los días. He aquí algunas de las preguntas a formular:

18. Si tus recursos fueran ilimitados, ¿cómo vivirías?

19. ¿Qué tan importante es ganar mucho dinero?

20. ¿A cuánto asciende tu ingreso anual?

21. ¿Pagas pensión o manutención infantil?

22. ¿Crees en los contratos prenupciales? ¿Bajo qué circunstancias?

23. ¿Crees en el establecimiento de presupuestos familiares?

24. ¿Deberían los integrantes de un matrimonio tener cuentas bancarias separadas adicionales a las cuentas compartidas? ¿Crees que las facturas deben pagarse entre los dos, basándose en sus porcentajes salariales?

25. ¿Quién debería administrar el ingreso familiar?

26. ¿Tienes deudas importantes?

27. ¿Te gusta apostar?

28. ¿Tenías un empleo remunerado cuando estudiabas?

29. ¿Alguna vez te han llamado "avaro" o "codo"?

30. ¿Crees que una cantidad debería ser destinada a los placeres, incluso si tu presupuesto es corto?

31. ¿Alguna vez has gastado dinero para controlar una relación? ¿Alguna vez alguien te ha tratado de controlar con dinero?

32. ¿Ha sido el dinero alguna vez factor de rompimiento en alguna de tus relaciones?

La historia de tus relaciones

Cuando las relaciones no funcionan, la gente suele asumir que se debe a que escogieron a la persona equivocada. Incluso, algunas personas ingresan al matrimonio con una ruta de escape no hablada y tensa, pensando: "Si este matrimonio no funciona, me divorcio y lo intento de nuevo", pero debes entender que las salidas de todas las relaciones son baratas al tergiversar la verdadera lección que necesitas aprender para poder crear un amor duradero, pletórico de recompensas. Recordarás que en la introducción de este libro describí las heridas de mi niñez y las comparé con mi miedo a ser insignificante y a no existir. Cargué con esta herida hasta tener la edad y el desarrollo de las relaciones adultas, y encontré maneras de evitarla, pero no la enfrenté hasta que el hombre con el que viví me borró y me reemplazó. Enfrentar esa dolorosa realidad me permitió despertar de un letargo. Los adultos maduros no ven en esta forma de borrar-reemplazar una opción viable para crear un amor verdadero, pensar que puedes borrar a alguien de tu vida y reemplazarlo con alguien más, sin conocer los verdaderos motivos, sólo te guiará a un fracaso continuo. Es muy importante que conozcas si tú o tu pareja presentan esta tendencia.

33. ¿Te has sentido profundamente insegura en una relación? ¿Estabas en condiciones de enfrentarte a tu temor?

34. ¿Cuándo fue la primera vez que sentiste que estabas enamorada de otra persona? ¿Qué pasó en esa relación, y cómo lidias con eso ahora?

35. ¿Cuál ha sido la relación más larga que has sostenido anterior a la actual? ¿Por qué terminó y qué lecciones aprendiste?

36. ¿Te has casado alguna vez? Si es así, ¿eres divorciada, viuda? ¿Cómo manejaste la pérdida?

37. Si actualmente tienes una pareja, ¿está enterada de tus relaciones pasadas de las cuales no te sientes particularmente orgulloso?

38. ¿Crees que las relaciones pasadas deben quedarse en el pasado y no ser tema de conversación en la relación actual?

39. ¿Tiendes a comparar a tu pareja en turno con parejas anteriores?

40. ¿Has contemplado la posibilidad de visitar a un terapeuta matrimonial alguna vez? ¿Qué aprendiste de la experiencia?

41. ¿Tienes hijos de matrimonios anteriores o de alguna relación no marital? ¿Cómo es tu relación con ellos? ¿Cómo vislumbras tu relación con ellos en el futuro?

42. ¿Has estado a punto de contraer nupcias y en el último momento se ha suspendido todo?

43. ¿Has convivido con alguien fuera del matrimonio? ¿Por qué eligieron vivir juntos sin casarse? ¿Qué te enseñó tal experiencia acerca de la importancia del matrimonio o acerca del compromiso?

44. ¿Abrigas temores de que la persona a la que amas pueda rechazarte o llegue a sentir desamor por ti?

El sexo

En un principio, la razón fundamental que llevaba a la gente al matrimonio era tener sexo sin sentir culpa ni vergüenza en la procreación de los hijos. Si no había matrimonio, el sexo era tabú, y algunas culturas y religiones aún se rigen por esta idea: "Es mejor casarse que quemarse" (en el infierno, por ceder a la lujuria carnal). Me aventuro al afirmar que hay más de un camino para quemarse. El deseo sexual es uno de ellos, pero también lo es la lujuria que aparece cuando utilizamos el cuerpo de otra persona como si fuera un objeto. Este tipo de ardor destruye lo sublime de la sexualidad que no se expresa en el contexto de una relación íntima y comprometida.

Todo lo que rodea a la sexualidad significa vivir en la verdad. Tu sexualidad te pertenece. Si vas a ser una persona sexual, necesitas comprender su significado y aceptar la responsabilidad.

Los hombres y las mujeres tienden a enarbolar diferentes conceptos de lo que significa poseer sexualidad propia. Para los hombres, se traduce en negar el significado del sexo sin ver la sacrosantidad de dicho acto. Para las mujeres se carga más hacia la ignorancia y la vergüenza, no permitiéndose saber qué es lo que necesitan para incorporarlo a su comportamiento. Cuando entablen una conversación acerca de sus expectativas sexuales y sus miedos, asegúrense de respetar los límites del otro. Al preguntar estas cuestiones, tu meta no es la de hurgar dentro de cada detalle de la historia sexual, sino abrirte a una conversación que involucre al aspecto más íntimo de tu relación.

45. ¿Qué actividades sexuales disfrutas más? ¿Hay actos sexuales específicos que te hacen sentir incómodo? ¡Especifica! No hay tiempo para dudar.

46. ¿Te sientes cómodo al iniciar la actividad sexual? Si tu respuesta es afirmativa o negativa, explica por qué.

47. ¿Qué ambiente necesitas crear para abrirte al sexo?

48. ¿Alguna vez has sido atacado o abusado sexualmente?

49. ¿Cómo encara tu familia el tema del sexo? ¿Alguna vez se habló de ello? ¿Quién habló contigo al respecto?

50. ¿Te automedicas con sexo? ¿Si algo te molesta, recurres al sexo y tratas de que te ayude a sentirte mejor?

51. ¿Alguna vez has sido forzado a tener sexo para "llevar la fiesta en paz"? ¿Haz forzado u obligado a alguien a tener sexo contigo para "llevar la fiesta en paz"?

52. ¿Consideras que la fidelidad sexual es absolutamente necesaria para llevar un buen matrimonio?

53. ¿Disfrutas viendo pornografía?

54. ¿Qué tan a menudo necesitas o esperas tener sexo?

55. ¿Alguna vez has tenido una relación sexual con personas de tu mismo sexo?

56. ¿Ha sido la insatisfacción sexual motivo de rompimiento de una relación?

La salud

Cuando buscas información acerca del historial y las prácticas de salud de tu pareja realmente te planteas las preguntas: "Te encuentras conmigo en este largo viaje?", y "¿Estás comprometido a dar lo mejor de ti?" Mucha gente no presta atención a las cuestiones de salud sino hasta que tienen hijos, o hasta que alguno de los dos se enferma. Pero los asuntos que giran alrededor de la salud son temas primarios que te dicen que vives a partir de tus heridas, o a partir de un lugar saludable.

57. ¿Cómo describirías tu actual condición física y de salud?

58. ¿Has padecido alguna enfermedad seria? ¿Te han intervenido quirúrgicamente?

59. ¿Crees que cuidarte a ti mismo es una responsabilidad sagrada? ¿Crees que la tarea de cuidar tu salud física y mental debe ser parte del respeto por tus votos matrimoniales?

60. ¿Hay enfermedades genéticas en tu familia, o algún caso de cáncer, cardiopatía o enfermedad crónica?

61. ¿Tienes seguro de gastos médicos? ¿Tienes seguro dental?

62. ¿Estás inscrito en algún gimnasio? En caso afirmativo, ¿cuántas horas te ejercitas a la semana?

63. ¿Practicas algún deporte, o realizas algún tipo de ejercicio?

64. ¿Has estado alguna vez en una relación física o emocionalmente abusiva?

65. ¿Has sufrido desórdenes alimenticios?

66. ¿Has estado alguna vez involucrada en algún accidente serio?

67. ¿Te medicas actualmente?

68. ¿Has padecido alguna enfermedad de transmisión sexual?

69. ¿Has sido tratado por algún desorden mental?

70. ¿Ves a algún terapeuta?

71. ¿Fumas o fumaste?

72. ¿Consideras que tienes una personalidad adictiva, o has tenido alguna adicción? ¿Alguna vez te han dicho que tienes un problema de adicción, aunque tú no estés de acuerdo con ello?

73. ¿Qué cantidad de alcohol consumes a la semana?

74. ¿Consumes drogas recreativas?

75. ¿Padeces algún problema médico que impacte directamente en la satisfacción de tu vida sexual (por ejemplo, disfunción eréctil, eyaculación prematura, resequedad vaginal, alguna adicción a drogas/alcohol)?

76. ¿Alguno de estos problemas de salud ha sido un factor para que hayas tenido que dar por terminada alguna relación?

La apariencia

En el capítulo uno afirmaba que el exterior de un paquete no nos brinda la suficiente información respecto a su contenido. En una cultura que le concede un alto valor a la apariencia física, la mayoría de la gente lucha con sentimientos de insuficiencia y abriga el temor de perder todo su valor sin su imagen exterior. La confianza se rompe rápidamente cuando en una relación, uno de los actores es obligado a sentirse poco atractivo, o cuando los juicios sobre su peso o edad crecen desproporcionadamente frente a los valores verdaderos y duraderos.

77. ¿Qué tan importante es para ti lucir radiante siempre?

78. ¿Qué tan importante es para ti la apariencia de tu cónyuge?

¿Tienes preferencias por estar al lado de un tipo de físico en particular?

79. ¿Hay procedimientos cosméticos a los que te sometes regularmente?

80. ¿Consideras importante el control de peso? ¿Te importa el peso de tu pareja? ¿Cómo reaccionarías si tu pareja comenzara a engordar desproporcionadamente?

81. ¿Cuánto dinero gastas en ropa al año?

82. ¿Te preocupa envejecer? ¿Te preocupa perder tu imagen?

83. ¿Qué te gusta y qué te disgusta de tu apariencia? ¿Estabas orgulloso de tu imagen cuando niño, o te sentías apenado?

84. ¿Cómo reaccionarías si tu cónyuge perdiera un miembro? ¿Un seno? ¿Cómo manejarías la pérdida?

85. ¿Sientes que puedes tener buena química con alguien que te atrae moderadamente o necesitas una tremenda atracción física? ¿Ha sido la apariencia física o la química lo que te ha orillado a terminar una relación?

La paternidad

Aunque este libro trata acerca del matrimonio y de los socios íntimos, la procreación es un tema de adultos, y existen muchísimas parejas adultas que traen hijos a un matrimonio cuyos cimientos no son muy sólidos. Ser un adulto maduro involucra reconocer que mucho de lo que puedes recrear en tu matrimonio y en tu papel de padre tiene que ver con asuntos no resueltos con tus padres y familia. Si estás casada y aún no tienes hijos, dales a ellos y date a ti misma el regalo de colocar unos cimientos sólidos antes de construir una familia.

86. ¿Quieres tener hijos? ¿Cuándo? ¿Cuántos? ¿Ya no puedes tenerlos?

87. ¿Te sentirías incompleta si no fueras capaz de tener hijos?

88. ¿Quién es el responsable del control natal? ¿Qué pasaría si accidentalmente quedaras embarazada antes de lo planeado?

89. ¿Qué opinas de los tratamientos de fertilidad? ¿Y de la adopción? ¿Adoptarías si no pudieras tener hijos?

90. ¿Qué opinas del aborto? ¿Debería pesar la opinión del hombre respecto a si su esposa debe o no abortar? ¿Alguna vez has sufrido algún aborto?

91. ¿Has sido padre o madre de alguna criatura que después haya sido dada en adopción?

92. ¿Qué tan importante es para ti que tus hijos crezcan cerca de tu familia?

93. ¿Crees que una buena madre quiera amamantar a su bebé? ¿Crees que un padre o una madre deban permanecer en casa con la criatura durante los primeros seis meses de vida? ¿Durante el primer año? ¿Durante más tiempo?

94. ¿Crees en las nalgadas? ¿Qué disciplina recomiendas: ponerle un alto, castigarlo en un rincón, suspenderle los privilegios, otra?)

95. ¿Crees que los niños tienen derechos? ¿Sientes que la opinión de un niño debería ser considerada cuando la familia enfrenta decisiones vitales, como mudarse o cambiarlo de escuela?

96. ¿Crees que los niños deberían ser educados bajo los preceptos de alguna religión o fundación espiritual?

97. ¿Deberían los niños ser tratados igual que las niñas? ¿Deberían someterse a las mismas reglas de conducta? ¿Debes esperar lo mismo respecto a sus conductas sexuales?

98. ¿Le recomendarías a tu hija adolescente algunos métodos anticonceptivos si supieras que es sexualmente activa?

99. ¿Si no te gustaran las amistades de tus hijos, cómo manejarías la situación?

100. ¿En una familia extendida, deberían los padres naturales encargarse de tomar aquellas decisiones que involucran a sus propios hijos?

101. ¿Te harías la vasectomía, o te ligarías las trompas? ¿Crees que es una elección personal o compartida?

102. ¿Las diferencias respecto a la concepción o crianza de los hijos ha sido un factor que te ha llevado a terminar con una relación?

Las familias

Todos llevamos impresas las huellas de nuestras historias familiares, de la misma forma como en la edad adulta cargamos con nuestras heridas infantiles. Conocer íntimamente a otra persona es comprender los efectos de esta relación primaria.

103. ¿Eres muy apegado a tu familia?

104. ¿Estás o alguna vez te has sentido/estado alejado de tu familia?

105. ¿Te cuesta trabajo el fijar límites de tiempo con tu familia?

106. ¿Has logrado identificar aquella herida infantil que quizá saboteó tus pasadas relaciones, la profunda impresión de miedo que te hizo querer huir? ¿Cómo sufriste la peor de las heridas familiares y quién te las provocó?

107. ¿Qué tan importante es que tú y tu pareja se lleven bien con la familia del otro?

108. ¿Cómo arreglaban tus padres los conflictos cuando eras niño? ¿Hay miembros de tu familia que guardan resentimientos por años?

109. ¿Qué tanto influyen tus padres en tus decisiones actuales?

110. ¿Han sido asuntos no resueltos de tu vida familiar, factores que te han orillado al rompimiento de una relación?

Los amigos

Cuando éramos niños, los amigos fueron con quienes comenzamos a expresar y reforzar nuestra identidad. Contrario a los miembros de nuestra familia, los amigos son gente que escogemos para entablar relaciones y que a su vez nos escogen con el mismo propósito. Los percibimos, al menos de forma ideal, como personitas que nos quieren y nos admiran por quienes somos. Las buenas amistades nunca son amenazantes; contamos con su permiso para serles honestos sin temor a las consecuencias, y hay una expectativa de mutua aceptación. Y aunque las amistades cercanas sean un don, muchas nuevas parejas batallan con la imposición de estos otros actores en su relación íntima. Es importante hablar acerca de dónde deberán sentarse tus amigos en la mesa matrimonial.

111. ¿Tienes un mejor amigo?

112. ¿Ves a tus mejores amigos al menos una vez por semana? ¿Hablas por teléfono con alguno de ellos por lo menos una vez al día?

113. ¿Son tus amistades tan importantes para ti como lo es tu pareja?

114. ¿Cuando tus amigos te necesitan acudes al llamado?

115. ¿Es importante para ti o para tu pareja aceptar a los amigos de ambos?

116. ¿Consideras que es importante que tú y tu pareja tengan amigos en común?

117. ¿Te cuesta trabajo marcar límites con tus amigos?

118. ¿Alguna pareja tuya fue responsable del rompimiento de alguna amistad? ¿Han tenido algo que ver tus amigos en la ruptura de alguna de tus relaciones?

Las mascotas

Para quien ama a las mascotas (y yo las amo), esta relación es muy especial y no tiene igual. La vulnerabilidad de una mascota y su incondicional aceptación son muy similares a las que nos inspira una criatura; de hecho, muchos nos referimos a nosotros mismos como "mamita" o "papito" frente a nuestras mascotas. Las mascotas te ofrecen confort cuando estás triste, compañía cuando estás solo, así como gozo verdadero y amistad cuando lo único que quieres es correr con la pelota y jugar en el más imprudente de los abandonos. Las mascotas nos enseñan a ser responsables, a sentir compasión, a ser cuidadosos, y pueden iluminar el día. Esto es algo muy difícil de entender para quienes no son amantes de las mascotas; tú no puedes convencer de amar a los animales a quien no le gustan las mascotas. No importa cuál sea la circunstancia, este tema debe ser tratado en su totalidad.

Conozco a poca gente que ame tanto a los animales como yo, y acepto el hecho. Para mí, el tratamiento de lo que la Biblia llama "Lo mínimo de esto" es muy importante. Eso incluye a animales y a niños, a personas que viven en la pobreza y que luchan por conseguir un pedazo de pan, el exhausto mesero del restaurante, o la mucama del hotel, alguien que sufre alguna discapacidad o los jóvenes con trabajo en el Centro Juvenil de Detenciones. Hace mucho tiempo estuve involucrada con un hombre que no sólo le gustaba juzgar a la gente poco afortunada, sino que además se mostraba áspero y grosero con mi perra. Había veces en que, por descuido, el hombre le pisaba una de sus patitas delanteras. Mi perrita aullaba de dolor mientras mantenía su patita lastimada en el aire. Y él, en lugar de mostrar arrepentimiento o algún sentimiento de compasión o nobleza, culpaba al animalito por no quitarse y por seguirlo a todas partes. Esto para mí fue un signo de peligro en la relación. No porque a él no le gustara mi perra, sino por lastimarla aun cuando era un animal alegre y cariñoso. Su incapacidad para mostrar cierto remordimiento por su acción era una señal de los profundos faltantes que pudieron haber tenido mayor impacto en nuestra habilidad como pareja para establecer una relación sana. Esto anuló mi posibilidad de sentirme a salvo con él, y disminuyó mi confianza en relación con su respeto por todas las criaturas de la creación, incluyéndome a mí. Respetar a todas las criaturas de la creación no significaba que tuviera por fuerza que amar a los animales o a mi perra en particular, pero sí que tuviera que respetarla por ser un miembro valioso de la creación y un tesoro muy apreciado por mí, por lo que cuando la lastimó tuvo que haberse preocupado. Esta tendencia a no mostrar remordimiento fue una constante a lo largo de su vida, así que no se trataba solamente de la perra; sino de una forma de ser.

119 ¿Eres amante de los animales?

120. ¿Tienes perro, gato o alguna otra mascota?

121. ¿Tu actitud es: "Ámame, ama a mi perro, ama a mi gato, ama a mi cerdo de panza pecosa"?

122. ¿Alguna vez has sido físicamente agresivo con algún animal? ¿Has lastimando deliberadamente a algún animal?

123. ¿Crees que una persona debería regalar a su mascota si ésta interfiriera con su relación de pareja?

124. ¿Consideras que las mascotas son miembros de tu familia?

125. ¿Has sentido celos por la relación que tiene tu pareja con su mascota?

126. ¿Algún desacuerdo con respecto a las mascotas ha sido un factor importante para que tú hayas decidido romper con una relación?

La política

Incluso socios íntimos pueden tener diferentes actitudes acerca de la acción social, los derechos humanos, el papel que juega la fe en el cumplimiento de la justicia para todos los ciudadanos y sus ideales. A menudo, la gente trivializa la política y las afiliaciones partidistas, pero el asunto es fundamental, es la forma en la que ves el mundo y en la que ubicas tu lugar en él. Incluye además otras categorías y cuestiones que mostraremos más adelante: comunidad, caridad, el ejército, la ley y los medios.

127. ¿Te consideras de derecha, de izquierda, de centro, o eres completamente apolítico? ¿Qué actitud tomó tu familia, política y socialmente hablando?

128. ¿Perteneces a algún partido político? ¿Tu participación es activa?

129. ¿Votaste en la pasada elección presidencial?

130. ¿Crees que dos personas de diferente ideología política pueden aspirar a tener un matrimonio exitoso?

131. ¿Crees que el sistema político está posicionado contra la gente de color, la gente pobre y la gente privada del voto?

132. ¿Qué temas políticos te interesan más? Por ejemplo; la igualdad, la seguridad nacional, la privacidad, el medio ambiente, el presupuesto, los derechos de las mujeres, los derechos de los homosexuales, los derechos humanos, etcétera?

133. ¿La política ha tenido que ver alguna vez con el rompimiento de una relación?

La comunidad

134. ¿Es importante para ti involucrarte con los miembros de la comunidad?

135. ¿Te gusta mantener una relación cercana con tus vecinos? ¿Le darías a tus vecinos copia de la llave de tu casa?

136. ¿Participas regularmente en proyectos comunitarios?

137. ¿Crees en el dicho: "Las buenas rejas hacen buenos vecinos"?

138. ¿Has tenido un problema serio con algún vecino?

139. ¿Le causas molestias a tus vecinos? (Por ejemplo, ¿te gusta escuchar la música a todo volumen?, ¿tus perros no dejan de ladrar?).

La caridad

140. ¿Qué tan importante es para ti contribuir con tiempo o dinero a la caridad?

141. ¿Qué tipo de caridad es a la que apoyas? ¿Qué porcentaje de tu ingreso anual donas a la caridad?

142. ¿Crees que es responsabilidad de los que "tienen" ayudar a los que "no tienen"?

143. ¿Las actitudes que has tomado frente a tus contribuciones caritativas han influido con el rompimiento de alguna relación?

La milicia

144. ¿Has estado alguna vez en el ejército?

145. ¿Han pertenecido tus padres u otros parientes, al ejército?

146. ¿Te gustaría que tus hijos ingresaran al ejército?

147. ¿Te identificas más con las situaciones no violentas, o con aquellas que involucran a la fuerza y a la acción militar?

148. ¿Ha sido el servicio militar o actitudes respecto al mismo un factor para terminar una relación?

La ley

149. ¿Te consideras una persona que respeta la ley?

150. ¿Has cometido algún crimen? En caso afirmativo, descríbelo.

151. ¿Te han arrestado alguna vez? En caso afirmativo, ¿cuál fue el motivo?

152. ¿Alguna vez has estado en prisión? En caso afirmativo, ¿Cuál fue la causa?

153. ¿Has enfrentado una acción legal o una demanda? En caso afirmativo, ¿cuáles fueron las circunstancias?

154. ¿Alguna vez has sido víctima de un acto violento? (Robo, asalto, despojo, etcétera.) En caso afirmativo, describe los hechos.

155. ¿Consideras que es de vital importancia ser rigurosamente honesto a la hora de pagar los impuestos?

156. ¿Has dejado de cumplir con la manutención de tus hijos? En caso afirmativo, ¿por qué?

157. ¿Algún tema legal o criminal ha sido un factor en el rompimiento de una relación?

Los medios

158. ¿Por qué medio te enteras de las noticias? (TV, radio, periódicos, revistas, Internet, amigos.)

159. ¿Crees todo lo que lees en los diarios, o te preguntas cuál será la fuente de las informaciones, y si hay otras verdades detrás de cada suceso?

160. ¿Buscas medios que te presenten diversas perspectivas sobre cada noticia?

161. ¿La diferencia en los medios ha sido un factor de rompimiento de alguna relación?

La religión

Como en la política, la religión no puede quedar reducida a la simple afiliación. Esto es especialmente cierto hoy en día, cuando la religión es algo tan importante para la gente. Tengo amigos que decidieron no involucrarse activamente en ésta o aquella religión; aún así, ella fue criada como católica y él era judío, las fuertes influencias históricas y familiares aparecieron constantemente como invitados sorpresa en su vida. Pensaron que habían logrado rechazar las afiliaciones religiosas de sus padres, pero cuando se convirtieron en padres, sintieron regresar en el tiempo. Como era lógico, las diferencias religiosas crearon un serio conflicto sobre cuál doctrina religiosa debería dominar la vida de sus hijos. Finalmente, como no eran del tipo de gente dogmática, encontraron una forma de dar a sus hijos una herencia de religión mixta, pero no todas las parejas lo logran. Cuando sostengas una conversación acerca de la religión, ve más allá de la afiliación, hasta descubrir qué significado tiene la religión para cada uno.

162. ¿Crees en Dios? ¿Qué significado tiene para ti?

163. ¿Estás afiliado a alguna religión? ¿Representa algo importante en tu vida?

164. ¿Ya de adulto, tu familia perteneció a alguna iglesia, sinagoga, templo o mezquita?

165. ¿Actualmente practicas otra religión diferente de la que recibiste en la niñez?

166. ¿Crees que hay vida después de la muerte?

167. ¿Te impone tu religión algunas restricciones de conducta —dietéticas, sociales, familiares, sexuales—, que pudieran afectar a tu pareja?

168. ¿Te consideras una persona religiosa? ¿Una persona espiritual?

169. ¿Practicas otro tipo de espiritualidad fuera de la religión?

170. ¿Qué tan importante es para ti que tu pareja comparta tus creencias religiosas?

171. ¿Qué tan importante es que tus hijos sean educados dentro de tu religión?

172. ¿Son la espiritualidad y su práctica una parte de tu vida diaria?

173. ¿Alguna religión o práctica espiritual ha sido un factor para el rompimiento de alguna religión?

La cultura

No podemos escapar a nuestra cultura popular, nos tiene rodeados y su influencia es tan persuasiva como el aire que respiramos. A veces nos eleva y nos enriquece, otras nos deprime hasta el punto de cuestionar nuestras nociones acerca de la inteligencia y el alma humana. Las preferencias individuales desempeñan un papel muy importante en la actitud que asumimos sobre la cultura, y las parejas pueden vivir felizmente con diferentes preferencias. Conozco a una mujer que semanalmente toma lecciones de tango con sus amigas mientras su marido asiste al cine de arte. Ambos están contentos con sus intereses por separado. Por otro lado, he conocido personas cuyas obsesiones por la cultura se convirtieron en factor enajenante para sus relaciones. Las obsesiones crean barreras a la intimidad. Estas consideraciones también involucran tus actitudes y comportamientos con respecto al tiempo dedicado al esparcimiento.

¿Qué tan culto quieres parecer ante los ojos de los demás? ¿Eres tu propio barómetro, o te comparas con tu familia, amigos, iconos culturales y las estrellas de las películas de Hollywood? ¿Qué porción de tu vida está encaminada hacia tus valores, y de dónde provienen?

174. ¿Impacta la cultura de manera importante en tu vida?

175. ¿Dedicas tiempo a leer, ver o discutir sobre la vida de actores, músicos, modelos u otras celebridades?

176. ¿Crees que la mayoría de las celebridades tienen una mejor y más excitante vida que tú? En caso afirmativo, quizá se deba a que ellos están viviendo su vida y tú estás leyendo u observando las suyas. ¿No estarás desperdiciando la oportunidad de vivir tu propia vida?

177. ¿Vas al cine con regularidad o prefieres rentar películas y verlas en casa?

178. ¿Cuál es tu género musical favorito?

179. ¿Vas a los conciertos de tus músicos y grupos favoritos?

180. ¿Disfrutas ir a museos y exposiciones de arte?

181. ¿Te gusta bailar?

182. ¿Te gusta ver la televisión por diversión?

183. ¿Algunas actitudes o comportamientos tuyos relacionados con la cultura han tenido que ver con el rompimiento de una relación?

El esparcimiento

184. ¿Cuál o cómo sería para ti un día ideal?

185. ¿Tienes algún pasatiempo que consideres importante?

186. ¿Te gusta ver deportes?

187. ¿Limitas otro tipo de actividades debido al fútbol, béisbol, básquetbol u otros deportes?

188. ¿Qué actividades disfrutas que no involucran a tu pareja? ¿Qué tan importante es para ti el que tú y tu pareja disfruten de las mismas actividades recreativas?

189. ¿Cuánto tiempo le dedicas a tus actividades recreativas?

190. ¿Disfrutas actividades que quizá incomoden a tu pareja, como asistir a bares, clubes nudistas o casinos?

191. ¿Alguna actividad recreativa ha sido un factor en el rompimiento de alguna relación?

La vida social

He visto matrimonios terminar por no ser capaces de lograr consensos, o porque sólo un integrante es sociable. Aparentemente son temas frívolos, tienen profundas raíces que están relacionadas con la visión que tenemos de nosotros mismos en el mundo, qué solemos tomar y qué dar, así como la conciencia personal por ser aceptados y queridos por los demás. Quizá sea cierto que una persona que necesite un roce social frecuente, en realidad esté buscando una constante confirmación por verse bien ante los ojos del mundo. Por el otro lado, una persona resistente a los compromisos sociales, por lo regular le teme al rechazo. La gente sociable gusta de hacer pareja con gente menos sociable, cada uno buscando en el otro esa pieza que les falta. La meta de una relación adulta es el alcanzar un balance saludable, y conectarse socialmente desde un lugar que les represente confidencialidad, mientras continúan buscando un espacio capaz de nutrirlos personalmente y a la relación.

Las mismas distinciones aplican a la hora de planear vacaciones y celebrar fiestas u ocasiones especiales. En una relación adulta, habrá una mutua colaboración para crear algo que, si no es perfecto, al menos es aceptado y respetado por ambos cónyuges.

Es aquí donde puedes poner en práctica tu poder compartido, que se traduce en respeto por tu pareja, porque no es igual a ti, y por lo tanto, tiene diferentes maneras de procurarse diversión y placer. Cuando escucho a alguien decir que su pareja no irá al cine porque: "No le gustan las películas de acción", o "No le gustan las películas románticas", mi respuesta es siempre la misma: "¿Y qué con eso? Esto no se trata de qué tipo de película te gusta, se trata de saber si eres o no generoso en la relación". Cuando asumimos que no haremos las cosas simplemente porque no las disfrutamos, tomamos una actitud egoísta, y eso estrecha la vereda por donde viaja la intimidad. Déjame decirte una gran verdad acerca de los buenos matrimonios: *la gente hace cosas que particularmente les alegra el corazón porque eso es bueno para la relación.* Esto se llama madurez, y la madurez nos guía hacia matrimonios saludables y felices.

192. ¿Te gusta divertir a la gente; te preocupas porque algo pueda salir mal; porque la gente quizá no se la pase bien?

193. ¿Para ti es importante asistir a eventos sociales con regularidad o la idea no te atrae?

194. ¿Deseas salir a divertirte al menos un día a la semana o prefieres quedarte en casa?

195. ¿Tu trabajo incluye la asistencia a eventos sociales? Si es así, ¿es un peso o un placer? ¿Suele acompañarte tu pareja o prefieres que se quede en casa?

196. ¿Socializas primero con tus compañeros de trabajo; con la gente de tu misma etnia-raza-religión-nivel socioeconómico o con diferentes personas?

197. ¿Usualmente eres el "alma de la fiesta" o te disgusta ser el centro de atracción?

198. ¿Alguna vez han tenido tú o tu pareja una discusión por el comportamiento del uno o del otro en alguna reunión?

199. ¿Las diferencias en torno a socializar han sido factor de quiebre en alguna relación?

Las fiestas y los cumpleaños

200. ¿Qué fiestas crees que son las más importantes de celebrar?

201. ¿Mantienes alguna tradición familiar sobre ciertas fiestas?

202. ¿Qué tan importantes son para ti los cumpleaños? ¿Y los aniversarios?

203. ¿Han sido las diferencias de las fiestas y cumpleaños un factor de rompimiento en alguna relación?

Los viajes y las vacaciones

204. ¿Disfrutas viajar o prefieres permanecer en casa?

205. ¿Son las vacaciones parte importante de tu planeación anual?

206. ¿Qué porcentaje de tu ingreso anual lo dedicas para vacacionar y para los gastos del viaje?

207. ¿Tienes algún destino vacacional favorito? ¿Consideras como un desperdicio gastar dinero en pasear por lugares lejanos?

208. ¿Crees que es importante tener pasaporte? ¿Crees que es importante hablar un idioma extranjero?

209. ¿Las disputas acerca de algún viaje o vacación influyeron en el rompimiento de una relación?

La educación

En muchas relaciones, la educación es una cuestión no tratada. Quizá nuestras ideas al respecto están tan ocultas que ni siquiera sepamos que las tenemos. Sin embargo, las diferencias en el nivel educativo y el grado de importancia que se le da, aflora cuando hay otras luchas de poder en la relación.

210. ¿Cuál es tu nivel de educación formal? ¿Te produce orgullo o vergüenza?

211. ¿Acostumbras inscribirte a cursos que te interesan o en programas de aprendizaje avanzado que habrán de ayudarte en tu carrera o profesión?

212. ¿Crees que los graduados universitarios son más listos que quien recibió educación media superior? ¿Fue la disparidad educativa alguna vez causa de tensión en alguna relación o motivo para terminar?

213. ¿Qué opinas de la educación escolar privada para niños? ¿Te has fijado algún límite económico de lo que deberías pagar por una educación escolar privada?

214. ¿Han sido los niveles educativos un factor en el rompimiento de alguna de tus relaciones?

El transporte

Vivimos en una sociedad donde los automóviles son símbolos de identidad e independencia. Para mucha gente representan una forma de reclamar un espacio personal en el mundo. Otros los conciben como un mal necesario. ¿En qué grupo te ubicas? ¿En qué grupo se ubica tu pareja?

215. ¿Tienes o alquilas un coche con opción a compra? ¿Alguna vez consideraste no tener automóvil?

216. ¿El año, marca y modelo de tu auto son importantes para ti? ¿Es tu coche tu castillo?

217. ¿Son la eficiencia de combustible y la protección ambiental factores para elegir un coche en particular?

218. ¿Prefieres el transporte público a manejar un auto?

219. ¿Cuánto tiempo le dedicas al mantenimiento y cuidado de tu vehículo? ¿Compartes tu coche?

220. ¿Qué tan largo es tu trayecto diario? ¿Lo realizas en camión?

221. ¿Te consideras un buen conductor? ¿Alguna vez has recibido una multa por exceso de velocidad?

222. ¿Los autos o tu manera de conducirlos han sido alguna vez factor de rompimiento de alguna relación?

La comunicación

De alguna manera dudo que antes de la invención del teléfono la gente se sintiera amenazada o asombrada porque sus parejas se la pasaran escribiendo cartas. Hoy en día, con el avance de los teléfonos celulares y los intercomunicadores, es posible estar localizable siempre, ya sea por teléfono o correo electrónico. Esto puede causarle conflictos a las relaciones, especialmente cuando tu pareja cree que el repiqueteo del teléfono es más importante que ese ser de carne y hueso lo acompaña (o, sea tú).

223. ¿Cuánto tiempo pasas diariamente hablando por teléfono?

224. ¿Tienes un teléfono celular o un intercomunicador?

225. ¿Perteneces a algún grupo de chat por internet? ¿Consumes mucho tiempo escribiendo y enviando correos electrónicos?

226. ¿Tienes algún número telefónico no enlistado?, ¿por qué?

227. ¿Te consideras comunicativo o no?

228. ¿Bajo qué circunstancias no contestarías el teléfono, celular o intercomunicador?

229. ¿La comunicación moderna ha sido un factor determinante en el rompimiento de alguna relación?

La hora de la comida

Si el único propósito de los alimentos fuera la nutrición, probablemente hoy ya habríamos encontrado la forma de condensarla hasta reducirla a una cápsula diaria. Obviamente, la hora de la comida es mucho, pero mucho más que eso. Es lo que comemos, cuándo, dónde y con quién y todo lo que significa.

230. ¿Te agrada comer tus alimentos cómodamente sentado a la mesa o donde te dé hambre?

231. ¿Te gusta cocinar? ¿Adoras comer?

232. ¿Cuando eras joven, te importaba que todos estuvieran presentes a la hora de la comida?

233. ¿Sigues un régimen específico de dieta que limite tus opciones alimenticias? ¿Esperas que otros miembros de tu familia se adhieran a ciertas restricciones dietéticas?

234. ¿En tu ambiente familiar utilizan la comida como soborno o como prueba de amor?

235. ¿Te has avergonzado alguna vez de tu forma de comer?

236. ¿Tu forma de comer y la comida en general alguna vez han sido causa de tensión y estrés en alguna relación? ¿Han influido en el rompimiento de alguna relación?

Los roles de género

Nos esforzamos por lograr la igualdad en nuestras relaciones, pero dentro de nosotros acarreamos poderosas influencias desde nuestra niñez, etapa en la que aprendimos nuestros roles de género. A veces, las suposiciones acerca de quién hace qué, están tan introyectadas que ignoramos tenerlas, hasta que comienzan a emerger. El reto para las parejas es deshacerse de modelos que no funcionan para aproximarse a modelos que reflejen sus creencias y su compromiso; los estereotipos de género están tan grabados por la sociedad, la familia, la religión y los medios, que retar intencionalmente a tan falsos papeles ideales es uno de los regalos más importantes que tú y tu pareja pueden darse.

237. ¿Hay algunas responsabilidades caseras que tú creas que deben ser del domino del hombre o la mujer?, ¿por qué?

238. ¿Crees que un matrimonio es más fuerte si la mujer difiere del marido en casi todas las áreas? ¿Necesitas sentir que tienes el control o necesitas sentirte consentida?

239. ¿Qué tan importante es la igualdad en el matrimonio? Da tu definición de matrimonio.

240. ¿Crees que los papeles en tu familia deben ser representados por aquel que esté mejor equipado para realizar el trabajo, incluso si el acuerdo es poco convencional?

241. ¿Cómo ve tu familia el rol de los hombres y las mujeres? ¿En tu familia, cooperan indistintamente para realizar cualquier tipo de trabajo, siempre y cuando se haga bien?

242. ¿Las diferentes ideas sobre los roles de género, han sido causa de tensión o rompimiento de una relación?

La raza o etnia y las diferencias

Estados Unidos aún vive una existencia dispareja y separada en lo relativo a las razas y a las etnias, pero hemos elegido tomar un somnífero sobre el impacto que produce sobre nosotros como nación. Resulta fundamental explorar cómo este punto ciego puede aparecer en el matrimonio, como invitado no esperado en la Mesa matrimonial. Temas concernientes a la raza y a la etnia pueden calentarse rápidamente, pero enfrentarlos con la verdad puede conducirnos a un entendimiento más profundo del yo interior y el de el otro, incrementando los niveles de intimidad.

243. ¿Qué aprendiste de niño sobre las razas y las diferencias étnicas?

244. ¿Cuáles de esas creencias infantiles aún conservas, y cuáles no?

245. ¿Tu ambiente laboral se parece más al de las Naciones Unidas o a un reflejo de ti mismo? ¿Y qué me dices de tu vida personal?

246. ¿Qué sentirías si tu hijo o hija formalizara relaciones con alguien de diferente raza o etnia? ¿Con alguien de su mismo sexo? ¿Cómo te sentirías si contrajeran matrimonio?

247. ¿Estás consciente de tus propias tendencias raciales y étnicas? ¿Cuáles son? ¿Dónde se originaron? (No nacemos tendenciosos, lo aprendemos y es muy importante rastrear en dónde lo aprendimos.)

248. ¿La raza, la etnia, y sus diferencias han sido alguna vez causa de tensión y de estrés para ti y tu relación?

249. ¿Qué opinaba tu familia acerca de estos temas?

250. ¿Es importante para ti que tu pareja comparta tu opinión acerca de estos temas?

251. ¿La variedad de ideas acerca de la raza, la etnia y sus diferencias han sido alguna vez factor de rompimiento en tus relaciones?

La vida cotidiana

Como dice el dicho, la vida sucede cuando estás ocupado haciendo otras cosas. Los matrimonios se crean o se destruyen en las interacciones diarias. Estas pequeñas preguntas causan un gran impacto.

252. ¿Te consideras una persona matutina o nocturna?

253. ¿Juzgas a la gente que tiene distinto horario al tuyo?

254. ¿Eres una persona físicamente cariñosa?

255. ¿Cuál es tu época del año favorita?

256. ¿Cuando difieres de tu pareja tiendes a pelear o a retirarte?

257. Describe la noción de una división justa de labores dentro del hogar.

258. ¿Te gusta improvisar o prefieres hacer planes?

259. ¿Cuántas horas duermes cada noche?

260. ¿Te gusta ducharte cada mañana y ponerte ropa limpia, incluso los fines de semana y durante las vacaciones?

261. Describe tu relajación ideal.

262. ¿Qué te hace enojar verdaderamente? ¿Cómo reaccionas cuando estás muy enojado?

263. ¿Qué es lo que te hace más feliz? ¿Cómo reaccionas cuando te sientes feliz?

264. ¿Qué es lo que más te provoca inseguridad? ¿Cómo manejas tus inseguridades?

265. ¿Qué es lo que te hace actuar con mayor seguridad?

266. ¿Tus peleas son justas?, ¿cómo lo sabes?

267. ¿Cómo acostumbras celebrar algún suceso grandioso? ¿Cómo acostumbras lamentar algún acontecimiento trágico?

268. ¿Cuál es tu limitación más grande?

269. ¿En dónde radica tu mayor fortaleza?

270. ¿Qué es lo más significativo en tu búsqueda por crear un matrimonio apasionado e involucrado?

271. ¿Qué necesitas hacer hoy para avanzar y hacer realidad el matrimonio de tus sueños?

272. ¿A qué es a lo que más le temes?

273. ¿Hay algo que te quite el gozo y la pasión?

274. ¿Qué te llena la mente, el cuerpo y el espíritu?

275. ¿Qué hace que tu corazón sonría en tiempos difíciles?

276. ¿Qué te hace sentir vivo?

Estas conversaciones deberían llevarse a cabo antes del matrimonio, aunque también son conversaciones para toda la vida. Replantéalas siempre con tu pareja mientras crecen juntos, o cuando estén discutiendo algún tema en particular dentro del matrimonio. Llévenlas a otro nivel para sacarle punta al viejo lápiz. Continúen reescribiendo sus guiones hasta lograr que sus vidas les pertenezcan.

Adopten la regla de las "No sorpresas". Nadie está preparado para todo, pero tú puedes romper el silencio que invalidó la relación de varias generaciones matrimoniales del pasado. Recuerda: es una mentira eso de que es mejor esperar para más tarde —después de la boda, o después del primer año de casados, o cuando los niños hayan nacido, o cuando los niños hayan crecido, o cuando nos retiremos— para descubrir de qué estás hecho. Si esperas, la vida te rebasará.

Ármate de valor hoy y que comience la discusión, no te abrumes ni abrumes a tu pareja. Este es un buen sitio para comenzar a construir los cimientos de una unión amorosa y satisfactoria que quizá dure para toda la vida. Estas preguntas sólo son una guía. Habrá que utilizarlas como un resorte, y añadirlas a las que rondan su corazón, mente y espíritu.

Capítulo diez

El amor consiste en lo siguiente,
en que dos soledades se protejan,
se acaricien y se encuentren
la una a la otra.

RAINER MARÍA RILKE

Cómo escribir promesas verdaderas y vivir para ellas

El día de tu boda se acerca. Ya reservaste el salón, un caserón histórico que habías apartado desde hace dos años; las invitaciones, que tantas horas te llevó escribir, ya han sido enviadas; el menú está listo —los bien abastecidos platillos que harán las delicias de 200 invitados cercanos y seres queridos, con una entrada de filete de res o de robalo; la banda nupcial ya fue contratada; el color de los manteles elegido; los anillos están grabados; el pastel ordenado —cinco pisos coronados con perlas y capullos de hortensia que costaron una fortuna—; los pétalos y los adornos florales ordenados; el exclusivo vestido de novia y los atavíos de las cuatro madrinas, de la dama de honor y de las gemelitas encargadas de las flores: listos. El esmoquin del novio y los de los padrinos esperan por ellos; las estrechas limusinas están listas para encender los motores; los arreglos de la luna de miel han concluido. Hace cuatro semanas, la despedida de soltera fue todo un éxito. Las despedidas de soltero no tardan en ser organizadas. El gran evento se realizará en dos semanas.

¿Se nos olvidó algo? Claro. Hay que pensar en la ceremonia nupcial. He conocido a muchas parejas que le sacaron copias a sus promesas a la hora de asistir a los ensayos nupciales, un guión basado en la fórmula: "Repitan después de mí". También he visto a parejas frenéticas por encontrar, en el último minuto, quién oficie la ceremonia porque ninguno pertenece a alguna congregación o iglesia. Mucha gente acepta al párroco local o al oficiante en turno y lo adopta como parte del paquete nupcial. Conocen a la persona que habrá de unirlos en sagrado matrimonio por primera vez en su vida un día antes de la ceremonia. Obligado a llenar el papel, a este personaje no parece importarle que la pareja esté recibiendo un servicio y escuchando un sermón de voz de un extraño que tampoco los conoce.

Por supuesto, muchas personas se sienten felices por el hecho de haber sido casadas por el juez local, o por el párroco del pueblo, o por el ministro de justicia o de paz, aunque sea en una capilla matrimonial de Las Vegas, con un imitador de Elvis presidiendo la ceremonia; el asunto es que se están casando. Hay quienes deciden agregar un poquito de excentricidad y sazón a su unión; es parte de la diversión y no es tan caro.

No hay una forma buena ni mala de casarse. A mí me gustaría incrementar las posibilidades, eso sí, de que una vez que has decidido aparecerte como adulto, también tengas la posibilidad de planear la boda que refleje fielmente tus intenciones.

La industria de planeación de bodas no va a amarme por lo que voy a decir, pero creo que hemos perdido la esencia del matrimonio en el énfasis que le ponemos a todo… excepto a la espiritualidad de las promesas. Frecuentemente, la ceremonia se convierte en un trámite para pasar a la verdadera fiesta: la recepción. Y luego nos preguntamos por qué muchas parejas sienten el síndrome posmatrimonial, como si la boda fuera un final, no un principio.

Quizá por ello, muchas novias, y quizá novios, sufren el desorden matrimonial post-traumático. La desilusión es enorme. Tanta furiosa planeación y organización, tanta energía invertida y tanto dinero gastado, toda esa tensión, y todo para qué. Bueno, se acabó la luna de miel, literal y figurativamente. Una vez más, la realidad te abofetea el rostro, y ahí están ustedes, de regreso a la vida diaria. Finalmente se han convertido en marido y mujer. Ahora están solos y a la vez juntos para iniciar la vida de casados, llena de dicha matrimonial. ¿Es así? Para ciertas personas, es una experiencia triste y deprimente. ¿A dónde se fue toda la excitación?, ¿la magia? ¿Qué sucedió?, ¿qué sigue?

Lo que ha pasado queda muy claro: mucha gente pierde de vista la magnificencia del ritual en sí. Es absurdo pensar que puedas planear una boda durante dos años, dedicándole un mínimo de pensamientos a tu matrimonio, y de pronto pensar que, de alguna manera, y como por arte de magia, todo saldrá a pedir de boca. Eso es una mentira, una fantasía, es el ladrón que se robará tu felicidad. Los invito a que consideren devolverle intención y significado a su gran día. Restauren sus promesas y colóquenlas en su lugar preciso, ahí en el centro de su boda, un preludio significativo de la vida que ambos quieren vivir en pareja. Creo que pueden tenerlo todo —los atavíos de la elegancia envueltos en el significado de las promesas por las cuales vivir.

EL RITUAL DE LA BODA

Ocasionalmente, he tenido la fortuna de ser testigo algunos momentos realmente bellos. He asistido a ceremonias matrimoniales en calidad de oradora para parejas que desean incluir algunas palabras respecto a tener un matrimonio feliz. Recientemente, fui invitada a la boda de una queridísima amiga. Ella es una mujer estupenda; nos conocemos desde la niñez, incluso nuestros padres fueron amigos cercanos y ambas familias compartimos muchas épocas de amor y de pérdida. Ella había estado esperando durante años a que apareciera el hombre "indicado" —aquel que honrara su belleza y su inteligencia, así como su claridad espiritual—; contraer nupcias con un hombre mediocre no iba a satisfacerla. En el ínter prefirió vivir sola, sin compromisos. Para ella, crear un amor profundo y duradero en su vida resultó ser una ardua jornada. Y aunque basó su ceremonia nupcial en los juramentos tradicionales, lo que en realidad aprecié fue el papel que el pastor decidió desempeñar ese día. Él no se limitó a decirnos algunas palabras o a pedirle a la pareja el típico: "Repitan después de mí". En lugar de eso, aprovechó la oportunidad para incluir al novio, a la novia y a la concurrencia en una conversación acerca del significado de los votos. Y a pesar de que yo había sido una invitada especial, discretamente tomé una pluma y una hoja de papel de mi bolsa y apoyándome en el programa matrimonial escribí algunos de los conceptos que el pastor expresó. "El matrimonio no se trata ni de manipulación ni dominación. Tampoco de esclavitud o de servir a los demás como si fuera nuestra obligación. No, el matrimonio es un convenio entre iguales. El matrimonio no es un contrato entre competidores. El matrimonio es un enlace de amor, y hay un mundo de diferencia entre el amor y la lujuria". Admiré la forma en que el pastor hizo que la ceremonia nupcial resonara con su significado verdadero. Fue muy claro al decir que el matrimonio involucra madurez espiritual y emocional de dos adultos expresando la fuerza de su unión.

Al haberlo escogido como oficiante, la pareja mostró haber ingresado al matrimonio con sabiduría. Fue una experiencia regocijante —una ceremonia tradicional con los votos tradicionales incorporados para iluminar la verdad de lo que para el novio y la novia significaban los "Sí" y los "Sí acepto". Abandoné la ceremonia y la fiesta sabiendo que acababa de atestiguar un verdadero evento. Un día bendito en el que pude mirar al amor, a la verdad, al compromiso, a la pasión, al gozo y a la devoción en sus máximas expresiones. No se presentó la ilusión en la búsqueda de la perfección marital. No fue necesario, porque la realidad es mucho más hermosa y avasalladora que cualquier fantasía matrimonial. Me sentí cambiada y retada mientras observaba esta altísima demostración de madurez. Creo que esto es lo que la gente busca al decir "Sí, acepto". Simplemente no saben cómo definirlo, o no saben dónde está la vereda que los conduce a ese lugar. A propósito, mi amiga logró todo eso. Una ceremonia llena de significado, de amor, de gozo, seguida de una fiesta fabulosa, con una vista marina increíble: yates, gente y exquisitos platillos. El sol brilló intensamente en aquella celebración de amor.

Un ritual debería mezclar nuestras partes más profundas, despertar nuestro sentido de asombro y el gran poder que rige nuestras creencias primarias. Pararnos frente a nuestra familia y amigos para jurarnos amor, honor y adoración el uno al otro, es un momento que no debe ser tomado a la ligera.

LOS VOTOS

Has decidido escribir tus propios votos porque quieres que cada uno tenga un significado especial. ¿Por dónde empezar? Comienzas a navegar por internet y descubres cientos de por-

tales —un tesoro de poesía romántica, pensamientos senti-
mentales, notas, citas, letra de canciones y fórmulas "Llene el
espacio" —unes todo lo anterior, y seleccionas aquellos que
te hacen llorar y que ofrecen las magníficas promesas de toda
una vida. Y exclamas: "¡Oh, qué cosas tan hermosas dices!"
En esos momentos te asoleas en las playas del amor eterno. Te
apegas a la letra de "nuestra" canción, como si esas palabras
fueran a elevarte sobre todos los días venideros.

Muchas parejas casi consiguen escribir sus votos personali-
zados de la misma forma que eligieron personalizar las flores
o el pastel de boda. Los votos elegidos personalmente pueden
sonar hermosos y hacer sentir a ambos muy bien en su día
tan especial, pero resultan ser fácilmente olvidados, como si
fueran una crema fresca... pero efímera. Seis meses después,
seguramente alguno mirará al otro y le dirá: "Oye, ¿no me prometiste regalarme una sonrisa siempre?"

Hice un pequeño experimento preguntándole a la gente si
había escrito sus votos matrimoniales; la mayoría respondió
afirmativamente. Acto seguido les pregunté si los recordaban
y los más admitieron que no, incluyendo a una persona que
tenía menos de dos años de haberse casado. Las palabras, aun
cuando fueron cuidadosamente escogidas, no dejaron marca.
Esto sólo puede suceder porque el enfoque estuvo en los detalles de la boda y no en el sagrado compromiso que unos y otros
estaban a punto de contraer.

Los votos matrimoniales son el eje de una intención ritua-
lizada. La finalidad es iniciar juntos un viaje de por vida —y
tomar las palabras expresadas en esos votos durante el ritual
para darles vida todos y cada uno de los días. En este libro, y a
manera de templete, he utilizado fraseos tradicionales. Pero es
la resonancia significativa cercana a las palabras y a las frases
lo que realmente importa.

Comiencen revisando el trabajo que he realizado mientras leen este libro. Denle otro vistazo a los ejercicios. Sus respuestas son los ladrillos de su futuro. Representan su verdad.

Su tarea consiste en elegir aquellos pensamientos que reflejen su verdad. (Para cuando estén escribiendo sus votos matrimoniales, deben saber que están compartiendo la misma verdad, la misma visión y el mismo propósito.) Los votos que pronuncien son la manifestación pública de una promesa privada. Parte de su tarea consiste en definir cómo lograrán que sus votos signifiquen algo tan profundo para cada uno, que no dejen de sonar ni de existir, mientras se dedican a vivir su existencia día con día. Dichos votos habrán de servirles también como ancla cuando su nave marital se desvíe de curso.

El matrimonio es una institución humana que nos pide aceptar nuestra humanidad mientras nos esforzamos por transformar sus limitaciones. En ese espíritu, permítanme sugerir que sus votos incluyan estos cuatro elementos:

1. Los votos intencionales estipulan tus verdades. Representan tus principales creencias y compromisos, aterrizados en la realidad.

2. Los votos intencionales reflejan la aceptación de las necesidades y la individualidad. Ésta es tu promesa para atestiguar el verdadero yo de tu pareja, para realizar actos de amor, para compartir, y para apoyar el mejor yo de tu pareja.

3. Los votos intencionales reconocen el rompimiento y la posibilidad de vida. Ésta es la promesa que los ayudará a levantarse cuando caigan, a aferrarse responsable y respetuosamente con dignidad, con pasión, y a buscar siempre la posibilidad, mientras haya vida, de reparar aquello que se ha roto.

4. Los votos intencionales abarcan al mundo que te rodea. Este es su compromiso para compartir sus corazones con familiares, amigos y miembros de la comunidad.

Los votos intencionales refuerzan sus valores centrales con palabras vívidas. ¿Qué quiero decir con "palabras vívidas"? Quiero decir palabras que puedan ver en realidad. Por ejemplo, decir: "Te amaré por toda la eternidad" suena amoroso, pero es una promesa que no podrás mantener. Los siguientes son ejemplos de votos vivos.

Te prometo…

- Buscar la verdad cuando las mentiras nos tienten.
- Quedarme cuando tenga deseos de irme.
- Optar por la compasión cuando el camino más fácil sea la ira.
- Abrazar tus necesidades y preocuparme por ellas como si fueran las mías.
- Darte y aceptar tu confort en los tiempos difíciles.
- Compartir mi corazón con aquellos a quienes amas.
- Preocuparme por tus familiares como tú te preocupas por ellos.
- Brindarte honestidad, gozo y pasión.
- Crecer contigo.
- Ser testigo de tu vida e invitarte a que atestigües la mía.

Éstas son declaraciones extremadamente conmovedoras porque estuvieron basadas en la verdad; se dirigen a tu individualidad, a tus necesidades y a las de tu pareja; aceptan la ruptura de la vida y su posibilidad; abrazan un mundo infinitamente mayor que el de una simple unión.

Utilizar los cuatro elementos de los votos intencionales, tú puedes comenzar a disponer de ellos como propios. Esta fórmula te ayudará a iniciarlos.

Prometo (escribe tu verdad)_____.

Prometo (aceptar tu individualidad, tus necesidades y las mías)_____.

Prometo (reconocer nuestra posible ruptura)_____

_____.

Prometo (abrazar el mundo que nos rodea)_____.

Ritualicen sus votos de vida

¿Qué haces para que tus votos vivan dentro de ti? La respuesta simple es... practicándolos, viviendo la verdad de tu compromiso todos los días. El matrimonio es un viaje para toda la vida, más no fue creado para ser una lucha eterna. De hecho, puede facilitarse, el amor puede ser profundizado y la pasión endulzada. Con tiempo y práctica, las formas habituales que alguna vez fueron de naturaleza secundaria —siempre y cuando los hábitos que formaste te enaltezcan. La gente aprende a tocar el piano practicándolo, a hablar otro idioma utilizando dicho lenguaje el mayor tiempo posible, y a dominar un deporte jugándolo. Alguna vez escuché que Michael Jordan solía decir que por todas las canastas que encestó, hubo muchos tiros que falló durante las prácticas. Él no dejó de tirar y tirar y tirar hacia la canasta hasta que el número de encestes superó al número de balones que rebotaban en el marco o en el aro, sin entrar. En el matrimonio sucede lo mismo. Se requiere práctica, determinación, compromiso y enfoque. Recuerden cuando me referí a la analogía cajero automático: lo que metes es lo que sacas —nada más, nada menos— no puedes hacer retiros sin depósitos previos. Los votos matrimoniales no son juramentos mágicos, decir te amo, te honro y te adoro no se vuelve verdad por pronunciarlo. Cada pareja debe crecer dentro de sus votos, encontrando los caminos intencionales que los conviertan en acciones concretas y amorosas. Una vez que hayan escrito sus votos, elijan una práctica diaria que represente la manifestación de su intención. Notarán que estas prácticas irán creciendo y cambiando a la par con su matrimonio. En este momento, la meta es ponerle cemento a su voto por medio de una acción.

Tú puedes practicar vivir tus votos estableciendo rituales. Lo importante acerca de los rituales es que estos trascienden a los sentimientos. Es algo que ya sabes de la vida. Quizá no hayas sentido la necesidad de levantarte los domingos para ir a misa, pero lo has hecho. Quizá no hayas tenido ganas de ir al gimnasio, pero te has presentado. Sé que hay veces que no tienes ganas de ir a trabajar o de finalizar algún proyecto. Y sin embargo, lo has hecho. Los rituales intencionales te obligan a presentarte cuando tienes ganas de no estar ahí; te permiten mostrar tu mejor yo incluso cuando tu tanque se está quedando sin gasolina.

Tus rituales pueden ser cualquier acción que elijas y que refleje el espíritu y la sustancia de tus votos. He aquí algunos ejemplos.

- Una pareja que conozco se turna los domingos por la tarde al terminar su *sabbat* para planear algo que realmente quieren compartir. Es importante hacer estas cosas que tanto le gustan a tu pareja, es un gran recordatorio de que el mundo entero no gira a tu alrededor, y hace que la tendencia humana de ser absorbido por uno mismo, rebote. (Y la semana que entra, te toca a ti.)

- Muchas parejas eligen rituales simples que cultiven el amor y la bondad en un nivel de meditación capaz de curar la relación y de encender la pasión y sus respectivas conexiones. Esto incluye nunca salir de casa, sin decir "te amo", recibir un beso vespertino, un abrazo y un "¿Cómo te fue?" (esperando siempre la respuesta); o apagar los celulares una vez por semana para dedicarle ese tiempo a tu pareja.

- Las acciones intencionales que cambian tu comportamiento en beneficio de tu pareja pueden ser particularmente poderosas. Una idea es el practicar respondiendo con un "sí" a las demandas que tu pareja plantee. Esto es sorprendentemente posible —y efectivo. He aquí un ejemplo:

Refrán negativo (no)

— "Cariño, ¿podrías ir a tirar la basura?"

— "No puedo. Estoy ocupado."

Refrán positivo (sí)

— "Cariño, ¿podrías ir a tirar la basura?"

— "Por supuesto. En cuanto termine lo que estoy haciendo".

Si observas las frases escritas dicen lo mismo: "Lo haré", pero impactan en el corazón de tu pareja de manera muy diferente. La primera es cerrada y áspera, la segunda es comprensiva y respetuosa. Puedes aprender a mostrar perspicacia con tus palabras.

Piensa cómo puedes utilizar acciones intencionales para cambiar comportamientos que sabes que le molestan a tu pareja. Por ejemplo, decide que no vas a entrar en una discusión política con tu suegra cuando la veas esta semana, o lleves a cabo una diligencia de la cual usualmente se encarga tu pareja.

Quizá distingas un ritual argumental que reemplace la falta de significado de las palabras que flotan en tu mente ("Pelea justamente", o "Nunca hay que irnos a dormir enojados"). Por ejemplo, cuando enfrenten un desacuerdo y antes de que se convierta en una batalla de proporciones incalculables y de posiciones irretractables, deténganse y practiquen una reflexión que los lleve, a ambos, a escribir la posición de la otra persona como si fuera una declaración. No un "Ella piensa que debemos comprar un auto nuevo porque…" sino un "Deberíamos de comprar un auto nuevo porque…"

Este ejercicio le proporciona a cada uno el punto de vista del otro, lo prepara para escuchar, y les ayuda a crear un entendimiento profundo. Sentir que has sido visto y escuchado, es una invitación hacia a las profundidades de la pasión, la intimidad y la devoción.

¿Quién oficiará?

Un poco atrás les contaba la historia de la boda de mi amiga porque me impresionó lo importante que es elegir a un oficiante que verdaderamente refleje sus valores. Me intriga porqué una pareja debe gastar más tiempo y más esfuerzo eligiendo al grupo musical que tocará en la fiesta que al individuo que oficiará su ceremonia nupcial.

Las parejas que no son miembros de congregaciones religiosas, o que practican diferentes creencias, por lo regular batallan a la hora de encontrar al clérigo que presidirá los aspectos religiosos de la ceremonia. Aunque esta costumbre parece cambiar poco a poco, son contados los clérigos que aceptan presidir bodas o matrimonios entre contrayentes que no estén dentro de su misma congregación.

No se inclinen por un oficiante o un escenario que no reafirme plenamente su unión. Un hombre muy cercano a mí iba a contraer nupcias nuevamente. Se había divorciado bastante tiempo atrás y finalmente había encontrado de nuevo ese sentimiento de plenitud y de gozo que traen consigo el amor y la pasión bien cimentadas. Estaba muy emocionado por su segundo gran acontecimiento, y yo compartí con él ese gozo de tener una segunda oportunidad frente al amor. Él y su novia tenían un pastor igualmente emocionado ante la idea de unirlos en matrimonio. Sólo había un pequeño problema: un incendio había destruido la parroquia de la pareja y el nuevo santuario no estaría terminado para la ceremonia matrimonial. Encontraron una parroquia local dentro de su comunidad que satisfacía sus necesidades en términos de estilo y ubicación. Sin embargo, cuando se acercaron al pastor y le propusieron la utilización de su santuario para la ceremonia, él expresó su preocupación respecto al hecho de que mi amigo era divorciado. En un segundo, esta gran y prometedora pareja decidió que no querían hacer que su gran día dependiera de una parroquia que no reafirmara y celebrara en grande la segunda oportunidad que Dios les había concedido, así que retiraron su solicitud y encontraron una mejor locación, incluso en un santuario mucho más hermoso, y con un pastor que se sentía inmensamente feliz por abrirles las puertas de su parroquia para bendecir su unión. Ambos comprendieron que mientras los detalles de la boda eran muy importantes, porque querían que todos los invitados disfrutaran al máximo en la recepción, donde quiera que se realizara la ceremonia, la persona que la oficiaría y las palabras que ellos proclamarían ese día, serían santas y sagradas.

La loca confusión que significó encontrar a un oficiante contradijo la verdadera importancia del individuo que se dice ser miembro vital de tu experiencia matrimonial. Sea quien sea a quien escojas, será recordado por siempre como el ser que te representó frente a la comunidad congregada para atestiguar tu ceremonia. Pregúntense lo siguiente:

- ¿Qué persona es la más indicada para santificar nuestro día especial?

- ¿Quién podría interpretar mejor que nadie nuestros propósitos y valores?

- ¿Quién podría ayudarnos a crear nuestros votos y a elevar la ceremonia a niveles de significado y propósitos profundos?

- ¿Quién puede animarnos a llevar nuestras metas al siguiente nivel hasta concretarlas?
- ¿Quién nos honra y celebra nuestro gozo?

Éstas son preguntas cruciales. Si no tienes una congregación, o si el clérigo de ella no es afín a los valores de ambos, tienes todo el derecho de entrevistar a otros hasta dar con aquél que mejor pueda ritualizar su unión.

No se engañen, tómense su tiempo en eso de encontrar a alguien que pueda caminar junto a ustedes —no alguien que decida el sabor del pastel, las flores, escoja el color de una gama de tonos, el salón de recepción, el fotógrafo, el videograbador, la lista de invitados, las comidas de ensayo y toda la parafernalia de las circunstancias matrimoniales—, sino a quien le interese su vida después de la boda, al igual que sus gozos y sus tristezas. Cuando vas de compras, ves, comparas, pruebas antes de comprar algo. Bueno, pues haz lo mismo con la persona que te hará sentir que el día de tu boda es mucho más que una gran fiesta, mucho más que un día para impresionar al mundo con tus recursos. Es un día para mostrarte a ti, a tu pareja y a tus testigos que estás creando un matrimonio al que todos envidiarán, y no sólo una fiesta envidiada por todos.

Frente a la comunidad

Hay una razón importante por la que las bodas se realizan frente a la comunidad, ya sea en un cuarto lleno de personas, o con sólo dos testigos designados. Nosotros no firmamos el certificado matrimonial en la oficina del clérigo y salimos de ahí.

Piensen en la comunidad —familia, amigos, colegas, vecinos, la lista es interminable— e imaginen cómo se abrirán ustedes frente a estas personas que los conocen y que les desean lo mejor de la vida. ¿Qué debemos hacer para que nuestra boda sea una oportunidad para dar y recibir sabiduría e inspiración? A continuación te presento un par de sugerencias:

La despedida de soltera de la sabiduría

Las despedidas de soltera se enfocan sobre las cosas externas. Son eventos de lencería, cocina, de luna de miel y viajes, de belleza y gimnasio y otra docena de tipos similares. Una amiga mía me sugirió organizarle a la novia una despedida de novia de sabiduría, y me pareció una sugerencia muy acertada. No se preocupen. No estoy diciendo que deban olvidarse de los infaltables regalos materiales que dicho evento demanda, pero este obsequio también puede ser divertido. Utilicen las reuniones amigables para compartir sabiduría. Mi amiga grabó el evento y le regaló a la novia un libro que contenía la transcripción de todo lo que había sucedido. Pídele a cada persona hacer lo siguiente.

- Que narre una historia de su propio matrimonio (o una que haya visto) que haya enseñado una valiosa lección.
- Que comparta un pasaje de algún libro o poema para ser leído en tiempos difíciles.

Como todas las mujeres saben, nuestras amistades son sabias de alguna manera para influir en nuestras vidas y aparentemente son necesarias para lograr nuestra supervivencia. La despedida de soltera de la sabiduría agrega el beneficio de darle inspiración a las presentes. La comunidad misma se beneficia.

La línea de dar y recibir

Ahora pregúntate: ¿Qué significaría crear una experiencia matrimonial para que tus invitados la recuerden una vez pasada la ceremonia y la recepción?

Tu familia y amigos no se limitan a ser cuerpos en las bancas ubicadas a ambos lados de la parroquia. Su función primaria tampoco es la de decorar tu mesa o llenar tu cocina con patrones de registros de novias. Y en vez de esperar recibir algo por parte de ellos, puedes lograr que se lleven algo valioso: una boda en la que todo el mundo participa, en lo espiritual y en lo real. Puedes obsequiarles un día, un momento en el que sean más que simples asistentes a una boda. Imagina qué gran regalo les habrás dado a los invitados si estos se retiran de la parroquia con la seguridad de haber atestiguado una experiencia llena de amor, verdad y esperanza, no sólo para ustedes, sino para todos.

Capítulo once

Ojalá vivas todos los días de tu vida.

JONATHAN SWIFT

Nunca es tarde para renovar tus votos

Una amiga mía, con muchos años ya de matrimonio, me confesó preocupada: "¡Cómo deseo poder recuperar ese mágico sentimiento de esperanza e incertidumbre que sentí el día de mi boda!". Mi amiga había disfrutado de un matrimonio sólido, pero con el paso de los años opacó el lustre de la relación, y ahora la percibía añeja. Y mientras ella miró hacia el pasado desde una cómoda perspectiva de 22 años después, el día de su boda brilló en su memoria con una vivacidad y un gozo que se antojaban irrecuperables

En cierta forma, tenía razón. El vigor y vivacidad de la juventud, el esplendor de su fresca belleza, no podían ser restauradas una vez que las décadas habían grabado su huella implacable. Sin embargo, lo que ella no comprendió fue que las lecciones colectivas de los años crean su propio y excitante potencial frente a aquellos que desean reconocerlo.

Todo es posible en un matrimonio donde ambos se comprometen a estar despiertos y presentes. Incluso, si tú mentiste ante el altar el día de tu boda, y tu matrimonio ha sido marcado por la lucha más que por el gozo, aún es posible rendirse frente a la verdad.

Si estás casado, quizá hayas reconocido alguna chispa mientras lees esto. Tal vez hayas sentido tristeza al ver los obstáculos que tus mentiras significaron en el camino. Es posible que hayas sentido que no es muy tarde para lograr el matrimonio que realmente quieres —que tus comportamientos negativos son reforzados por la práctica de años; quiero que sepas que renovar tus votos no significa que tengas que deshacerte de todo lo malo. No tienes que regresar y enfrentarte a cada problema, ni resolver cada conflicto con el objeto de avanzar. No tienes que desenterrar cada vez, "Él dijo esto", o "Fue ella quien lo dijo" de los últimos 30 años. Aprender del pasado no significa que te tortures con él, sino estar consciente de las influencias que te forjaron desde el principio; pararte sobre la verdad en tu vida y escoger la posibilidad de una nueva existencia que supere tanta complacencia y derrota.

Quizá no te presentaste durante 25 años, pero te estás presentando hoy. Comencemos la reconstrucción hoy.

La renovación basada en la verdad

Después de 30 años de matrimonio, Ana y Franklin vivían existencias separadas. Sus dos hijos ya eran independientes y tenían sus propias casas. Ana estaba ocupada siempre en cuestiones laborales, pero incluso, en casa, casi no veía a Franklin, cuyo empleo como director de un centro juvenil local lo absorbía muchísimo tiempo. Ambos habían perdido el deseo de compartir. La energía de su matrimonio se había agotado, al igual que los poderosos motivos que una vez estimularon sus deseos por estar juntos.

A Ana le perturbaba la conciencia de su crisis matrimonial. Y mientras buscaban una línea de vida, su pastor les sugirió que renovaran sus votos como una forma de resarcir el compromiso matrimonial. Así lo hicieron, frente al pastor, y prometieron de nuevo amarse, honrarse y adorarse el uno a otro hasta la muerte. Hacia el atardecer, terminada la ceremonia, ambos salieron de ahí tomados de la mano, sintiendo el resurgimiento de la esperanza.

Dos meses después, se separaron. Y al año siguiente estaban divorciados. ¿Qué había sucedido?

Lo que Ana y Franklin renovaron no fueron sus votos, sino la mentira inicial, la misma que provocó la crisis. Las ceremonias de renovación no renuevan los votos, y menos cuando la pareja no entiende qué fue lo que se rompió. El compromiso de "intentarlo con mayor fuerza" fue una falacia frente a lo que siempre habían hecho —repetir los mismos esquemas de soledad, el constante sabotaje de los acontecimientos que supuestamente los volverían a reunir, y los mismos comportamientos destructivos. Una definición de locura es hacer lo mismo una y otra vez, esperando resultados diferentes.

No tengo duda de que Ana y Franklin *querían* salvar su matrimonio. *Querían* que funcionara. Pero no puedes simplemente *desear* que tu matrimonio cambie, no puedes salvar un matrimonio si no tienes ni la más remota idea de qué terminó con él, no puedes cumplir una promesa si tu esperanza es ciega. La Biblia dice: "La fe sin esfuerzo está muerta". Les doy los siguientes ejemplos: no puedes mirar el video de ejercicios por la mañana, volverte a acostar, ver al instructor realizando las rutinas y pensar que eso te quitará la grasa, te aplanará el estómago y te reafirmará los muslos. Para disfrutar del beneficio, debes realizar el trabajo.

La esperanza sin acción es inútil. Es sólo otra forma de permanecer estancado e inmóvil. Es un callejón sin salida. Cuando una relación se basa en la esperanza y no en tener los pies bien plantados sobre la tierra, no *hay* tal relación. La palabra "esperanza" es como la palabra "intento". Son los términos que utiliza la gente cuando en realidad están planeando salir de la relación en lugar de hacer aquello que es necesario para repararla y hacerla crecer. La mayor parte del tiempo, cuando decimos que lo vamos a intentar, lo que realmente hacemos es darle un escenario a la justificación de nuestra falla. Ana y Franklin creyeron que podrían reconstruir su matrimonio permaneciendo en el aislamiento de sus asustados yo infantiles. Fingieron ser adultos por el simple hecho de usar ropa de adultos, de desempeñar empleos adultos y de haber aceptado las responsabilidades adultas que conllevan la crianza de los hijos, pero debajo de todo aquello eran los mismos chiquillos heridos que nunca lograron crecer. La promesa del amor adulto los había eludido.

Los rituales tienen significado sólo cuando representan la verdad. La ceremonia de renovación de votos puede resultar muy esperanzadora, pero sólo funcionará si los actores se presentan como adultos a reescribir el guión original. Renovar sus votos basados en la verdad, en los que ambos hacen de esto su meta principal, les permite a cada uno de ustedes ver a su mejor yo.

La ruptura puede hacerlos crecer

Una poderosa historia en el Nuevo Testamento nos cuenta acerca del apóstol Pablo y cuando éste naufragó en el mar. Un intempestivo huracán destrozó el navío, lanzando a muchos hombres hacia las turbulentas aguas. Pero en medio del mar picado, muchos lograron asirse a todo aquello que flotara, o a los trozos de madera del barco, hasta llegar a la orilla. En algunos seminarios suelo contar esta historia para ilustrar que aquello que pensamos o consideramos irremediablemente roto aún puede conducirnos a la seguridad y devolvernos a la vida.

Quizá pensemos que nos ahogamos, que estamos perdidos en el mar, pero la ayuda se aparece de muchas maneras. Lo que aparentemente está roto, puede ser transformado en una balsa que nos conduzca en forma segura a la playa, y nos regrese a la vida.

Así que los invito a recuperar los pedazos rotos de su matrimonio para que hagan de ellos su balsa y su guía. El examinarlos los ayudará a entender las mentiras con las que han vivido, y los ayudarán a crear unos votos matrimoniales nuevos basados en la verdad. Quizá hayan pensado que olvidarse de los demás significaba vivir en un capullo aislado para luego descubrir que esa era una gran mentira. Utilicen ese conocimiento para perdonarse a sí mismos y a sus parejas por la forma en que ambos chocaron y se robaron preciosas oportunidades para sanar y crecer. Pero eso fue ayer, y estamos en el hoy. Oprah Winfrey suele recordar las valiosas palabras de su mentora y querida amiga, la doctora Maya Angelou, quien dijo: "Actúas mejor cuando conoces mejor". Así que ahora que ya lo conocen mejor, traten de ser sabios, permitan que el valor tome sus manos, y dejen que la verdad sea el cinturón que una sus vidas en pareja.

Y respecto a mi amiga que rememoraba sus fantasías juveniles, es muy difícil reconocer las piezas rotas de un matrimonio largo. Todos deseamos que nuestras vidas sean una sucesión de cosas buenas, una tras otra, pero las cosas no suelen funcionar así. Al contrario, los malos momentos —aquellos que nos han cincelado, perfilado y procesado— nos enseñan a vivir en la realidad, si se los permitimos.

¿Recuerdan las nociones del doctor Harville Hendrix acerca de que tu pareja tiene las señalizaciones para tu sanación? Cuando hay seguridad, confianza y respeto en la relación, tu pareja puede ayudarte a ver las áreas que te alejan del rico destino que cada persona desea y merece tener. Cuando las parejas huyen de lo que yo llamo sus "zonas de peligro", enfrentan serios problemas. Las zonas de peligro son todos aquellos temas y situaciones que sentimos sobrecargadas por la emoción. Si se les ignora, el calor del resentimiento puede abrirle un boquete irreparable a la relación. Cuando eso sucede, llámense aventura extramatrimonial, infidelidad, así como otras formas de salida de la relación, aparentemente son una forma de rescate frente a tan repelente calor. Pero no es más que otra gran mentira. Esos actos son sustitutos baratos y no es posible curar una herida original y sagrada con un sustituto artificial. El universo no lo permitirá. Es una forma fácil de salida y el que la practique está condenado a perder siempre.

Las zonas de peligro en la vida de una pareja acentúan las áreas que son necesarias para el crecimiento individual. Es responsabilidad de cada individuo el manejar sus problemas y circunstancias para convertirse en un yo más maduro e impactar positivamente en el crecimiento de la relación. Hacerlo de otra manera significa permanecer en un perpetuo estado de negación y miseria, viviendo sus existencias como dos solitarios compartiendo el mismo espacio.

El matrimonio nunca es fácil. Dos individuos no pueden esperar estar en la mente del otro y sentir lo mismo siempre. Eso es una fantasía. Sin embargo, cuando las diferencias amenazan la estabilidad de aquello que han construido juntos, es tiempo de hacer una pausa para sopesar los valores comunes. La vida erige murallas de contención a mitad de su camino, bloqueando cualquier posibilidad de acuerdo. Eso es un regalo. Y lo que harán al respecto será lo que determine su destino. Las murallas que se presentan en su camino vital, están ahí para enseñarles algo acerca de sí mismos. Conforme vayan apareciendo, pregúntense: "¿Qué tendrá esta muralla que enseñarnos"? y cuando reciban el premio y aprendan la lección, observarán cómo la muralla se desintegra, así que agradézcanle la lección.

Un traje a la medida para sus necesidades específicas. Pero para que suceda este proceso, deben basarse en la verdad y en toda la información circundante.

RENUEVEN SUS VOTOS

El concepto del convenio de la renovación de votos, es un tema primario del Antiguo Testamento. Dios renovó su contrato con los israelitas, incluso cuando algunos de ellos cayeron en pecado, pronunciando la eterna promesa de la salvación. Él los elevó con este nuevo convenio, todo un signo de su perdón frente a sus errores pasados. El viejo convenio no fue borrado, sino transformado. El rompimiento del pasado se convirtió en un talismán de promesas futuras.

De la misma forma, ustedes pueden escribir un nuevo convenio con su pareja, que reconozca el pasado y a la vez acepte la salvadora posibilidad del futuro. Quizá han elegido renovar sus votos tras haber superado un periodo difícil. O tal vez deseen celebrar una ceremonia de renovación cuando ha sucedido un pasaje importante en sus vidas, como el que sus hijos se vayan de casa, o el que se vayan a casar. Es posible que reconozcan que estaban emocional y espiritualmente dormidos durante su propia boda, quizá miren hacia atrás, hacia sus votos pasados, y comprendan que el significado que le dieron a sus palabras era mentira. Ahora, ya despiertos de ese sueño, crecidos y con los Tener los ojos bien abiertos, desean comprometerse como individuos maduros y llenos de verdad que ahora son. Yo misma hice esto cuando fui bautizada por segunda vez en mi adolescencia. Mi padre no comprendía porqué me era tan necesario todo aquello. Yo fui bautizada al nacer, e incluso conservo mi certificado de bautismo. Le expliqué a mi padre que no recordaba tal acontecimiento, y si para muchos adultos que se congregaron a presenciarlo significó algo, para mí no tuvo ningún significado. En esta ocasión, sería mi elección y tendría un significado verdadero. Era mi manera de mostrarles la simbología de mi conexión con lo sagrado.

De eso se trata la renovación de los votos matrimoniales. De crear una relación que depende de ustedes por completo en la más absoluta e iluminada conciencia. Antes de renovar sus votos, es importante que reconozcan su matrimonio por lo que ha sido. Escriban su historia, elijan temas que realcen su unión: alegría (por el nacimiento de un hijo); lucha (a través de la enfermedad y/o la pérdida de empleos); superación de barreras (infidelidad, adicción, depresión) ¿Quién has sido en tu matrimonio? ¿En quién has prometido convertirte? ¿Cómo te imaginas que es vivir contigo? Preguntarse estas cuestiones y encontrar respuestas, es el comienzo de una relación madura.

Dibujen la línea de tiempo de sus años juntos, escojan una palabra o frase que simbolice cada año: *renovación y pasión... aborto... la muerte de la madre... el nacimiento de un hijo... despidos... trabajo y alegría... nuestra propia casa... amar y vivir... problemas y separaciones...* Si no han hecho el trabajo de este libro, su reflexión de los años pasados resonará como señalizaciones sobre la carretera de su viaje. Pregúntense qué les ha enseñado ese viaje respecto a sus alegrías y sus tristezas, sus principios y sus finales, sus altas colinas y sus bajos valles, sus resecos y frescos pastizales. Como adultos maduros que se dirigen hacia un nuevo tramo del trayecto, acepten su pasado sin culpa y sin vergüenza. Es el campo de entrenamiento del éxito, si es que se lo permitimos.

Utilicen la siguiente hoja de trabajo para organizar sus pensamientos de cada año. Si desean agregar años, sáquenle copia a los espacios que aparecen en blanco.

LÍNEA DE TIEMPO FAMILIAR

Año					
Título simbólico					
Señalizaciones familares					
Señalizaciones laborales					
Lucha principal					
Triunfo primordial					
Lección					

Los votos que hagan en su ceremonia de renovación deben reconocer el viaje que han decidido tomar. Antes de escribir sus votos, dediquen un tiempo a reflexionar sus votos originales:

- Cuando prometieron amarse, honrarse y adorarse, ¿qué significó para ustedes?
- ¿Qué significa ahora?
- Cuando prometieron olvidarse de los demás, ¿qué significó para ustedes?
- ¿Tu entendimiento ha sufrido algún cambio?
- ¿Sientes la diferencia ahora?
- Cuando prometiste comprometerte para bien o para mal, ¿qué significado tenía? ¿Cómo interpretan este voto y su significado hoy?
- ¿Qué significado tuvo su voto de estar unidos en la riqueza y en la pobreza? ¿Ha cambiado dicho significado?

- ¿A qué se comprometieron con el voto de estar juntos en la salud y en la enfermedad? ¿Qué aprendieron de la experiencia para darle un nuevo significado al mismo voto?

- Cuando se hicieron la solemne promesa de casarse hasta que la muerte los separara, ¿qué es lo que realmente quisieron decir? ¿Ha alterado su experiencia vital su opinión respecto a esta misma promesa?

Revisen los elementos de la creación del voto intencional del capítulo diez. Son relevantes para la renovación de votos, dentro del contexto de nuestra historia. Mientras escriban sus votos de renovación, pueden expresar una verdad de la que no disponían antes. He aquí algunos ejemplos de cómo pueden, a través de sus votos, transformar sus mentiras pasadas en verdades.

Hace 25 años, prometí quererte y amarte, para bien o para mal, pero secretamente esperaba que fuera para bien, y a veces te defraudé cuando las cosas se pusieron difíciles. Prometí amarte en la riqueza y en la pobreza, pero yo contaba con la riqueza si no material, al menos emocional. Cuando el pozo se secó, a veces dejé que aflorara mi disgusto y te castigué con mi distanciamiento, me alejé de ti.

Prometí amarte en la salud y en la enfermedad, pero yo forjé la fantasía de que la plenitud de nuestra juventud jamás decaería, y no siempre estuve dispuesto a cuidarte o a cuidarme, ni a resistir el juicio acerca de los efectos físicos que resultan de la edad. Cuando me necesitaste para realizar ese segundo esfuerzo, sé que te desilusioné.

Prometí amarte hasta la muerte, pero a lo largo del camino tomé muchas salidas e incluso te cerré la puerta detrás de mí, dejándote temerosa y sola. Pero hoy estoy frente a ti y renuevo esos votos, seguro de su verdad. El gozo que siento hoy, es muy diferente al que sentí aquella vez ante el altar cuando te di mi corazón. Ahora sé lo que entonces ignoraba: que nuestro amor es sincero, a través de los buenos y de los malos tiempos. Hoy renuevo mis votos con mente, cuerpo y corazón abiertos plenamente frente a ti.

* * *

Hace 25 años, cuando me paré en este mismo altar y prometí amarte y adorarte hasta la muerte, estaba lleno de felicidad por saber que compartirías mi vida. Pero no pude manejar tanta felicidad. No sabía que el amor podría sobrevivir cuando los sentimientos fallaran, o qué tan fácil sería resultar emocionalmente apartado de alguna realidad diferente. No esperaba que mi tolerancia fuera juzgada por los tribunales de la vida. No sabía que las maletas en las que empacamos nuestra vida juntos, contendría un espacio para nuestro pasado y que cuando nos lastimáramos nos detendríamos a curarnos nuestras viejas heridas. Todos esos años hice mis votos frente a ti y para ti, esperando siempre lo mejor. Hoy renuevo esos mismos votos en la verdad. Hoy puedo decir que te conozco, y que vuelvo a elegirte una vez más, para el resto de mi vida, buscando la manera de adorarte, de expresarte mi amor día a día, de escucharte y entenderte, de mantener tus sueños y tu libertad, de hacer todo lo que esté en mis manos para que nuestro hogar le dé la bienvenida a la confianza y a la verdad. Hago votos para amarte, honrarte y respetar nuestras diferencias, las formas en las que somos únicos y separados, y no insultar la sacrosantidad de tu individualidad, tratando de cambiarte. Trabajaré para ser una persona saludable y en constante crecimiento que se le ofrece a otro ser igualmente sano y maduro.

Traten de que la ceremonia de renovación de votos matrimoniales incluya a otros: familia, amigos, y especialmente otras parejas, que se puedan reflejar en sus propias intenciones, al atreverse a atestiguar sus deseos por renovar el compromiso. He descubierto que las ceremonias de renovación matrimonial pueden tener un efecto electrificante sobre las otras parejas presentes, en especial si las ceremonias son intencionales. Son un regalo que pueden darle a las personas de su círculo.

Involucren a sus hijos y a sus nietos en la ceremonia de renovación —no sólo en el intercambio de votos, lo que es exclusivo del matrimonio, sino como testigos—; los hijos mayores pueden participar haciendo una declaración, recitando una oración y/o poema, o leyendo la carta que le hayan escrito a la pareja acerca del significado de ser una familia y de lo que su unión les ha significado, en sus alegrías y en sus tristezas, en sus triunfos y en sus fracasos. Su ceremonia de renovación se convertirá en un evento en donde los familiares y amigos ahí reunidos, ingresen al santificado reino que significa el hablar más con la verdad que con la mentira. Significará un regalo inapreciable para todos.

Cuando se disponen a estar ante la comunidad y renuevan sus votos, una nueva vida de posibilidades se abre frente a ustedes. La verán claramente: no es un nuevo hombre, tampoco una nueva mujer. Son ustedes. Los mismos de antes. Pero todo es diferente.

RITUALES PARA LA RENOVACIÓN

¿Cuáles son algunas de las prácticas que pueden aportarle a su renovado matrimonio y que los mantendrán alertas respecto a sus votos? Recuerden, lo importante acerca de los rituales es que trascienden a los sentimientos. Son intencionalmente repetidos, a través de los buenos y los malos tiempos, convirtiéndose en hábitos, como el compromiso del uno frente al otro. Los buenos y malos hábitos son creados por repetición e intención. Ustedes quieren crear hábitos que sostengan su matrimonio y lo restauren en la nueva vida repitiendo actitudes, comportamientos y acciones que refuercen la madurez y la pasión que están comprometidos a crear. Practiquen estos conocimientos hasta que se conviertan en naturaleza secundaria.

Restauren los rituales que los reunieron por primera vez. Con frecuencia, muchas parejas se quejan: "Solíamos platicar por teléfono todas las noches, y ahora rara vez platicamos", o "Adorábamos ir a bailar, pero hace tanto que no lo hacemos". Consideren los pequeños detalles y las actividades de cada día que solidificaron su unión cuando comenzaron a ser pareja. Pregúntense cómo pueden restaurar algunos de esos rituales, ya sea en la forma como lo hicieron en el pasado, o de distinta manera, en el presente. Deben nutrirse ustedes mismos, el uno al otro, por el bien de la relación. No pueden dejar morir de hambre esa relación de verdad, respeto, alegría y honor, y luego pensar que su matrimonio será una unión viva y apasionada. El matrimonio, como todas las cosas vivas, requiere de mantenimiento.

Lo que todos buscamos es tener a otra persona que nos acompañe y atestigüe nuestra existencia. De los miles de millones de humanos que hay en el planeta, las masas de seres, vivos y muertos, ésta es la que nos ve, la que nos alumbra en la verdad. A cambio, nosotros la vemos a ella o a él. Y aunque somos insignificantes frente al vasto esquema de las cosas, podemos, a través de un enlace íntimo, conocer lo que significa ser importante para alguien. Ésta es la promesa de cada matrimonio. Ustedes pueden hacer de esto la promesa del suyo.

Capítulo doce

Una vela encendida no pierde nada
al encender otra.

<small>PROVERBIO CHINO</small>

Enciende tres velas

El viaje que hemos realizado a través de este libro ha sido un proceso para despertar. Estás invitado a vivir en la verdad, a conocerte a ti mismo, a tu pareja y a probarte más allá de tu zona de confort. Has sido igualmente animado a estirarte en las filas de la madurez emocional y de la relación. El estiramiento es un proceso, y como en todo, mientras más lo hagas, más flexibles se vuelven tus músculos emocionales. Cuando comienzas este proceso de presentarte, madurar y sanar viejas heridas, el estiramiento quizá te haga sentir que va a romperte, pero no lo hará. Lo que sí hará, es romper los viejos hábitos y moldes que te han impedido lograr una relación íntima satisfactoria, amorosa, que te recompense. No permitas que el descontento te haga pensar que te estás estirando demasiado; lo que realmente está sucediendo es que te estás estirando para convertirte en la persona que deberías ser. Te estás estirando en la pareja que atestiguará tu vida; es decir, la persona a quien amas. Y, por el bienestar de tus hijos, te estás estirando para convertirte en un padre saludable y maduro que habrá de alimentarlos y posiblemente no injuriarlos. Éste es el cargo que te hago, y el que me hago a mí misma. Debemos hacer esto para salvarnos, para salvar a nuestros hijos, nuestros matrimonios y nuestro planeta.

Pero no podemos esperar lograrlo en la oscuridad, o en la penumbra del miedo y la debilidad. Así que les dejaré un gran secreto final: cuando enciendes tres velas, quedará iluminado el sendero hacia un gran matrimonio y una gran vida.

TUS TRES VELAS

Muchos entramos en las relaciones con el sentimiento de no tener la suficiente luz interior como para lograr vivir. Buscamos que otra persona nos muestre el camino. En mi familia, aprendimos a asolearnos bajo el reflejo de la luz paterna. Él era un magnífico hombre —inteligente, exitoso, respetado, amable y muy gentil—, mi madre, al igual que yo, estaba contenta de vivir bajo su luz, incluso cuando nos deslumbraba su cercanía. Mi madre me enseñó que yo necesitaba un hombre que mantuviera una luz sobre mí. Ella no comprendió que yo podía crear mi propia luz —que yo podría vivir mi vida a través de mí, no a través de un hombre—; así que me tomó muchísimo tiempo encontrar mi propia luz.

Frecuentemente escucho mujeres que platican acerca de lo incompletas que se sienten sin la presencia masculina, o de hombres que me describen a sus esposas como "mi mejor mitad", como si ellos hubieran sido una persona parcial o incompleta antes de casarse. Son relevados cuando conocen a una persona que desea estar con ellos, por lo que extinguen su propia vela y dicen, efectivamente: "Soy tuyo".

Esta fantasía romántica de que en el matrimonio "Dos se convierten en uno" es una declaración peligrosa si ello significa que uno de los dos desaparecerá como si alguien le soplara a su flama. Cuando sólo una vela alumbra, un yo ha sido sacrificado frente a los deseos y necesidades del otro. La única forma de comenzar una relación exitosa es cuando ambos llegan a ella siendo individuos completos, cada uno portando su propia flama. Incluso esto no es suficiente. Cuántas parejas le dicen a la otra: "Tú vete por tu lado, que yo me iré por el mío y quizá nos encontremos en la mitad". La idea de estar separados y a la vez juntos, resulta confusa, ya que hay muy pocos modelos que nos podrían mostrar el camino. Conozco parejas en cuyo hogar el dominio es en esencia femenino, incluso, cuando ella trabaja fuera de casa, controla el hogar y coordina la vida de los hijos. El hombre no se sabe los nombres de los hijos de sus mejores amigos ni dónde quedó la pasta dental extra, porque su dominio está en la oficina. Son buques que navegan de noche, y aunque sus vidas quizá transcurran suavemente, en esencia están separadas. Con el tiempo, ambos comenzarán a preguntarse: "¿Me hará bien esto?" y no: "¿Le hará bien esto a la relación?"

Mucha gente me comenta: "Me siento sola en el matrimonio", y eso es porque la conexión vital se ha roto. Han dejado de platicar, de hacer el amor, de compartir sus sueños futuros. Navegan a la deriva, tan apartados de sí mismos y del camino, que les resulta muy difícil ver la llama de sus respectivas velas.

Ningún matrimonio puede prosperar cuando sólo dos velas son encendidas –una para "ti" y otra para "mí"—, dos velas representan el brillo de dos individuos girando en sus propias esferas.

En la fascinante pintura de Marc Chagall, *Tres velas*, vemos a una pareja joven que está parada frente al resplandor de tres velas, justamente. Sus brazos están unidos, como levitando pero a la vez con los pies bien firmes sobre la tierra. El terreno que los rodea parece mágico y real. Éste es el misterio y la maravilla de un matrimonio que existe frente a la luz de tres velas. Dos individuos separados y llenos de vida pueden acordar viajar juntos por el mismo sendero. No para proveer aquello que haga falta, sino para enaltecer lo que ya está ahí. No para decir: "Me haces mejor", sino: "En tu presencia, quiero ser mejor".

Un matrimonio que enciende tres velas es una magnífica invitación para crecer y para vivir su mejor existencia. Las palabras de Jean-Paul Sartre se han convertido en una fuerza guía para mí: "En el momento del compromiso, el universo conspirará para apoyarte". Los invito a que hagan suyas estas osadas palabras y su primer voto en la relación que acaban de descubrir, crear y nutrir con el universo. Sólo con el apoyo y cooperación de una estable y continua ancla relacional, podrás ser un individuo completo capaz de ofrecerle a otro individuo, de forma libre y poderosa, un lugar de refugio, reposo, crecimiento y gozo, para formar una unión destinada al crecimiento.

Puedes cambiar tu vida, circunstancia, actitud, condición y el flujo de energía en la intimidad de tu relación. Puedes superar las barricadas de tu vida, y trabajar a través de cosas que pensabas que te habían robado tu alegría permanentemente. Puedes purgar las mentiras tramposas que han destrozado tus oportunidades por crear una conexión amorosa, duradera y total. Pero todos necesitamos asistencia, necesitamos una conspiración positiva y un respaldo, necesitamos la ayuda del universo en estos esfuerzos sagrados.

Pienso que las palabras de Sartre hablaban de que todas las fuerzas del Universo estarán a tu disposición, pero la oferta es condicional a tu compromiso por hacer el trabajo rudo de examinar tu vida y tu relación, hasta lograr que tú y tu pareja sean reales y sinceros el uno con el otro. Trata de entender la fuerza original del dolor que continúa apareciéndose y bloqueando tus relaciones, sabiendo que no puedes arreglar aquello que no conoces. Toma entonces diferentes acciones a aquellas que te han impedido el logro de relaciones completas y satisfactorias.

La humildad, identificación, reconocimiento y tratamiento de los asuntos dolorosos y problemáticos te conducirán para que puedas forjar a un individuo total, saludable y pleno, equipado para poder crear una conexión amorosa íntima, fuerte y exitosa. No existen soluciones fáciles para el dolor, y la vida misma no te permitirá suavizar heridas sagradas con remedios baratos. Debes realizar el trabajo de sanación, la recompensa es enorme: tu habilidad y derecho natural para vivir tu mejor existencia.

No lo pienses más, asóciate con el sabio poder del universo. Cuando te presentes como un ser maduro, conspirará de muchas maneras para asistirte. Habré de buscarte en este promisorio viaje hacia la plenitud vital. Será tu mejor inversión en la vida.

Apéndice

Ejercicios matrimoniales

En este apéndice encontrarán formas y ejercicios selecciona-
dos, con sugerencias acerca de cómo usarlos a lo largo de su
vida como parte de un continuo proceso de crecimiento matrimonial. Si quieren mayores detalles, los invito a retroceder
para leer los capítulos relevantes cuando así lo requieran. Si
aún no estás casado, te recomendaré maneras para que apli-
ques estos ejercicios en tu crecimiento personal y para que te
hagas absolutamente presente en todas tus relaciones. El primer paso para atraer a una pareja saludable es convertirte en
una persona saludable, no como una estrategia de cierre en la
búsqueda de una gran compañía, sino porque comprendes que
mereces felicidad y salud.

Preséntate y crece

Ejercicio 1: Tu dote interna

La dote más valiosa que puedes aportarle al matrimonio eres tú
mismo, totalmente despierto y comprometido. Este ejercicio

involucra lo emocional, espiritual, intelectual, sensual y físico, riquezas que cada uno le aporta al matrimonio. Incluso, si llevas casado mucho tiempo, no es tarde para someterse a la presentación de una nueva dote.

Cinco cualidades positivas que tú aportas al matrimonio:

1._____
2._____
3._____
4._____
5._____

Cinco cualidades positivas que tu pareja aporta al matrimonio:

1._____
2._____
3._____
4._____
5._____

Revisen la lista del otro, y sostengan una conversación acerca de lo que significan las respuestas. ¿Hay temas no expuestos que necesitas tratar? ¿Hay temas en la lista de tu pareja que no te representan?

Ejercicio 2: Reabastece tu arcón de deseos

Como hemos aprendido, la esperanza sin acción es como una pluma en el viento. Carece de significado. Así que el arcón de deseos debe ser llenado con acciones: las prácticas intencionales que le darán sustancia a tus esperanzas. Llena de nuevo tu arcón de deseos cada año, cada cinco años o cuando sientas que necesita ser llenado para renovar tus intenciones.

Si aún no estás casado, pero esperas hacerlo algún día, llena tu arcón con las prácticas que te harán sentir fuerte y absolutamente realizado en tu vida. Si estás casado, llenen juntos el arcón como la reafirmación y la actualización de su compromiso por lograr una conexión amorosa, apasionada y madura.

Mi/nuestro arcón de deseos está lleno de...

AMAR, HONRAR Y ADORAR

Ejercicio 1: Define el amor en la acción

Practicar el voto de amar, honrar y adorar significa estar consciente de cómo expresas y experimentas esas acciones. Detente tan a menudo como sea necesario en tu matrimonio y recuérdense el uno al otro el significado de estos conceptos.

Incluso, si aún no estás casado o no tienes una relación, este ejercicio refuerza en ti el valor del amor y el respeto en tu vida, conceptos que además puedes ofrecerle a los demás. Te dará fuerza y te permitirá ver la inutilidad de invertir en relaciones que no te valoran, o que te recrean heridas de necesidades infantiles no satisfechas.

Experimento *amor* cuando _____

Experimento *honor* cuando _____

Experimento *ser adorado* cuando _____

Expreso *amor* cuando _____

Expreso *honor* cuando _____

Expreso que *amo* a mi pareja cuando _____

Experimento *amor* cuando _____

Experimento *honor* cuando _____

Experimento el *ser adorado* cuando _____

Expreso *amor* cuando _____

Expreso *honor* cuando _____

Expreso que *amo* a mi pareja cuando _____

Olvidarse de los demás

Ejercicio 1: Reacomoda tu mesa matrimonial

En el curso de sus vidas, habrán de reacomodar su mesa matrimonial muchas veces. Sugiero que establezcan una fecha anual (que no sea su aniversario, ni el primer día del año, ni ninguna otra fecha significativa) cuando revisarán la colocación de los lugares y realizarán los cambios pertinentes. Igual pueden reubicar su mesa matrimonial conforme la gente de sus vidas vaya y venga: niños que han nacido, cambio de empleo, mudanzas, y la muerte de seres queridos.

El ejercicio de la mesa matrimonial puede ser modificado por los solteros. Cada persona deberá elegir a quiénes considerará cercanos, con quiénes tendrá relaciones limitadas y a quiénes deberá dar de baja en su vida. Este ejercicio puede ayudarlos a resolver temas familiares, cerrarle la puerta a relaciones no saludables, y llamar a las voces que te enaltecen y te inspiran.

PASO 1: Siéntense juntos y enlisten a las personas sentadas en su mesa matrimonial. Serán las personas (vivas o muertas) que desempeñan un importante papel en sus vidas, como:

1. Padres.

2. Hermanos.

3. Nuevos familiares.

4. Excónyuges/novias/novios.

5. Hijos de matrimonios anteriores.

6. Amigos femeninos y masculinos.

7. Clérigos.

8. Patrones.

9. Colegas.

10. Vecinos.

11. Mascotas.

12. Influencias pasadas.

13. Relaciones dañinas.

PASO 2: Una vez que han creado su lista, tómense un tiempo de forma individual para colocar los nombres alrededor de la mesa. En diferentes hojas de papel, dibujen un gran rectángulo, representando su mesa matrimonial. Colóquense ustedes al centro. A partir de ahí y hacia los extremos de cada lado, escriban los nombres de su lista, como si colocaran las tarjetas de reservación para la mesa.

PASO 3: Compartan los resultados. ¿Qué tanto difieren los lugares en su respectiva mesa matrimonial? Platiquen el por qué sentaron a la gente donde lo hicieron. ¿Hay por ahí alguna persona que no debería de estar ahí? Sean honestos al describir los roles que otros jugarán en sus vidas. ¿Hay invitados sorpresa, o invitados que pensaron que no serían bienvenidos?

PASO 4: Tomen una tercera hoja de papel y dibujen un nuevo rectángulo. Ésta será la Mesa que arreglan juntos. Tómense todo el tiempo que necesitan para hacerle los arreglos que consideren oportunos. Quizá deseen trabajar en ello durante una semana o dos, hasta que ambos queden satisfechos. No olviden que el plan de acomodamiento de su Mesa matrimonial no es permanente. Ustedes pueden —y deben —reacomodarla de acuerdo a los cambios en su vida.

Para bien o para mal

Ejercicio 1: Tu caja total de reparaciones

Cuando se rompe una tubería, o se afloja un tornillo, o la pata de una silla como que se bambolea, debes de tener a la mano las herramientas indicadas para arreglar el desperfecto. Si no tienes una caja de herramientas, o si a ésta le faltan algunas, no podrás hacer la reparación. Siéntate junto a tu pareja y hagan una lista de aquello que necesitan tener a la mano para enfrentar tiempos difíciles. Su caja de debería incluir cualidades como la compasión, el humor y la disposición a escuchar; necesidades como un buen sueño nocturno y una alimentación sana, y prácticas como el ejercicio de la reflexión. Cada persona debería tener una caja de herramientas a la mano. Aunque las cañerías también se rompen entre solteros. Asegúrate de tener tu caja de herramientas muy bien surtida, para que no tengas que depender de otros, ni te llegue a desesperar la tardanza de la ayuda.

Mi/nuestra caja de herramientas incluye...

En la riqueza y en la pobreza

Ejercicio 1: Lista de prioridades

Su situación financiera y sus prioridades irán cambiando a lo largo de tu vida. Efectúen este ejercicio una vez por año, antes de fijar algún presupuesto.

El cartón de abajo enlista gastos típicos. A la derecha de cada artículo hay números que reflejan la escala de importancia… del 1 (menos importante), pasando por el 3 (más importante) hasta llegar al 5 (lo más importante). Marquen el número que mejor se ajuste a sus prioridades personales; háganlo en forma individual y luego compárenlos.

Nombre_____				Lista de prioridades	
Casa propia	1	2	3	4	5
Automóviles	1	2	3	4	5
Ahorros	1	2	3	4	5
Entrenamiento/Educación	1	2	3	4	5
Tener hijos	1	2	3	4	5
Cuidados de salud	1	2	3	4	5
Ropa	1	2	3	4	5
Mejoras en casa	1	2	3	4	5
Muebles	1	2	3	4	5
Manutención de parientes	1	2	3	4	5
Viajes	1	2	3	4	5
Diversión	1	2	3	4	5
Cosméticos/tratamientos	1	2	3	4	5
Deudas	1	2	3	4	5
Mascotas	1	2	3	4	5
Pasatiempos	1	2	3	4	5

Equipo electrónico	1	2	3	4	5
Fiestas/celebraciones	1	2	3	4	5
Caridad	1	2	3	4	5
Ejercicio	1	2	3	4	5
Otros	1	2	3	4	5

Ejercicio 4: Tu cajero automático marital

Las parejas suelen deslizarse hacia la rutina, y es típico de una persona el invertir menos o más que la otra con diferencias temporales. Si tratas de sacar efectivo de tu CA (Cajero Automático) pero no has depositado dinero en tu cuenta, recibirás el siguiente mensaje: "No hay fondos". Lo mismo sucede en el matrimonio. Si una persona es la que realiza más depósitos (de tiempo, dinero y amor), mientras que la otra se dedica a extraer los fondos, ha llegado el momento de balancear la cuenta. No tienes que estar casado para beneficiarte de los resultados de este ejercicio. En todas las relaciones importantes siempre hay ahorradores y gastadores. Te ayuda a clarificar si ahorras de más o gastas de más en el CA de tu vida.

Pareja 1
Piensa en la semana pasada. Enlista cinco créditos que ingresaste a tu CA marital. (Por ejemplo, haber cocinado la comida de tres días y haber llevado a tu suegra de compras sin quejarte.)

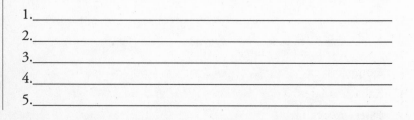

1._____
2._____
3._____
4._____
5._____

Enlista cinco débitos que retiraste de tu CA marital. (Por ejemplo, hablaste acerca de tus problemas laborales durante una hora o te quedaste dormido mientras tu pareja preparaba el desayuno.)

1._____

2._____

3._____

4._____

5._____

Pareja dos

Piensa en la semana pasada. Enlista cinco créditos que ingresaste en tu CA marital. (Por ejemplo, haber cocinado la comida tres días y haber llevado a tu suegra de compras sin quejarte.)

1._____

2._____

3._____

4._____

5.

Enlista cinco débitos que retiraste de tu CA marital. (Por ejemplo, hablaste acerca de tus problemas laborales durante una hora o te quedaste dormido mientras tu pareja preparaba el desayuno.)

1._____

2._____

3._____

4._____

5._____

Comparen sus listas. Si hay un balance, bien por ustedes. Si hubiera un desbalance, decidan qué tipo de inversión hará la pareja sobregirada.

Votos matrimoniales

La escritura de votos intencionales

Al escribir tus votos, esta fórmula puede ayudarte a poner en palabras tus verdaderas intenciones:

Prometo (haz tu declaración verdadera)_____,
el (aceptar tus y mis necesidades individuales)_____,
el (reconocer nuestro rompimiento y nuestras posibilidades)____,
el (abrazarnos al mundo que nos rodea)_____.

Crear votos vívidos

Los votos de verdad son expresados a través de las prácticas regulares del día a día. Examina tus votos y nombra las prácticas que los mantendrán vivos.

Promesa	Práctica

RENOVACIÓN DEL VOTO MATRIMONIAL

Línea del voto matrimonial

Cuenten la historia de su matrimonio. Utilicen la tabla inferior para organizar sus pensamientos año con año. Hagan copias de años adicionales y consérvenlas en una libreta conyugal.

Hoja de trabajo del tiempo lineal familiar

Año				
Título simbólico				
Señalizaciones familiares				
Señalizaciones laborales				
Lucha principal				
Triunfo primordial				
Lección				

Forma de renovación de votos

Cuando renuevas tus votos desde la verdad y la madurez, es posible que descubras que tus votos originales carecían de significado y de intención, o que no reflejaban las promesas que deseabas hacer o aquellas que no podías cumplir. Y mientras te preparas para renovar tus votos, piensa en aquellos primeros votos matrimoniales y escribe cómo enmarcarían tu verdad hoy en día.

Voto matrimonial	Nuevo voto